35997-VI

Kleine
DEA-Effizienz

GABLER EDITION WISSENSCHAFT
Schriften zur quantitativen Betriebswirtschaftslehre

Herausgegeben von
Professor Dr. Kurt Bohr,
Universität Regensburg,
Professor Dr. Wolfgang Bühler,
Universität Mannheim,
Professor Dr. Werner Dinkelbach,
Universität Saarbrücken,
Professor Dr. Günter Franke,
Universität Konstanz,
Professor Dr. Peter Hammann,
Universität Bochum,
Professor Dr. Klaus-Peter Kistner,
Universität Bielefeld (schriftführend),
Professor Dr. Helmut Laux,
Universität Frankfurt (Main),
Professor Dr. Otto Rosenberg,
Universität GH Paderborn,
Professor Dr. Bernd Rudolph,
Universität München

In der Schriftenreihe werden hervorragende Forschungsergebnisse aus der gesamten Betriebswirtschaftslehre veröffentlicht. Die einzelnen Beiträge sollen quantitativ ausgerichtet sein. Hierbei wird von einer weiten Interpretation des Begriffes ausgegangen. Es werden sowohl Arbeiten mit mathematischem Hintergrund und mathematischen Anwendungen als auch empirisch orientierte Beiträge aufgenommen. Ebenso werden Arbeiten veröffentlicht, bei denen die betriebswirtschaftliche Interpretation formaler Ergebnisse im Vordergrund stehen.

Andreas Kleine

DEA-Effizienz

Entscheidungs- und produktionstheoretische Grundlagen der Data Envelopment Analysis

Mit einem Geleitwort von
Prof. Dr. Werner Dinkelbach

Deutscher Universitäts-Verlag

Die Deutsche Bibliothek - CIP-Einheitsaufnahme

Kleine, Andreas:
DEA-Effizienz : Entscheidungs- und produktionstheoretische Grundlagen der Data Envelopment Analysis / Andreas Kleine. Mit einem Geleitw. von Werner Dinkelbach. - 1. Aufl..
- Wiesbaden : Dt. Univ.-Verl., 2002
(Gabler Edition Wissenschaft : Schriften zur quantitativen Betriebswirtschaftslehre)
Zugl.: Saarbrücken, Univ., Habil.-Schrift, 2001
ISBN 3-8244-7582-0

1. Auflage Februar 2002

Lektorat: Brigitte Siegel / Sabine Schöller

Der Deutsche Universitäts-Verlag ist ein Unternehmen der Fachverlagsgruppe BertelsmannSpringer.

www.duv.de

Gedruckt auf säurefreiem und chlorfrei gebleichtem Papier.

Druck und Buchbinder: Rosch-Buch, Scheßlitz
Printed in Germany

ISBN 3-8244-7582-0

Geleitwort

Die Betriebswirtschaftslehre beschäftigt sich seit vielen Jahren mit Einproduktunternehmen, Einfaktorunternehmen, mit einwertigen (sicheren) Daten sowie mit skalaren Zielsetzungen. Kommt es etwa bei Erfolgsrechnungen zu einer Mehrfaktorproduktion, dann wird diese Mehrdimensionalität üblicherweise durch eine Kostenbewertung auf eine eindimensionale Größe reduziert, ohne damit die verschiedenen entscheidungstheoretischen Implikationen zu durchleuchten. Die Thematik der Mehrdimensionalität im Zusammenhang mit konfliktären Zielsetzungen wurde in der Betriebswirtschaftslehre erst um 1960 angestoßen.

KOOPMANS veröffentlichte 1951 eine klare eindeutige Definition der Effizienz als ein Maß zur Beurteilung mehrdimensionaler Größen (Vektoren). Diese Definition wurde nie in Frage gestellt, weil sie sich in einleuchtender Weise aus der Existenz knapper Güter begründen lässt. Zunächst fanden effiziente Produktionen, später ergänzend effiziente Zielvektoren bei der Analyse multikriterieller Entscheidungsprobleme das Interesse der Wissenschaft. Dass sich der Begriff der Effizienz umgangssprachlich verselbstständigt hat, ist keine große Überraschung. Dass auch die Wirtschaftswissenschaft manchmal recht unbekümmert mit dem Begriff umgeht, ist sehr bedauernswert. Offensichtlich fehlte bis heute eine umfassende Monografie zur Effizienz, die auf der einen Seite das Thema Effizienz und ihre Varianten systematisch untersucht sowie auf der anderen Seite als Grundlage für unterschiedliche Anwendungen dienen kann.

Die vorliegende Schrift umfasst mehrere Teilgebiete der Allgemeinen Betriebswirtschaftslehre. Die Beschäftigung mit betriebswirtschaftlichen Entscheidungen ist spätestens seit GUTENBERG (*Unternehmensführung*, 1962) ein selbstständiges, klassisches Teilgebiet der Betriebswirtschaftslehre. In den letzten Jahren hat die Beschäftigung mit multikriteriellen Entscheidungsproblemen stark zugenommen. Sie bilden den Schwerpunkt des ersten Kapitels. – Seit dem Erscheinen des Ersten Bandes der *Grundlagen der Betriebswirtschaftslehre* von GUTENBERG im Jahre 1951 hat sich die Betriebswirtschaftslehre um eine geschlossene Produktionstheorie bemüht. Diese wurde seitdem u.a. durch DINKELBACH/ROSENBERG (2002) weiter entwickelt bis zu einer systematischen Integration von Nebengütern, wie etwa Schadstoffen, und umweltorientierten Zielsetzungen. Nicht nur effiziente Produktionen, sondern etwa auch input- bzw. outputorientiert-effiziente Produktionen und produktionsbedingte Zielkonflikte stehen im Mittelpunkt des zweiten Kapitels.

Die Data Envelopment Analysis (DEA) weist weder eine betriebswirtschaftliche noch eine volkswirtschaftliche Tradition auf. Sie ist in Deutschland weitgehend unbekannt. Einer der ersten Beiträge von CHARNES/COOPER/RHODES geht auf das Jahr 1978 zurück. Die Thematik und Methodik der DEA, effiziente Organisationen identifizieren und deren Performance messen zu können, sind faszinierend, so dass die Zeit für eine umfassende produktionstheoretische und damit auch betriebswirtschaftliche Fundierung reif ist. Dies geschieht im dritten zentralen Kapitel dieser Veröffentlichung. Das in diesem Kapitel vorgestellte allgemeine DEA-Modell beinhaltet unterschiedliche Technologien – aus produktionstheoretischer Sicht – und unterschiedliche DEA-Effizienzmaße – aus entscheidungstheoretischer Sicht. Mit diesem Modell ist es dem Verfasser gelungen, ein Grundmodell bzw. ein Meta-Modell der DEA zu entwickeln, welches in hohem Maße zur Homogenisierung der DEA beiträgt.

Ich bin zuversichtlich, dass die Data Envelopment Analysis durch die aktuelle wissenschaftliche Diskussion, insbesondere über die Bewertung von Non-Profit-Organisationen hinaus, weiter an Bedeutung gewinnen wird.

Werner Dinkelbach

Vorwort

Angeregt zu dieser Arbeit haben mich unter anderem eine Vielzahl von Artikeln, gerade in der tagesaktuellen Presse, in denen oft eine „Steigerung der Effizienz“ von Organisationen gefordert wird, damit etwa deren Existenz am Markt gesichert sei. Liest man diese Artikel weiter, so finden sich im Allgemeinen häufig nur vage und meist pauschale Hinweise, was unter einer „Effizienzsteigerung“ zu verstehen ist. Es stellt sich daher die Frage, wie sich eine „Effizienzsteigerung“ generell charakterisieren lässt?

Ein Blick in die – wirtschaftswissenschaftlich geprägte – entscheidungs- und produktionstheoretische Literatur zeigt, dass basierend auf einem von PARETO bzw. KOOPMANS eingeführten Konzept, die „Effizienz“ eine Eigenschaft ist, die etwas zu Untersuchendes hat oder nicht hat. Aus diesem Konzept lassen sich daher unmittelbar keine Aussagen über eine „erhöhte Effizienz“ gewinnen. Dennoch gibt es in der Betriebswirtschaftslehre Kennziffern wie etwa die Produktivität oder Wirtschaftlichkeit, auf deren Basis Vergleiche möglich sind. Genau an diesen Konzepten setzt die Data Envelopment Analysis an und verknüpft diese Kennziffern mit dem klassischen Effizienzbegriff. Ein zentrales Anliegen dieser Schrift ist es aufzuzeigen, auf welchen gemeinsamen Grundlagen der Entscheidungs- und Produktionstheorie Effizienzaussagen der Data Envelopment Analysis basieren.

Die vorliegende Arbeit war Grundlage meiner Habilitationsschrift, die einen Bestandteil meines Habilitationsverfahrens an der Rechts- und Wirtschaftswissenschaftlichen Fakultät an der Universität des Saarlandes darstellte, das im Februar 2001 abgeschlossen wurde. Mein besonderer Dank gilt Professor Dr. Werner Dinkelbach, der diese Arbeit nicht nur betreut, sondern durch eine Vielzahl von Diskussionen und damit verbundenen Anregungen initiiert und begleitet hat. Als wissenschaftlicher Assistent gab mir Herr Dinkelbach durch sein Vertrauen die Möglichkeit, in Forschung und Lehre eigenverantwortlich tätig zu sein, wodurch ein erfolgreicher Abschluss dieser Arbeit erst möglich wurde.

Professor Dr. Jürgen Eichberger danke ich für seine konstruktiven Hinweise sowie für die Übernahme des Zweitgutachtens. Den Herausgebern der „Schriften zur quantitativen Betriebswirtschaftslehre“, insbesondere Professor Dr. Klaus-Peter Kistner, bin ich für die Aufnahme in diese Reihe dankbar.

Dr. Bodo Glaser und Dipl.-Kfm. Jürgen Marx haben – speziell freitags im „Banachraum“ – durch ihre stetige Diskussionsbereitschaft viele hilfreiche Anregungen gegeben. Dipl.-Kfm. Rico Kutscher bin ich für weitere kritische Anmerkungen dankbar. Karin Hunsicker danke ich nicht nur für die sorgfältige Durchsicht dieses Manuskriptes, sondern ebenso für die vielen aufmunternden Worte, die für ein erfolgreiches Erstellen eines derartigen Textes besonders hilfreich sind. Abwechselung und damit verbunden neue Motivation verdanke ich in vielfacher Weise Elke, Riepke, Enno und Nomo.

Andreas Kleine

Inhaltsverzeichnis

Abbildungsverzeichnis

Tabellenverzeichnis

Einführung

Immer dann, wenn es darum geht irgendetwas zu vergleichen, findet häufig der Begriff der Effizienz Verwendung. So werden Handlungen, Methoden, Verfahren, Entscheidungen, Unternehmungen usw. oft als effizient oder auch „effizienter“ bezeichnet, wenn zum Ausdruck kommen soll, dass sie im Vergleich mit etwas anderem besser sind. Vielfach dient das Adjektiv „effizient“ somit lediglich als Synonym für das Adjektiv „gut“. Da im Allgemeinen nur effiziente zu untersuchenden Objekte eine Daseinsberechtigung haben, sind Aussagen über die Effizienz vielfach von immenser Wichtigkeit. Speziell unter ökonomischen Aspekten ist die Effizienz von Entscheidungen des Managements einer Organisation von zentraler Bedeutung. Wie sich die Effizienz generell quantitativ erfassen lässt, und auf welchen entscheidungs- und produktionstheoretischen Grundlagen hierauf aufbauende Messkonzepte der Data Envelopment Analysis (DEA) für Organisationen beruhen, ist Gegenstand der vorliegenden Schrift.

In einer ersten Annäherung soll zunächst ein Blick in den DUDEN die generellen Anmerkungen zum Begriff der Effizienz präzisieren. Der DUDEN (22. Auflage 2000, Band 1, S. 320) umschreibt das Adjektiv „effizient“ durch die Begriffe *„wirksam“* und *„wirtschaftlich“*. Das erstgenannte – vom lateinischen Verb „efficere“ (bewirken) abgeleitete – Synonym soll andeuten, dass sich ein effizientes Etwas durch eine bestimmte – noch genauer zu definierende – Wirksamkeit auszeichnet und damit möglicherweise auch eine Veränderung zu einem bestimmten Status bewirkt. Die Wirkung beinhaltet in der Regel eine Verbesserung oder zumindest keine Verschlechterung, so dass häufig auch der Komparativ oder sogar Superlativ dieses Adjektivs Verwendung findet. Wann ist aber etwas wirksam oder gar wirksamer? Entsprechende vergleichende Aussagen fallen insbesondere dann schwer, wenn es unterschiedliche Kriterien gibt, die mit der Wirksamkeit in Verbindung stehen. Ist bei einem zu untersuchenden Kriterium eine Verbesserung zu verzeichnen, aber bei einem anderen Kriterium eine Verschlechterung, dann lässt sich über die Wirksamkeit bei einem Vergleich unmittelbar keine Aussage machen. Ist z.B. eine Unternehmung „wirksamer" bzw. gehen die Entscheidungen des Managements dieser Unternehmung mit einer größeren Wirksamkeit einher, wenn im Vergleich zu einem Konkurrenten ein höherer Gewinn erzielt wird, dabei jedoch eine vergleichsweise stärkere Belastung der Umwelt in Kauf genommen wird?

Konzepte zur Charakterisierung der Effizienz bei mehreren unterschiedlichen Kriterien sind bereits seit langem in der Wirtschaftswissenschaft bekannt und gehen u.a. auf PARETO und KOOPMANS zurück. Dieses generelle Konzept ist sowohl zur Kennzeichnung von effizienten Alternativen allgemein als auch speziell von effizienten Produktionen bzw. effizienten Organisationen geeignet, wie die Ausführungen in den folgenden Kapiteln ausführlich aufzeigen.

Aus wirtschaftswissenschaftlicher Sicht stellt die zweite Umschreibung des DUDEN, die der Wirtschaftlichkeit, eine für den Vergleich von Alternativen nahe liegende Beschreibung dar. In der Betriebswirtschaftslehre wird durch die Wirtschaftlichkeit, die zwar eher mit der Effektivität gleichgesetzt wird, das Verhältnis von mit Preisen bewerteten erwirtschafteten Leistungen zu entsprechend bewerteten eingesetzten Leistungen definiert. Bei dieser Definition bietet sich direkt ein Vergleich unter Verwendung des Komparativs an. Je höher die Wirtschaftlichkeit ausfällt, um so wirksamer (besser) ist etwas zu beurteilen. Hierbei stellt sich nun die Frage, ob sich überhaupt alle für eine Beurteilung relevanten Kriterien (Leistungen, Ziele) geeignet kumulieren lassen? Wie ist etwa die durch eine Unternehmung verursachte Umweltbelastung zu bewerten, wenn Preise für bestimmte Umweltemissionen nicht bekannt sind? Wie lassen sich Organisationen beurteilen, die sich durch unterschiedliche nicht mit Preisen bewertbare Merkmale auszeichnen? Ist also die Wirtschaftlichkeit stets ein geeignetes Instrument zur Beurteilung der Effizienz von Alternativen? Generelle Möglichkeiten zur Reduktion vielfältiger Kriterien auf eine vergleichbare Größe aufzuzeigen, ist ein weiteres Anliegen dieser Arbeit.

Die vorliegende Schrift ist hierzu in drei Kapitel gegliedert: Die Ausführungen im ersten entscheidungstheoretischen Kapitel beschäftigen sich mit der Effizienz von Entscheidungen über Alternativen generell, das zweite produktionstheoretische Kapitel mit der Effizienz von speziell Produktionsentscheidungen. Das dritte Kapitel diskutiert ausführlich die Effizienz und die Messung der Effizienz bzw. Ineffizienz von Organisationen auf Basis der Data Envelopment Analysis. Die Auswahl der entscheidungs- und produktionstheoretischen Grundlagen im ersten bzw. zweiten Kapitel erfolgt insbesondere in Bezug auf die relevanten Aspekte der im dritten Kapitel zu untersuchenden Data Envelopment Analysis.

Der im ersten Kapitel einzuführende Effizienzbegriff erlaubt in Anlehnung an die obigen Erläuterungen zur Wirksamkeit von Entscheidungen lediglich eine Unterscheidung zwischen effizienten Alternativen und nicht effizienten – so genannten dominierten oder ineffizienten – Alternativen. Dabei übernimmt das Konzept der Effizienz die Aufgabe eines Filters, der Alternativen auf bestimmte Eigenschaften überprüft und diejenigen filtert, die den Anforderungen des Filters genügen. M.a.W.: Ausgehend von einer gegebenen Menge von Alternativen (Alternativenmenge) interessiert sich ein Unternehmen in der Regel ausschließlich für solche Alternativen, die ganz bestimmten rationalen Eigenschaften genügen. Nach einer Überprüfung dieser Kriterien fallen aus der Menge aller Alternativen einige uninteressante dominierte Alternativen heraus. Übrig bleibt eine Teilmenge von effizienten Alternativen, die aber nur in seltenen Fällen eine eindeutige Entscheidung implizieren. Im weiteren Prozess der Entscheidungsfindung kann diese Menge effizienter Alternativen durch zusätzliche Anforderungen an den Filter (schmalerer Trichter) weiter verkleinert werden. Dieses Vorgehen führt zu modifizierten Effizienzbegriffen. Da zumeist aus diesem Prozess weiterhin keine endgültige Entscheidung resultiert, wird in einem zweiten Schritt nach einer Möglichkeit gesucht, eine geeignete Alternative mittels einer vergleichbaren Kennzahl auszuwählen.

Welche Alternative aus der Sicht eines Entscheidungsträgers geeignet ist, hängt von noch näher zu spezifizierenden Annahmen ab, die in einem Kompromissmodell (Entscheidungsregel) Berücksichtigung finden, aus dem eine entsprechende Kennzahl resultiert. Die zum Teil von den Präferenzen eines Entscheidungsträgers abhängigen Entscheidungsregeln reduzieren die ins Auge gefassten Kriterien zur Beurteilung einer Alternative auf eine reellwertige Größe, mit deren Hilfe sich Alternativen ersatzweise beurteilen lassen. Gesucht sind diejenigen Alternativen, die in Bezug auf diese reellwertige und damit unmittelbar vergleichbare Kennzahl optimal sind. Ein Kompromissmodell muss allerdings mit den Anforderungen an ein Effizienzkriterium im Einklang stehen. Entscheidungsregeln, die zu ausschließlich ineffizienten Lösungen führen können, sind folglich kritisch zu hinterfragen. Effizienzdefinition und Entscheidungsregel lassen sich daher nicht unabhängig voneinander betrachten.

Im ersten Kapitel stehen nach einer grundlegenden Charakterisierung von Entscheidungsmodellen (Abschnitt 1.1) das Konzept der Effizienz (Abschnitt 1.2) und die damit in Verbindung stehenden Kompromissmodelle (Abschnitt 1.3) zur Diskussion. Die Erläuterung von Entscheidungsmodellen, insbesondere vektoriellen Entscheidungsmodellen mit mehreren Zielen, erfolgt im ersten Kapitel unabhängig von einer konkreten ökonomischen Anwendung, jedoch orientieren sich die dargestellten Aspekte an der im dritten Kapitel diskutierten Data Envelopment Analysis.

Das zweite Kapitel konkretisiert die allgemeinen Darstellungen des ersten Kapitels auf Entscheidungen über so genannte Produktionen. Die Ausführungen in diesem Kapitel beschäftigen sich mit unterschiedlichen Möglichkeiten, durch den Einsatz von Produktionsfaktoren (Input) unter bestimmten Rahmenbedingungen Produkte (Output) herzustellen. Die Menge aller technisch realisierbaren Möglichkeiten, um Input zu Output zu transformieren, enthält eine Technologie, deren Elemente Produktionen heißen. Bekannte und neue Technologien auf Basis der Aktivitätsanlyse, die besonders im Hinblick auf die Data Envelopment Analysis relevant sind, führt Abschnitt 2.1 ein. Aus einer Technologie interessieren einen Produzenten insbesondere die effizienten Produktionen (Abschnitt 2.2). Die hier verwendete Definition effizienter Produktionen – wie übrigens auch effizienter Alternativen und effizienter Organisationen – lehnt sich am klassischen Konzept von KOOPMANS (1951) an. Aus der Menge der effizienten Produktionen zeichnen sich erfolgsoptimale Produktionen durch einen maximalen monetären Erfolg (Gewinn, Deckungsbeitrag etc.) aus. Erfolgsoptimale Produktionen im Sinne eines Kompromissmodells sind Gegenstand des Abschnitts 2.3.

Mit der Effizienz von Organisationen auf Grundlage der Data Envelopment Analysis beschäftigt sich das dritte Kapitel. Der Organisationsbegriff wird in dieser Arbeit in einem institutionalen Sinn verwendet, d.h., die folgenden Analysen beziehen sich auf Institutionen wie Unternehmen, Verwaltungen, Vereine usw. Im Unterschied zur Analyse der Effizienz von zu treffenden Entscheidungen in den beiden ersten Kapiteln, sollen im dritten Kapitel bereits in Organisationen getroffene Entscheidungen mittels der Data Envelopment Analysis auf Effizienz untersucht werden. Trotz dieses konzeptionellen Unterschieds sollte allerdings nicht übersehen werden, dass sowohl Entscheidungs- und Produktionstheorie als auch Data Envelopment Analysis letztlich das gemeinsame Ziel verfolgen, die logischen Implikationen einer rationalen Wahl aufzuzeigen. Die Ergebnisse einer Effizienzanalyse von Organisationen sollen die Entscheidungsträger in den betroffenen Organisationen veranlassen, bei zukünftigen Entscheidungen die aufgezeigten Schwächen zu reduzieren.

Die Betrachtungen der Data Envelopment Analysis gehen davon aus, dass die auf Effizienz zu untersuchenden Organisationen Inputs benötigen, um Outputs abgeben zu können. Diese quantifizierbaren Input- und Outputquantitäten werden zunächst in einer empirischen Untersuchung erfasst. Zur Abbildung der möglichen Beziehung zwischen Input und Output existieren generell unterschiedliche Methoden. Im Gegensatz zu den hier vernachlässigten parametrischen Methoden, die die Parameter eines unterstellten Typs einer Produktionsfunktion bestimmen bzw. schätzen, zählt die hier betrachtete Data Envelopment Analysis zu den nichtparametrischen Verfahren. Ausgehend von bestimmten Annahmen über die Menge der zulässigen Produktionen (Technologie) erfolgt eine Effizienzbetrachtung der erfassten Organisationen. Durch welche bekannten, aber auch neuen Annahmen eine Technologie gekennzeichnet sein kann, ist Gegenstand des ersten Abschnitts 3.1 im dritten Kapitel. Aufbauend auf diesen Überlegungen lassen sich in Analogie zur Produktionstheorie effiziente und ineffiziente Organisationen charakterisieren (Abschnitt 3.2). Da die daraus resultierende Klassifikation in die Menge der effizienten Organisationen und die Menge der ineffizienten Organisationen unbefriedigend ist, dient ein reellwertiges Maß zur Charakterisierung von Organisationen. Derartige Effizienzmaße werden im Abschnitt 3.3 des dritten Kapitels vorgestellt. Die aufgezeigte Methodik lehnt sich formal an die aus dem ersten Kapitel bekannten Kompromissmodelle der Entscheidungstheorie an und ermöglicht damit neben der Herleitung klassischer Maße auch die Einführung bislang unbekannter Maße.

Die gemeinsamen Strukturen der Effizienzbetrachtungen in der Entscheidungs- und Produktionstheorie im Hinblick auf die Data Envelopment Analysis herzuleiten, ist ein weiteres Anliegen dieser Arbeit. Der vorliegende Text versucht, diese Absicht durch einen strukturgleichen Aufbau aller drei Kapitel zu berücksichtigen (vgl. Tab. 0.1): Der jeweils erste

Abschnitt in Kapitel x	Thematik
x.1	Grundlagen (Alternativenmengen)
x.2	Effizienz und vektorielles Modell
x.3	Aggregation der Ziele

Tabelle 0.1: Aufbau der einzelnen Kapitel

Abschnitt x.1 eines Kapitels beschäftigt sich mit den Grundlagen eines jeden vektoriellen Modells. Die Beschreibung möglicher Technologien steht dabei im Mittelpunkt bei den produktionstheoretischen Betrachtungen im zweiten Kapitel und der Data Envelopment Analysis im dritten Kapitel. Der jeweils zweite Abschnitt x.2 eines Kapitels widmet sich der Frage nach der Effizienz einer Alternative, Produktion oder Organisation. Hierzu ist zunächst jeweils die Formulierung eines vektoriellen Entscheidungs- bzw. Produktionsmodells erforderlich, das einen Bezugspunkt für die jeweiligen Effizienzdefinitionen darstellt. Eine Alternative, Produktion oder Organisation wird stets als effizient bezüglich eines gegebenen vektoriellen Modells definiert. Die dritten Abschnitte x.3 der einzelnen Kapitel befassen sich mit Lösungsmöglichkeiten für die aufgezeigten Zielkonflikte. Hierzu erfolgt eine Aggregation der jeweils betrachteten Ziele mittels einer Kompromisszielfunktion. Erfolgsoptimale Produktionen und Effizienzmaße der Data Envelopment Analysis sind in diesem Sinn spezielle Kompromisszielfunktionen. Da die Entwicklungen in der Vektoroptimierung und der Data Envelopment Analysis zum Teil parallel verliefen, sind die Beziehungen vielfach nicht unmittelbar offensichtlich. Diese Verbindungen werden daher für einige Effizienzmaße detailliert aufgezeigt.

Eine Zusammenfassung schließt die Betrachtungen mit einem Überblick ab. Es wird resümierend ein Eindruck vermittelt, welche entscheidungs- und produktionstheoretischen Kenntnisse für das Verständnis von Effizienzmaßen der Data Envelopment Analysis, d.h. der DEA-Effizienz, notwendig sind. Der Anhang enthält einige formale ergänzende Definitionen, Sätze und Beweise, die über den eigentlichen inhaltlichen Kern der jeweiligen Abschnitte hinausgehen.

In den einzelnen Kapiteln illustrieren ergänzend unterschiedliche numerische Beispiele die Ausführungen. Um die *Beispiele B1* bis *B7* vom fortlaufenden Text deutlich abzugrenzen, wurde für die entsprechenden Textabschnitte ein geneigter *(slanted)* Schrifttyp verwendet. Im Mittelpunkt des ersten entscheidungstheoretischen Kapitels steht das *Beispiel B1*, im zweiten produktionstheoretischen Kapitel das *Beispiel B3* und im dritten Kapitel zur Data Envelopment Analysis das *Beispiel B5*. Diese Beispiele werden in den unterschiedlichen Abschnitten der jeweiligen Kapitel immer wieder zur Veranschaulichung und Vertiefung der vorgestellten Sachverhalte aufgegriffen. Das *Beispiel B7* unterstützt abschließend insbesondere die in der Zusammenfassung aus entscheidungs- und produktionstheoretischer Sicht abgeleiteten kritischen Aspekte zur Data Envelopment Analysis. Die restlichen Beispiele ergänzen die Ausführungen zu in der Regel einem speziellen Aspekt in den jeweiligen Abschnitten.

1 Effiziente Alternativen

Der folgende Überblick führt zunächst in die entscheidungstheoretische Terminologie ein. Nach einer Charakterisierung von Entscheidungen bzw. Klassen von Entscheidungsproblemen folgt eine Formulierung von Entscheidungsmodellen. Die einzuführenden vektoriellen Entscheidungsmodelle berücksichtigen mehrere Ziele simultan und stellen die Basis für alle Effizienzüberlegungen in dieser Arbeit dar. An die Formulierung vektorieller Modelle schließt sich eine Definition effizienter Alternativen an. Diese auf KOOPMANS (1951) zurückgehende Definition ist der Bezugspunkt für alle in den nächsten Abschnitten und Kapiteln folgenden Effizienzüberlegungen und damit verbundenen Varianten des Effizienzbegriffes. Wie sich beliebige Alternativen auf Effizienz testen lassen, veranschaulichen so genannte Testprogramme. Welche Möglichkeiten Kompromissmodelle zur Ermittlung von effizienten Alternativen bieten, wird am Ende dieses ersten Kapitels ausführlich diskutiert.

1.1 Entscheidungstheoretische Grundlagen

1.1.1 Entscheidungen

Entscheidungen zu treffen, gehört zu den besonderen Aufgaben und Fähigkeiten eines jeden mündigen Bürgers. Oftmals fällt das Treffen einer Entscheidung nicht leicht. Hierfür gibt es unterschiedliche Gründe, von denen bereits die Einführung einige skizziert. Neben speziellen Problemen, die auf den nur unzureichenden Informationen über notwendige Daten oder auf der Berücksichtigung mehrerer Ziele beruhen können, steht ein Entscheidungsträger generell vor der Schwierigkeit, aus *mehreren* unterschiedlichen Möglichkeiten eine Alternative auszuwählen. Damit ist bereits eines der wesentlichen Merkmale einer Entscheidung aufgezeigt: Die Auswahl setzt mindestens zwei Alternativen voraus. Gibt es nur eine Alternative, muss auch keine Auswahl getroffen werden. Die einfachste Form einer Auswahl beinhaltet entweder die Durchführung einer Tätigkeit (Durchführungsalternative) oder das Unterlassen dieser Tätigkeit (Unterlassungsalternative). Viele tägliche, aber auch betriebswirtschaftliche Probleme, lassen sich bereits durch diese beiden Alternativen charakterisieren. Soll ich heute ins Konzert gehen oder nicht; soll ein Unternehmen eine neues Produkt entwickeln oder nicht? Im Allgemeinen gibt es jedoch noch zusätzliche Alternativen, die zur Auswahl stehen. Alternativ zum Besuch eines Konzerts könnte, neben der Möglichkeit zu Hause zu bleiben, ein Spaziergang oder der Besuch eines Freundes ins Auge gefasst werden. Ebenso kann ein Unternehmen in der Regel zwischen mehreren neuen Produkten oder Produktvarianten auswählen. Diese Vielzahl von Alternativen erhöht den Aufwand beim Vergleich von Alternativen erheblich. Im ungünstigsten Fall lassen sich alle Alternativen nicht mehr auflisten, weil beliebig teilbare Realisationen möglich sind; dann existieren überabzählbar viele Alternativen. Ein typisches Beispiel stellt der Kauf von Anteilen an Wertpapierfonds dar, die heutzutage in beliebigen „Stückelungen" erwerbbar sind.

Ein wichtiges Merkmal, um eine Entscheidung zu charakterisieren, ist somit die Existenz von mindestens zwei sich gegenseitig ausschließenden Alternativen (Handlungsalternativen, Aktionen). Alle zur Auswahl stehenden Alternativen enthält die Alternativenmenge (Menge aller zulässigen Alternativen bzw. Lösungen).

Die Auswahl einer Alternative orientiert sich in der Regel an bestimmten Zielen, die ein Entscheidungsträger gern erreichen möchte. Bei einer Gestaltung eines Abends durch die oben angedeuteten unterschiedlichen Alternativen wird etwa nach einer Möglichkeit gesucht, den Abend möglichst angenehm zu verbringen. Was unter einem „angenehmen Abend" genau zu verstehen ist, hängt von den Vorstellungen des Entscheidungsträgers ab. Ein etwas anderes, aber leichter quantifizierbares Ziel könnte etwa beinhalten, den Abend möglichst kostengünstig zu gestalten. Ebenso könnte bei dem obigen angedeuteten Produktionsplanungsproblem ein Unternehmen nach neuen Produkten oder einer Kombination von neuen Produkten suchen, die einen möglichst hohen Deckungsbeitrag liefern. Diese kleinen Beispiele machen bereits deutlich, dass die Beantwortung der Frage, welche Alternative(n) ein Entscheidungsproblems in geeigneter (optimaler) Weise löst, von dem Ziel oder den Zielen abhängt, die ein Entscheidungsträger verfolgt.

Damit sind bereits wesentliche Merkmale zur Charakterisierung einer Entscheidung aufgezeigt:

Beim Treffen einer Entscheidung

- *wählen Entscheidungsträger*
- *unter Berücksichtigung der zur Verfügung stehenden Informationen*
- *aus einer mehrelementigen Alternativenmenge*
- *eine bezüglich der angestrebten Ziele*
- *„optimale“ Alternative aus.*

Da im Folgenden in erster Linie betriebswirtschaftliche Fragestellungen zur Diskussion stehen, erscheint es angebracht, die Aufgaben und Teilgebiete der betriebswirtschaftlichen Entscheidungstheorie kurz im Überblick zu erläutern.

1.1.2 Aspekte der betriebswirtschaftlichen Entscheidungstheorie

Aus betriebswirtschaftlicher Sicht sind besonders Entscheidungen von Interesse, die Manager in den Unternehmen treffen und zu verantworten haben.[1] Diese Analyse von Entscheidungsproblemen, die in und zwischen Unternehmen auftreten, ist Gegenstand der betriebswirtschaftlichen Entscheidungstheorie.[2]

Nach funktionalen Aspekten können in einem Unternehmen beispielsweise Entscheidungen zu treffen sein in Bezug auf:

- die Beschaffung, wie etwa die Bestimmung einer optimalen Bestellmenge für Rohstoffe;

[1] Vgl. u.a. Gutenberg 1962; Adam 1996.

[2] Vgl. u.a. Eisenführ/Weber 1999; Bamberg/Coenenberg 2000; Domschke/Scholl 2000.

- die Investition, wie etwa die Entscheidung über die Anschaffung von Sachgütern oder Finanzierungstitel (Investitionsrechnung, Portfolio Selection);

- die Produktion, wie etwa die Planung eines Produktionsprogramms oder eines Produktionsablaufs (Scheduling);

- den Absatz, wie etwa die Bestimmung eines Werbebudgets oder die Entlohnung von Handelsvertretern bzw. Reisenden;

- das Personal, wie etwa der Personaleinsatzplanung;

- die Finanzierung, wie etwa die Wahl zwischen verschiedenen Finanzierungsformen und damit von Entscheidungen über Kredite, Darlehen, Hypotheken oder Leasing.

Diese exemplarisch angedeuteten Entscheidungsprobleme werden nicht nur isoliert betrachtet, sondern soweit möglich in simultane Analysen integriert. So hat sich zum Beispiel eine simultane Investitions-, Finanzierungs-, und Produktionsplanung in der Betriebswirtschaftslehre etabliert.[3] Diese über mehrere Funktionen in einem Unternehmen angesiedelten Betrachtungen werden durch entscheidungstheoretische Analysen ergänzt, die sich mit der Verbindung zwischen Unternehmen und Unternehmensteilen beschäftigen. Mit diesen die ganze „Wertschöpfungskette" abbildenden Ansätze beschäftigt sich das Supply Chain Management.[4]

Die im Abschnitt 1.1.1 angeführten Kriterien zur Charakterisierung einer Entscheidung deuten bereits weitere Möglichkeiten zur Klassifizierung von Entscheidungen bzw. Entscheidungsproblemen an. Die folgenden mehr die formale Struktur eines Entscheidungsproblems betreffenden Kriterien beziehen sich nicht auf eine konkrete betriebswirtschaftliche Entscheidungssituation:[5]

- Nach der Anzahl der Entscheidungsträger lassen sich Einpersonen-Entscheidungen von Mehrpersonen-Entscheidungen abgrenzen. Wenn mehrere Personen individuelle Interessen verfolgen, dann

[3]Vgl. u.a. SEELBACH 1997, S. 255ff; KRUSCHWITZ 1998, S. 161ff.
[4]Vgl. u.a. einführend zum Supply Chain Management CORSTEN/GÖSSINGER 2001.
[5]Vgl. u.a. DINKELBACH 1993, Sp. 932ff.

können diese Entscheidungssituationen strategische Spiele abbilden, die Gegenstand einer eigenen Theorie, der Spieltheorie, sind.[6]

- Bei Mehrpersonen-Entscheidungen können die Entscheidungsträger (Spieler) über symmetrische oder asymmetrische Informationen verfügen. Im Fall asymmetrischer Informationen hat mindestens ein Spieler im Verhältnis zu anderen Spielern einen Informationsvorsprung. Diese Entscheidungsprobleme analysiert unter anderem die neue Institutionenökonmik und speziell die Principal-Agent-Theorie.[7]

- Wie bereits in der Einführung ausführlich diskutiert, lassen sich nach dem Grad der zur Verfügung stehenden Informationen Entscheidungen bei vollkommenen Informationen von denen bei unvollkommenen Informationen unterscheiden. Bei unvollkommenen Informationen gibt es grob gesprochen zum einen stochastische Ansätze, die auf bestimmten wahrscheinlichkeitstheoretischen Formulierungen basieren und zum anderen Fuzzy-Set-Ansätze, bei denen die unvollkommenen Informationen in unscharfen Mengen mit entsprechenden Zugehörigkeitsfunktionen Berücksichtigung finden.[8]

- Nach der Struktur der Alternativenmengen differenziert man zwischen Mengen mit einer endlichen, unendlich abzählbaren und überabzählbaren Anzahl von Alternativen. Die beiden erstgenannten Mengen heißen auch diskrete Alternativenmengen. Die Elemente dieser Mengen sind eineindeutig in eine Teilmenge der natürlichen Zahlen abbildbar. Die stetigen Alternativenmengen mit einer überabzählbaren Anzahl werden in der Regel implizit durch Nebenbedingungen unter Verwendung von Entscheidungsvariablen beschrieben. Diese Alternativenmengen sind danach zu unterscheiden, ob es sich bei der Menge zulässiger Alternativen um eine konvexe oder nichtkonvexe Menge handelt.[9]

---

[6]Vgl. u.a. NEUMANN/ MORGENSTERN 1944; EICHBERGER 1993; HOLLER/ ILLING 2000.

[7]Vgl. u.a. HOLMSTRÖM 1979; SPREMANN 1987; KLEINE 1996.

[8]Zu stochastischen Ansätzen vgl. u.a. KALL/ WALLACE 1994; BIRGE/ LOUVEAUX 1997; zur Fuzzy-Set-Theorie vgl. u.a. ZADEH 1965; ROMMELFANGER 1994; zur weiteren Klassifikation vgl. KLEINE 1999, S. 22f.

[9]Vgl. u.a. DINKELBACH/KLEINE 1996, S. 1ff; EHRGOTT 2000, S. 2.

- Beinhaltet eine Alternative eine Sequenz von zeitlich über mehrere Perioden abhängigen Wahlmöglichkeiten, dann sind diese Gegenstand von dynamischen Entscheidungsproblemen, denen sich insbesondere die Kontrolltheorie widmet.[10] Im Unterschied dazu reduzieren statische Entscheidungsprobleme die Betrachtung auf eine Periode.

- Verfolgt ein Entscheidungsträger mehrere Ziele simultan, so handelt es sich um vektorielle (multikriterielle) Entscheidungsprobleme, die von den skalaren Entscheidungsproblemen mit nur einer Zielfunktion abzugrenzen sind.[11] Bei vektoriellen Entscheidungsproblemen wird dem Entscheidungsträger häufig die Möglichkeit angeboten, interaktiv in den Prozess der Entscheidungsfindung einzugreifen. Derartige Lösungsvorschläge basieren auf interaktiven Verfahren.[12]

- Aus der Sicht des Operations Research können bei der Bestimmung einer optimalen Alternative nach der Struktur der zu lösenden numerischen Entscheidungsprobleme etwa lineare, nichtlineare oder ganzzahlige Programme unterschieden werden.[13]

Diese Liste von Kriterien zur Einordnung von Entscheidungen gibt einen exemplarischen Überblick, wie sich Entscheidungen strukturell unterscheiden können.

Anhand dieser Vorüberlegung lassen sich die folgenden Betrachtungen dieser Arbeit entscheidungstheoretisch wie folgt einordnen: Gegenstand der Untersuchungen sind statische Einpersonen-Entscheidungen bei vollkommenen Informationen. Die zur Auswahl stehenden Produktionen können auf konvexen oder nichtkonvexen Alternativenmengen basieren, die zum größten Teil als lineare oder gemischt ganzzahlige lineare Programme in die Analyse eingehen. Im Mittelpunkt dieser Schrift stehen durch mehrere konkurrierende Ziele verursachte Zielkonflikte. Lösungsvorschläge, d.h. Kandidaten für eine mögliche Kompromisslösung eines Konfliktes, werden als effiziente Alternativen bezeichnet. Effiziente Alternativen unter unterschiedlichen Voraussetzungen zu analysieren ist das Ziel der

[10] Vgl. u.a. Bellman 1957; Feichtinger/Hartl 1986.

[11] Vgl. u.a. Charnes/Cooper 1961; Steuer 1986; Miettinen 1999.

[12] Vgl. u.a. Benayoun et al. 1971; Müschenborn 1990; Gardiner/Steuer 1994.

[13] Vgl. u.a. Dantzig 1963; Dinkelbach 1992; Neumann/Morlock 1993; Dantzig/Thapa 1997; Kallrath/Wilson 1997; Domschke/Drexl 1998.

Arbeit. Exemplarisch stehen Entscheidungen über Produktionen zur Diskussion, wie sie aus der Produktionstheorie und aus der Data Envelopment Analysis bekannt sind.

Typischerweise unterscheidet die betriebswirtschaftliche Entscheidungstheorie zwischen deskriptiven und präskriptiven Ansätzen. Während bei deskriptiven Theorien die Prämissen für das Treffen einer Entscheidung und damit die Erklärung von getroffenen Entscheidungen im Vordergrund stehen, versuchen präskriptive Ansätze, den Entscheidungsträger durch die Vorgabe von Lösungsvorschlägen im Prozess der Entscheidungsfindung zu unterstützen. Diese präskriptiven Ansätze basieren auf bestimmten Entscheidungsprämissen (Rationalitätspostulaten), die Grundlage für resultierende Vorschläge sind. GÄFGEN (1974) führt als Vorstufe von deskriptiven und präskriptiven Ansätzen die Entscheidungslogik ein. Diesem Ansatz folgen auch die Analysen in der vorliegenden Arbeit, d.h., durch die Beschäftigung mit dem Effizienzbegriff sollen Entscheidungsträgern die Implikationen rationaler Wahl bei vollkommenen Informationen an produktionstheoretischen Zusammenhängen verdeutlicht werden. Die Untersuchungen stützen sich auf modelltheoretische Betrachtungen, wie sie in der betriebswirtschaftlichen Entscheidungstheorie üblich sind.

1.1.3 Skalare Entscheidungsmodelle

Im Sinne der Entscheidungslogik stellen Modelle ein Hilfsmittel zur Analyse von Entscheidungsproblemen dar. Modelle, speziell die im Folgenden betrachteten Entscheidungsmodelle, haben die Aufgabe, Entscheidungsprobleme formal auf ein numerisches System abzubilden.[14] Diese Entscheidungsmodelle sind der Ausgangspunkt für alle folgenden Effizienzanalysen. In diesem ersten Kapitel finden die Betrachtungen vorerst noch losgelöst von einer betriebswirtschaftlichen Fragestellung statt, um diese Überlegungen in den folgenden Kapiteln auf produktions- und organisationstheoretische Probleme zu übertragen.

Bei einer Entscheidung wählt ein Entscheidungsträger unter formalen Aspekten eine Alternative a aus einer wenigstens zwei Elemente ent-

[14] Zum Modellbegriff vgl. DINKELBACH 1973 und ausführlich zur Modellbildung vgl. u.a. ZSCHOCKE 1995, S. 269ff sowie zu *„Typen betriebswirtschaftlicher Modelle“* vgl. ADAM 1996, S. 81ff.

haltenden Alternativenmenge A aus. Bei Alternativenmengen, deren zulässigen Elemente implizit durch Restriktionen definiert sind, heißt die Menge A auch Zulässigkeitsbereich bzw. Zulässigkeitsraum und ein $a \in A$ zulässige Lösung. Ausschlaggebend für die Wahl einer Alternative ist eine Zielfunktion z, die jeder Alternative eine reellwertige Zahl zuordnet ($z : A \to \mathbb{R}$). Bei diesen Entscheidungsproblemen mit nur einer Zielfunktion und vollkommenen Informationen sowohl über Alternativenmenge als auch über die mit den Alternativen verbundenen Konsequenzen, d.h. bei Entscheidungsmodellen mit einer deterministischen Alternativenmenge A und mit einer deterministischen Zielfunktion z, sucht ein Entscheidungsträger nach einer Alternative mit einem optimalen Zielfunktionswert. Genau diesen Sachverhalt bildet ein skalares, deterministisches Entscheidungsmodell (EM) ab:[15]

$$\text{(EM)} \quad \max\left\{z(a) \;\middle|\; a \in A\right\}.$$

Sind beispielsweise für einen Produzenten die Alternativen eines derartigen Entscheidungsmodells die unterschiedlichen Produktionsmöglichkeiten zur Herstellung seines Produktions- und Absatzprogramms, dann ist die Alternative gesucht, die z.B. den Deckungsbeitrag maximiert. Wie aus dem Operations Research bekannt, lassen sich die optimalen Alternativen bei einer zu minimierenden Zielfunktion – wie etwa bei zu minimierenden Kosten – durch eine Multiplikation der Zielfunktion mit minus eins in ein Maximumproblem überführen. Um generell eine optimale Lösung zu gewährleisten, wird hier zunächst von einer stetigen Zielfunktion und einer nichtleeren, kompakten Alternativenmenge, d.h. einer abgeschlossenen und beschränkten Menge zulässiger Alternativen, ausgegangen.[16]

In Ergänzung zur Alternativenmenge enthält eine Zielmenge Z (Zielraum) alle mit zulässigen Alternativen erreichbaren Zielfunktionswerte:

$$Z := \left\{z(a) \;\middle|\; a \in A\right\} \subseteq \mathbb{R}.$$

Aus dieser Zielmenge interessieren einen Entscheidungsträger besonders die Alternativen mit einem maximalen (optimalen) Zielfunktionswert:

$$z^* := \max\left\{z(a) \;\middle|\; a \in A\right\}.$$

[15] Vgl. u.a. DINKELBACH/KLEINE 1996, S. 1ff.

[16] Vgl. u.a. MANGASARIAN 1969, S. 198.

Die Wahl eines Entscheidungsträger fällt dann auf eine optimale Alternative a^* aus der Menge aller optimalen Alternativen bzw. aus der optimalen Lösungsmenge A^*:

$$a^* \in A^* := \left\{ a \in A \;\middle|\; z(a) = z^* \right\} \subseteq A.$$

Wenn mehrere Alternativen zum gleichen optimalen Zielfunktionswert führen, so ist ein Entscheidungsträger zwischen diesen Alternativen indifferent. Dies setzt voraus, dass eine Zielfunktion die Präferenzen eines Entscheidungsträgers adäquat abbildet.

Eine Antwort auf die in der Einführung aufgeworfene Frage, welche Entscheidung am besten bzw. am wirksamsten sei, bereitet unter diesen restriktiven Bedingungen, d.h. bei vollkommenen Informationen über Alternativenmenge und genau einer Zielfunktion, keine konzeptionellen Schwierigkeiten, denn ein Entscheidungsträger wählt eine bezüglich des Entscheidungsmodells (EM) optimale Alternative: $a^* \in A^*$.

Welche Alternative optimal ist, hängt somit von den Eigenschaften von Zielfunktion und Alternativenmenge ab. Eine Veränderung sowohl bezüglich Zielfunktion als auch Alternativenmenge kann die Menge der optimalen Alternativen A^* verändern. Grundsätzlich hat eine Modifikation der Alternativenmenge im Hinblick auf den optimalen Zielfunktionswert folgende Wirkung: Durch eine Vergrößerung einer Alternativenmenge zu einer Obermenge $\hat{A}$ von A verschlechtert sich ein optimaler Zielfunktionswert – soweit dieser existiert – auf keinen Fall:

$$\hat{A} \supseteq A \quad \Longrightarrow \quad \hat{z}^* := \max\left\{ z(a) \;\middle|\; a \in \hat{A} \right\} \geqq z^*.$$

Die Gültigkeit dieser Implikation beruht offensichtlich auf der Tatsache, dass eine Berücksichtigung zusätzlicher Alternativen auf die Zulässigkeit der bisher betrachteten Alternativen keinen Einfluss hat. Damit bleiben die Zielfunktionswerte dieser Alternativen und speziell die Werte der bisher optimalen Alternativen erreichbar. Sofern – wie hier unterstellt – jeweils eine optimale Alternative mit endlichem Zielfunktionswert existiert, kann sich durch eine neue Alternative ein bisher optimaler Zielfunktionswert nicht verschlechtern, aber günstigstenfalls verbessern. Im Unterschied dazu bewirkt eine Verkleinerung der Alternativenmenge die Unzulässigkeit von bisher zulässigen Alternativen und damit möglicherweise die Unzulässigkeit aller bisher optimalen Alternativen mit der Folge, dass sich ein bisher optimaler Zielfunktionswert verschlechtert. Nur wenn mindestens eine Alternative aus der optimalen Lösungsmenge zulässig bleibt, verändert sich der optimale Zielfunktionswert nicht. Aussagen über die Auswirkungen auf die Zusammensetzung/Struktur einer optimalen Lösungsmenge lassen sich bei entsprechenden Modifikationen einer Alternativenmenge nicht allgemein herleiten.

Auch wenn die Charakterisierung optimaler Alternativen für ein skalares und deterministisches Entscheidungsmodell mit keinerlei konzeptionellen Schwierigkeiten verbunden ist, sollte nicht übersehen werden, dass die numerische Bestimmung einer optimalen Lösung oft kein triviales Problem darstellt. So können etwa bei der Ablaufplanung (Scheduling) Heuristiken zum Einsatz kommen, da die Bestimmung einer optimalen Lösung mit konvergenten Verfahren (Algorithmen) unter Berücksichtigung zeitlicher Vorgaben häufig nicht möglich ist.[17]

1.2 Effizienz und vektorielle Entscheidungsmodelle

1.2.1 Vektorielle Entscheidungsmodelle

Vektorielle bzw. multikriterielle Entscheidungsmodelle unterscheiden sich von skalaren Entscheidungsmodellen durch die simultane Berücksichtigung mehrerer Zielfunktionen.[18] Während bei multikriteriellen Entscheidungsmodellen zusätzliche Zielfunktionen in zielbedingte Nebenbedingungen, d.h. in zusätzliche Restriktionen der Alternativenmenge, einfließen können, basieren vektorielle Entscheidungsmodelle ausschließlich auf einem Vektor von zu maximierenden Zielfunktionen. Ein vektorielles Entscheidungsmodell (VEM) zeichnet sich genau durch diesen Vektor von K zu maximierenden Zielfunktionen aus ($K \geqq 2$):

$$\text{(VEM)} \quad max \left\{ \left(\begin{array}{c} z_1(a) \\ \vdots \\ z_K(a) \end{array} \right) \middle| \; a \in A \right\}.$$

[17]Vgl. u.a. CONWAY et al. 1967; BRUCKER et al. 1999.

[18]Zu den Grundlagen vektorieller Entscheidungsmodelle vgl. u.a. COHON 1978, S. 72ff; ISERMANN 1991, S. 420ff; DINKELBACH/KLEINE 1996, S. 33ff.

Bei den unterschiedlichen Zielen eines vektoriellen Entscheidungsmodells muss es sich nicht zwangsläufig um „reine" Extremierungsziele handeln. Auch Fixierungs-, Satisfizierungs- oder Approximierungsziele, bei denen ein Entscheidungsträger ein bestimmtes Anspruchsniveau genau, mindestens oder annähernd erreichen möchte, können in der Form von Extremierungszielen dargestellt und in (VEM) integriert werden.[19]

Um die Schreibweise in den folgenden Ausführungen zu vereinfachen, wird ein Zielfunktionsvektor (Zielvektor) durch

$$\boldsymbol{z}(a) := \begin{pmatrix} z_1(a) \\ \vdots \\ z_K(a) \end{pmatrix}$$

beschrieben. Wie bei skalaren Entscheidungsmodellen (EM) lassen sich die zulässigen Zielfunktionswerte einer jeden Zielfunktion auf einer reellwertigen Skala abtragen. Da es jedoch K Zielfunktionen gibt und die zulässigen Werte einer jeden Zielfunktion individuell abzutragen sind, resultiert ein K-dimensionaler Raum zulässiger Zielfunktionswerte, der Zielraum Z:

$$Z := \left\{ \boldsymbol{z}(a) \;\middle|\; a \in A \right\} \subseteq \mathbb{R}^K.$$

Aufgrund der wiederum unterstellten K stetigen Zielfunktionen und einer nichtleeren, kompakten Alternativenmenge ist auch der jeweils resultierende Zielraum nichtleer und kompakt.[20]

Die Definition des Zielraums Z macht bereits auf die besonderen Probleme bei der Lösung vektorieller Entscheidungsmodelle aufmerksam, denn bei der Suche nach einer „optimalen" Alternative wird ein Vergleich von Lösungen durch die unterschiedlichen Zielfunktionen erschwert. Es bereitet wiederum keine Schwierigkeiten, die bezüglich genau einer Zielfunktion z_k individuell optimalen Zielfunktionswerte

$$z_k^{\circledast} := \max \left\{ z_k(a) \;\middle|\; a \in A \right\} \qquad (\text{für alle } k \in \mathsf{K} := \{1, \ldots, K\})$$

[19]Vgl. u.a. DINKELBACH 1982, S. 26ff u. S. 211ff; DINKELBACH/KLEINE 1996, S. 24ff; LAUX 1998, S. 23ff.

[20]Vgl. u.a. EHRGOTT 2000, S. 30, und ergänzend HARTLEY 1978.

und entsprechend individuell optimale Alternativen a_k^* aus einer individuell optimalen Lösungsmenge $A_k^{\circledast}$ zu beschreiben als auch zu berechnen:

$$a_k^{\circledast} \in A_k^{\circledast} := \left\{ a \in A \;\middle|\; z_k(a) = z_k^{\circledast} \right\} \subseteq A \qquad (\text{für alle } k \in \mathsf{K}).$$

Jedoch existieren Lösungen, so genannte perfekte Alternativen $a_{perf} \in A$, die eine Zulässigkeit des Idealzielpunktes

$$\boldsymbol{z}^{\circledast} := \begin{pmatrix} z_1^{\circledast} \\ \vdots \\ z_K^{\circledast} \end{pmatrix}$$

im Zielraum Z ermöglichen – mit $\boldsymbol{z}(a_{perf}) = \boldsymbol{z}^{\circledast} \in Z$ –, im Allgemeinen nicht. Ein Zielkonflikt beruht somit auf der Tatsache, dass es keine Alternative aus der Menge A gibt, die ein Erreichen des Idealzielpunktes erlaubt. Mindestens zwei konkurrierende Ziele, bei denen die Schnittmenge der jeweils individuell optimalen Lösungsmengen leer ist, verursachen einen solchen Zielkonflikt.

Welche Alternative ist aber „optimal“, wenn es keine Alternative gibt, die für alle Ziele individuell optimal ist? Eine mögliche erste Antwort auf diese Frage liefert das Konzept der Effizienz.

1.2.2 Dominanz und Effizienz

Unter welchen Voraussetzungen eine Alternative bei einem skalaren Entscheidungsmodell mit nur einer Zielfunktion „besser“ als eine andere Alternative ausfällt, lässt sich relativ einfach beschreiben: Eine Alternative ist genau dann besser, wenn der Zielfunktionswert dieser Alternative im Vergleich zur anderen höher ist. In der Entscheidungstheorie wird eine solche „bessere“ Lösung als dominierende Alternative bezeichnet. Dieses Konzept der Dominanz bei skalaren Entscheidungsmodellen auf vektorielle Entscheidungsmodelle zu übertragen bereitet keine prinzipiellen Schwierigkeiten: Eine Alternative ist genau dann besser, d.h. dominierend, wenn mindestens ein Zielfunktionswert dieser Alternative im Vergleich zur anderen höher und kein Zielfunktionswert niedriger ausfällt. Diese intuitiv nachvollziehbare Beschreibung der Dominanz einer Alternative berücksichtigt die folgende Definition 1.1 formal.[21]

[21] Vgl. u.a. Yu 1985, S. 15; Steuer 1986, S. 147.

Definition 1.1
*Eine **Alternative** $a' \in A$ **dominiert** eine Alternative $a'' \in A$ bezüglich der Alternativenmenge A und der K Zielfunktionen $\boldsymbol{z}$, d.h. bezüglich (VEM), wenn gilt:*

$$z_k(a') \geqq z_k(a'') \quad \text{für alle } k \in \mathsf{K} \quad \text{und} \tag{1.1}$$

$$z_k(a') > z_k(a'') \quad \text{für mindestens ein } k \in \mathsf{K} \tag{1.2}$$

oder kurz in Vektorschreibweise, wenn gilt: $\boldsymbol{z}(a') \geq \boldsymbol{z}(a'')$.

Dominierte Alternativen sind aus entscheidungstheoretischer Sicht zur Lösung eines vektoriellen Entscheidungsmodells von untergeordneter Bedeutung, da es, vereinfachend formuliert, Alternativen gibt, die besser bzw. – in Anlehnung an den DUDEN – wirksamer sind. Während bei skalaren Entscheidungsmodellen auf diese Weise alle Alternativen geordnet werden können, führt dieses Vorgehen bei vektoriellen Entscheidungsmodellen oftmals nicht zum Erfolg. Es gibt möglicherweise Alternativen, die bei einigen Zielen höhere Zielfunktionswerte, aber bei anderen Zielen niedrigere Werte im Vergleich zu anderen Alternativen aufweisen, sie werden nicht dominiert. Diese bezüglich aller Zielfunktionen im Sinne der Dominanz nicht vergleichbaren Alternativen erfüllen die Anforderung an effiziente Alternativen.[22]

Definition 1.2
*Eine **Alternative** $a_{eff} \in A$ heißt **effizient** bezüglich (VEM), wenn keine Alternative $a' \in A$ existiert mit:* $\boldsymbol{z}(a') \geq \boldsymbol{z}(a_{eff}) =: \boldsymbol{z}_{a_{eff}}$.

Der Begriff der Effizienz orientiert sich konzeptionell an der für skalare Entscheidungsmodelle eingeführten Optimalität. Genau so, wie die Definition optimaler Alternativen bei skalaren Entscheidungsmodellen (EM) sicherstellt, dass es keine bessere, d.h. dominierende, Alternative bezüglich (EM) gibt, beinhaltet die Definition einer effizienten Alternative die Nichtexistenz dominierender Alternativen, nun eben bezüglich einem vektoriellen Entscheidungsmodell (VEM).

Auf der Grundlage von Definition 1.2 lässt sich die Alternativenmenge in zwei disjunkte Teilmengen zerlegen. Zum einen gibt es die Menge der effizienten Alternativen

[22] Vgl. u.a. KOOPMANS 1951, S. 60; DINKELBACH 1969, S. 153; ISERMANN 1974b, S. 3f; STEUER 1986, S. 149; LAUX 1998, S. 94ff.

$$A_{eff} := \left\{ a_{eff} \in A \,\middle|\, \text{Es existiert kein } a' \in A \text{ mit: } \boldsymbol{z}(a') \geq \boldsymbol{z}_{a_{eff}} \right\} \subseteq A$$

mit der Menge effizienter Zielvektoren

$$Z_{eff} := \left\{ \boldsymbol{z}(a) \in Z \,\middle|\, a \in A_{eff} \right\} \subseteq Z$$

und zum anderen die Menge der dominierten, d.h. ineffizienten, Alternativen $A \setminus A_{eff}$. Diese Aufteilung entspricht bei den speziellen skalaren Entscheidungsmodellen einer Unterscheidung in zum einen die Menge der optimalen Alternativen A^* und zum anderen die Menge der nicht optimalen (dominierten) Alternativen $A \setminus A^*$. Diese formale Analogie soll jedoch nicht über einen gravierenden inhaltlichen Unterschied hinwegtäuschen. Enthält die Menge der bezüglich (EM) optimalen Alternativen A^* mehrere Alternativen (Mehrfachlösung), dann weisen alle diese Lösungen a^* den gleichen Zielfunktionswert auf. Beinhaltet die Menge der bezüglich (VEM) effizienten Alternativen mehrere Alternativen, dann beruht dieses Phänomen nur in seltenen Fällen auf der Tatsache, dass alle effizienten Alternativen jeweils bezüglich einer Zielfunktion zum gleichen Wert führen. Die vergleichsweise „große Menge“ effizienter Alternativen bei vektoriellen Entscheidungsmodellen begründet sich vielmehr in den unzureichenden Vergleichsmöglichkeiten von Alternativen. Daher kommt der Bestimmung effizienter Alternativen eher die Aufgabe einer Vorauswahl denn einer endgültigen Lösung eines vektoriellen Entscheidungsmodells zu.

Die Menge der effizienten Alternativen enthält gegenüber der Menge der dominierten Alternativen – jeweils bezogen auf ein vektorielles Entscheidungsmodell – die vergleichsweise „besseren“ Alternativen. Ein Vergleich von Alternativen aus der Menge der effizienten Alternativen unter Verwendung des Komparativs des Adjektivs „effizient“, wie er oft umgangssprachlich anzutreffen ist, lässt das hier beschriebene Konzept der Effizienz nicht zu.[23] Entweder gehört eine Alternative zur Menge der effizienten Alternativen, oder aber eine Alternative ist ein Element der Menge der dominierten Alternativen. Um weiter gehende Aussagen über die Eignung einer Alternative zur Lösung des zugrunde liegenden Zielkonfliktes

[23] Vgl. u.a. BOHR 1993, Sp. 865.

machen zu können, sind zusätzliche Informationen erforderlich, wie sie in den Abschnitt 1.3.1 zu Kompromissmodellen einfließen.

Die Beziehungen zwischen Alternativen aus einer Alternativenmenge können in Bezug auf die Merkmale Dominanz und Effizienz sehr unterschiedlich ausfallen. Auch wenn eine effiziente Alternative oftmals eine andere Alternative dominiert – jeweils bezüglich eines bestimmten vektoriellen Entscheidungsmodells –, so gilt es dennoch zu beachten, dass

- *aus Effizienz nicht notwendigerweise Dominanz folgt:* Eine effiziente Alternative muss nicht zwangsläufig eine andere zulässige Alternative dominieren. Stimmt beispielsweise die Menge der effizienten Alternativen mit der Alternativenmenge bei einem vektoriellen Entscheidungsmodell überein, so wird keine Alternative dominiert. Und umgekehrt gilt, dass

- *aus Dominanz nicht notwendigerweise Effizienz folgt:* Dominiert eine zulässige Alternative eine andere zulässige Lösung, so folgt daraus nicht, dass diese dominierende Alternative effizient bezüglich des betrachteten Entscheidungsmodells sein muss, denn es kann eine weitere Alternative aus der Alternativenmenge geben, die wiederum diese dominierende Alternative dominiert. Damit ist die betrachtete dominierende Alternative nicht effizient. Allerdings, wenn eine Alternative dominiert wird, dann begründet sich – soweit A_{eff} nichtleer ist – diese Dominanzbeziehung in mindestens einer effizienten Alternative.[24]

Die Überlegungen aus Abschnitt 1.1.3 (vgl. S. 17) zu den Konsequenzen einer veränderten Alternativenmenge auf optimale Lösungen bei skalaren Entscheidungsmodellen lassen sich auf vektorielle Entscheidungsmodelle nur teilweise übertragen. Durch eine Vergrößerung der Alternativenmenge können alle individuell optimalen Zielfunktionswerte – soweit sie existieren – nicht kleiner ausfallen. Über die Auswirkung einer erweiterten Alternativenmenge auf die Menge der effizienten Alternativen lässt sich keine allgemein gültige Aussage treffen.

Bei vektoriellen Entscheidungsmodellen interessiert ergänzend, welche Konsequenzen eine veränderte Anzahl Ziele auf die Menge der effizienten Alternativen hat. Ist etwa ein zusätzliches Ziel in ein vektorielles

[24]Die Gültigkeit dieser Aussage beinhaltet auch der Beweis von Satz 1.9, S. 50.

Entscheidungsmodell zu integrieren, so behalten in der Regel alle bisher effizienten Alternativen die Eigenschaft der Effizienz. Unter der Voraussetzung, dass es nicht mehrere effiziente Alternativen mit identischen Zielfunktionsvektoren gibt, kann sich die Menge der effizienten Alternativen nicht verkleinern, sondern gegebenenfalls um zusätzliche Alternativen vergrößern. M.a.W., jede bezüglich (VEM) effiziente Alternative ist unter der genannten Voraussetzung effizient bezüglich eines vektoriellen Entscheidungsmodells mit zusätzlichen Zielen, aber nicht umgekehrt (vgl. Anhang Satz A.1, S. 223). Dieser Zusammenhang gilt, weil eine in Bezug auf (VEM) dominierte Alternative sich durch ein neues Ziel „auszeichnen" und effizient werden kann, aber eine bezüglich (VEM) effiziente Alternative kann deshalb nicht von einer solchen neuen effizienten Alternative dominiert werden. Tendenziell führt daher eine zunehmende Anzahl von Zielen auch zu einer Vergrößerung der Menge effizienter Alternativen.

Das hier vorgestellte Konzept der Effizienz geht bereits unter anderem auf PARETO (1906) und entsprechende mikroökonomische Überlegungen zurück.[25] Ein gesamtwirtschaftliches (PARETO-)Optimum zeichnet sich nach PARETO dadurch aus, dass einzelne Wirtschaftssubjekte ihre Situation – etwa durch eine Umverteilung von Gütern – nicht verbessern können, ohne andere Wirtschaftssubjekte schlechter zu stellen. Mit Hilfe einer EDGEWORTH-Box lassen sich entsprechende Situationen im Zwei-Güter-Fall anschaulich abbilden und die jeweiligen Pareto-Optima herleiten. Aufgrund dieser Erkenntnisse, die auf PARETO zurückgehen, werden allgemein effiziente Alternativen häufig ebenso als PARETO-optimale bzw. PARETO-effiziente Alternativen[26] bezeichnet.[27]

Die Definition 1.2 beruht letztlich auf einem Beitrag von KOOPMANS (1951), in dem er auf der Grundlage von produktionstheoretischen Überlegungen effiziente Produktionen charakterisiert (vgl. ergänzend auch Abschnitt 2.2.2, S. 87ff). KOOPMANS konnte dabei auf die explizite Einführung von Zielfunktionen verzichten, weil die zugrunde liegenden Entscheidungsvariablen des Produktionsplanungsproblems mit den Zielen ei-

[25] In PARETO, V. (1906): Manuale di Economica Politica, Societa Editrice Libraria, Mailand, 1909 übersetzt ins Französiche (mit überarbeitetem Anhang) und 1971 ins Englische.

[26] Vgl. u.a. EHRGOTT 2000, S. 19ff, der speziell eine Alternative a_{eff} PARETO-optimal und einen Zielfunktionswert $z_{a_{eff}}$ effizient nennt.

[27] Zur historischen Entwicklung des Begriffs der Effizienz vgl. u.a. STADLER 1987;

ner Produktion direkt übereinstimmen. Diese spezielle – als K-Effizienz bezeichnete – Formulierung haben dann KUHN/TUCKER in einem ebenfalls 1951 veröffentlichen Beitrag aufgegriffen und direkt auf nichtlineare vektorielle Entscheidungsmodelle angewendet. KUHN/TUCKER konzentrieren sich hierbei auf eine Teilmenge der effizienten Lösungen, den so genannten *„proper solutions“* (eigentlich effiziente Lösungen, vgl. Anhang A.2, S. 225ff). Besondere Beachtung fanden in der Folgezeit speziell lineare vektorielle Entscheidungsprobleme, d.h. vektorielle Entscheidungsmodelle mit linearen Zielfunktionen und eine durch lineare Nebenbedingungen beschränkte Alternativenmenge. Auf Grundlage des von DANTZIG entwickelten Simplex-Algorithmus zur Lösung linearer Programme lassen sich für lineare vektorielle Entscheidungsmodelle etwa die Menge aller effizienten Alternativen oder einzelne effiziente kompromissoptimale Alternativen bestimmen.[28]

1.2.3 Dominanzkegel und Effizienz

Im Laufe der Entwicklungen auf dem Gebiet der Vektoroptimierung entstanden zum einen weitere Spezifikationen des Effizienzbegriffes und zum anderen zur Definition 1.2 äquivalente Formulierungen. Viele dieser gleichwertigen Beschreibungen verwenden dazu explizit oder implizit Dominanzkegel, deren Charakterisierung daher am Beginn dieses Abschnitts steht.

Bei einem Kegel handelt es sich – vereinfacht formuliert – um eine Menge, deren Elemente reellwertige Vektoren repräsentieren und sich dadurch auszeichnen, dass deren nichtnegativen Vielfachen (Skalarprodukte) zur Menge gehören. Ein konvexer Kegel weist zudem die Eigenschaften einer konvexen Menge auf, d.h., alle Konvexkombinationen von Elementen aus einem Kegel gehören ebenfalls zum betrachteten Kegel. Der Scheitel eines Kegels stellt graphisch die „Spitze“ eines Kegels dar.[29] Bei vektoriellen Entscheidungsmodellen bietet es sich an, einen konvexen Kegel im $\mathbb{R}^K$ zu definieren, der ausgehend von einer zu untersuchenden Alternative $a^{\square} \in A$ die Zielvektoren aller dominierenden Alternativen enthält.

[28]Vgl. u.a. ISERMANN 1974b; STEUER 1986; GAL 1995.

[29]Vgl. u.a. TAKAYAMA 1974, S. 17f; SCHRIJVER 1986, S. 7; BERTSEKAS 1999, S. 694.

Definition 1.3

Gegeben sei ein vektorielles Entscheidungsmodell (VEM) und eine Alternative $a^\square \in A$ *mit den Zielfunktionswerten* $z_k^\square := z_k(a^\square)$ *für alle* $k \in \mathsf{K}$. *Die Menge*

$$Z_{Dom}(\boldsymbol{z}^\square) := \left\{ \boldsymbol{z} \in I\!R^K \;\middle|\; z_k \geqq z_k^\square \quad (k = 1, \ldots, K) \right\}$$

heißt ***Dominanzkegel mit dem Scheitel*** $\boldsymbol{z}^\square$.

Mit Ausnahme des Scheitels enthält der so definierte Dominanzkegel ausschließlich solche Zielfunktionsvektoren, deren zugehörigen Alternativen – soweit diese existieren – die betrachtete Alternative $a^\square$ dominieren.

Damit es sich bei einer Alternative $a^\square$ um eine gemäß Definition 1.2 effiziente Alternative handelt, darf es keine Alternative $a' \in A$ geben, deren Zielvektor $\boldsymbol{z}(a')$ Element des Dominanzkegels ist und sich zudem vom Scheitel $\boldsymbol{z}^\square$ des Kegels unterscheidet. Eine Alternative a_{eff} ist folglich genau dann effizient, wenn keine Alternative $a' \in A$ existiert mit

$$\begin{aligned} &\boldsymbol{z}(a') \geqq \boldsymbol{z}_{a_{eff}} \quad \text{und} \quad \boldsymbol{z}(a') \neq \boldsymbol{z}_{a_{eff}} \quad \text{bzw.} \\ &\boldsymbol{z}(a') \in Z_{Dom}(\boldsymbol{z}_{a_{eff}}) \setminus \{\boldsymbol{z}_{a_{eff}}\}. \end{aligned} \tag{1.3}$$

Diese äquivalente Formulierung effizienter Alternativen vereinfacht die etwas detaillierte Darstellung der obigen Definition 1.2 und ist daher in der Literatur weit verbreitet.[30]

Beispiel B1: Zur graphischen Veranschaulichung dient in diesem und in den nächsten Abschnitten dieses Kapitels ein Beispiel B1. Das vektorielle Entscheidungsmodell (VEM-B1) enthält zwei stetige Entscheidungsvariablen (a_1, a_2) *und eine diskrete Entscheidungsvariable* (a_3) *sowie zwei lineare Zielfunktionen* (z_1, z_2) *und vier lineare Nebenbedingungen (Restriktionen, Ungleichungen):*

$$\text{(VEM-B1)} \quad max \left\{ \begin{pmatrix} z_1(\boldsymbol{a}) \\ z_2(\boldsymbol{a}) \end{pmatrix} \;\middle|\; \boldsymbol{a} \in A \right\}$$

$$\text{mit } z_1(\boldsymbol{a}) = a_1 + a_2 \quad \text{und} \quad z_2(\boldsymbol{a}) = 4a_2$$

$$A = \left\{ \begin{pmatrix} a_1 \\ a_2 \\ a_3 \end{pmatrix} \in I\!R_+^2 \times I\!B \;\middle|\; \begin{array}{rcrcrcl} a_1 & + & a_2 & & & \leqq & 30 \\ a_1 & + & 3a_2 & - & 6a_3 & \leqq & 30 \\ & & a_2 & + & 6a_3 & \leqq & 9 \\ a_1 & & & & & \geqq & 3 \end{array} \right\}.$$

[30] Vgl. u.a. YU 1974; STEUER 1986, S.149.

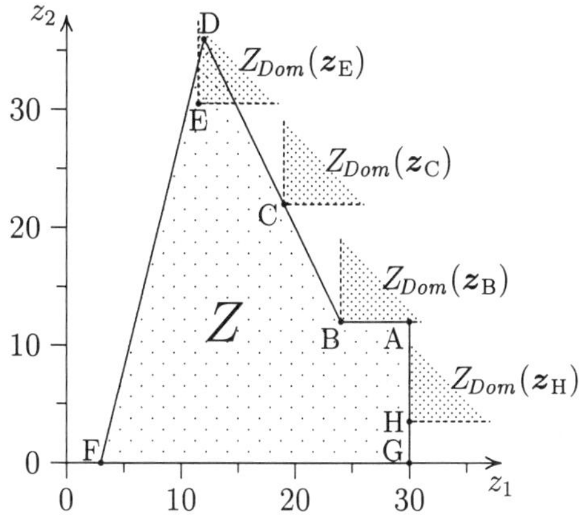

Abbildung 1.1: Dominanzkegel und Zielraum

Ein Vektor $\boldsymbol{a}$ mit den zulässigen Werten der drei Entscheidungsvariablen a_i $(i = 1, 2, 3)$ charakterisiert in diesem Beispiel jeweils eine Alternative aus der Menge A. Die ganzzahlige Variable a_3 impliziert, dass trotz linearer Ungleichungen die Alternativenmenge nichtkonvex ist. Die Abbildung 1.1 bildet den zugehörigen nichtkonvexen Zielraum Z ab, d.h. die Menge aller zulässigen Zielfunktionswerte der beiden Ziele z_1 und z_2.[31] Für vier Alternativen $\boldsymbol{a}_i \in A$ sind die zugehörigen Dominanzkegel $Z_{Dom}(\boldsymbol{z}_i)$ eingezeichnet (Punkte: i =B,C,E,H). Die Zielfunktionsvektoren der zu den Punkten B,C und H korrespondierenden Alternativen liegen auf dem Rand des Zielraums.

Die Abbildung 1.1 zeigt, dass von den vier Alternativen nur $\boldsymbol{a}_C$ effizient bezüglich des vektoriellen Entscheidungsmodells (VEM-B1) ist. Gemäß (1.3) gibt es in diesem Fall keine weitere Alternative, deren Zielvektor sich im Dominanzkegel $Z_{Dom}(\boldsymbol{z}_{\mathrm{C}})$ befindet und sich vom Scheitel unterscheidet. Diese Voraussetzungen erfüllt die Alternative $\boldsymbol{a}_{\mathrm{E}}$ offensichtlich nicht. So enthält der Durchschnitt aus Zielraum Z und Dominanzkegel $Z_{Dom}(\boldsymbol{z}_{\mathrm{E}})$ neben dem Scheitel weitere Zielvektoren zulässiger Alternativen. Beispielsweise liegt der Zielvektor $\boldsymbol{z}_{\mathrm{D}} \in Z$ im Dominanzkegel

[31] Zur graphischen Darstellung einer nichtkonvexen Alternativenmengen vgl. u.a. DINKELBACH/KLEINE 1996, S. 9ff.

$Z_{Dom}(\boldsymbol{z}_{\mathrm{E}})$. Die Ineffizienz der Alternative $\boldsymbol{a}_{\mathrm{B}} \in Z$ fällt bei einer graphischen Analyse nicht unmittelbar auf. Bei dieser Alternative enthält der Durchschnitt aus Zielraum Z und Dominanzkegel $Z_{Dom}(\boldsymbol{z}_{\mathrm{B}})$ neben dem Scheitel auch solche Zielvektoren, die ausschließlich im Hinblick auf das erste Ziel höhere Zielfunktionswerte ermöglichen, wie etwa der Zielvektor $\boldsymbol{z}_{\mathrm{A}}$. Damit gehört nicht ausschließlich $\boldsymbol{z}_{\mathrm{B}}$ zum Durchschnitt aus Zielraum Z und Dominanzkegel $Z_{Dom}(\boldsymbol{z}_{\mathrm{B}})$, so dass die Alternative $\boldsymbol{a}_{\mathrm{B}}$ ebenfalls nicht effizient ist. Die Alternative $\boldsymbol{a}_{\mathrm{H}}$ gehört gleichfalls nicht zur Menge der effizienten Lösungen, denn offensichtlich dominieren alle zu den Zielvektoren auf der Strecke AH (mit Ausnahme von H selbst) korrespondierenden Alternativen den Vektor $\boldsymbol{z}_{\mathrm{H}} \in Z$. Die Zielvektoren aller effizienten Alternativen werden in Abbildung 1.1 durch die Strecke BD (mit Ausnahme von B) und dem Punkt A wiedergegeben, d.h., für die Menge aller effizienten Zielvektoren gilt:

$$Z_{eff} = \left\{ \boldsymbol{z} \in Z \;\middle|\; \boldsymbol{z} = \lambda\, \boldsymbol{z}_{\mathrm{B}} + (1-\lambda)\, \boldsymbol{z}_{\mathrm{D}} \quad (\lambda \in]0,1]) \right\} \cup \left\{ \boldsymbol{z}_{\mathrm{A}} \right\}.$$

Dieses Beispiel veranschaulicht bereits, dass die Bestimmung der Menge aller effizienten Alternativen bei mehr als zwei Zielen und einer nichtkonvexen Alternativenmengen im Regelfall kein triviales Problem darstellt.

CHANCE/COOPER (1961) orientieren sich bei ihrer Definition effizienter Alternativen nicht an der Menge von Alternativen, die es nach Möglichkeit nicht geben darf.[32] Nach ihrer „positiven" Umschreibung müssen alle zulässigen Alternativen, deren Zielvektoren im Dominanzkegel einer bezüglich (VEM) effizienten Alternative liegen, mit dem Scheitel übereinstimmen. Anderenfalls würde die betrachtete effiziente Alternative dominiert und wäre nicht effizient, was jedoch auszuschließen ist. Eine Alternative $a_{eff} \in A$ ist also genau dann effizient, wenn für beliebige Alternativen $a \in A$ und

$$\boldsymbol{z}(a) \in Z_{Dom}(\boldsymbol{z}_{a_{eff}}) \quad \Longrightarrow \quad \boldsymbol{z}(a) \;=\; \boldsymbol{z}_{a_{eff}}. \tag{1.4}$$

Die bezüglich des vektoriellen Modells (VEM) nicht dominierten Alternativen bezeichnen CHANCE/COOPER als funktional effizient, oder kurz als f-effizient. Sie wollten durch diese Ergänzung den Unterschied zu dem von KOOPMANS betrachteten – wie oben bereits angedeutet – speziellen

[32] Vgl. u.a. CHARNES/COOPER 1961, S. 321.

K-effizienten Alternativen hervorheben. Diese Nuancen des Effizienzbegriffes haben sich in der Literatur kaum durchgesetzt und bleiben hier weitestgehend unberücksichtigt.

Die obige Implikation (1.4) zur Charakterisierung effizienter Alternativen orientiert sich jeweils nur an einer Teilmenge zulässiger Alternativen und zwar genau an denen, die der Voraussetzung genügen, Element eines entsprechenden Dominanzkegels zu sein. Ausgangspunkt für eine leicht modifizierte, aber ebenfalls äquivalente Definition effizienter Alternativen, ist die Menge aller zulässigen Alternativen. Es stellt sich die Frage, welche Anforderungen müssen *alle* zulässigen Alternativen erfüllen, damit eine Alternative nicht bezüglich (VEM) dominiert wird. Eine Antwort auf diese Frage resultiert aus der Überlegung, dass es keinen Unterschied macht, ob die Menge dominierender Lösungen keine zulässigen Alternativen oder die Menge der nicht dominierenden Alternativen alle zulässigen Alternativen enthält. In diesem Fall gehören alle zulässigen Alternativen zur Komplementärmenge der in (1.3) charakterisierten Menge (vgl. S. 26).

Beispiel B1: Die nachfolgenden generellen Überlegungen veranschaulicht zunächst eine Fortführung des Beispiels B1. Ausgehend von der Abbildung 1.1 ist in der Abbildung 1.2 der zu einer Alternative $\boldsymbol{a}_L \in A$ *gehörende Zielvektor* $\boldsymbol{z}_L \in Z$ *(Punkt L in Abb. 1.2) sowie der Dominanzkegel* $Z_{Dom}(\boldsymbol{z}_L)$ *eingezeichnet. Der Zielvektor* $\boldsymbol{z}_L$ *wird von allen Zielvektoren aus der durch die Punktfolge L,L',A,B,L'' und L definierten, nichtkonvexen Fläche* Z^{L}_{Dom} *– einschließlich aller Randpunkte, jedoch ohne* $\boldsymbol{z}_L$ *– dominiert:*

$$Z^{\mathrm{L}}_{Dom} = (Z_{Dom}(\boldsymbol{z}_L) \cap Z) \setminus \{\boldsymbol{z}_L\}.$$

Diese Fläche enthält offensichtlich $\boldsymbol{z}_L$ *dominierende Zielvektoren des Zielraums* Z*, so dass* $\boldsymbol{a}_L$ *nicht effizient bezüglich (VEM) ist. Die Zielfunktionswerte der die Alternative* $\boldsymbol{a}_L$ *nicht dominierenden Alternativen liegen in der Komplementärmenge* $\mathcal{C}(Z^{\mathrm{L}}_{Dom})$ *der Fläche* Z^{L}_{Dom} *bezüglich der Universalmenge* Z*.* $\mathcal{C}(Z^{\mathrm{L}}_{Dom})$ *wird somit durch die Punktfolge F,G,L',L,L'',D und F – allerdings ohne die Randpunkte der Strecken LL' und LL'', jedoch*

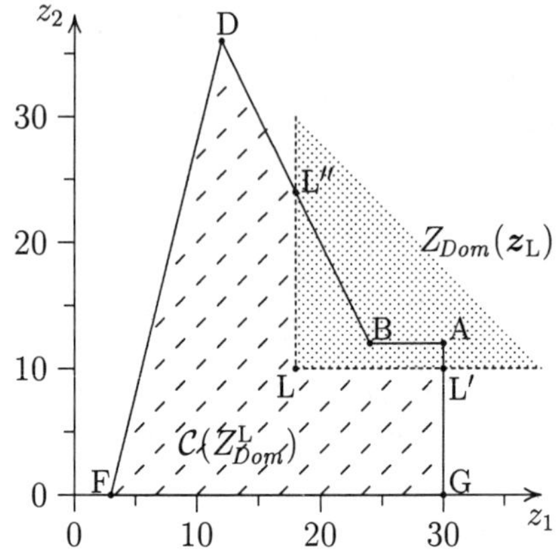

Abbildung 1.2: Dominanzkegel und Komplementärmenge

einschließlich des Punktes L – beschrieben. Formal lautet die Komplementärmenge

$$\begin{aligned}\mathcal{C}(Z^{\mathrm{L}}_{Dom}) &= \mathcal{C}\big((Z_{Dom}(\boldsymbol{z}_L) \cap Z) \setminus \{\boldsymbol{z}_L\}\big) \\ &= \big\{\boldsymbol{z} \in Z \;\big|\; \boldsymbol{z} \notin Z_{Dom}(\boldsymbol{z}_L) \setminus \{\boldsymbol{z}_L\}\big\} \\ &= \big\{\boldsymbol{z} \in Z \;\big|\; \boldsymbol{z} \notin Z_{Dom}(\boldsymbol{z}_L)\big\} \cup \{\boldsymbol{z}_L\}.\end{aligned}$$

M.a.W., die definierte Komplementärmenge enthält alle Zielfunktionsvektoren $\boldsymbol{z} \in Z$ abzüglich aller Punkte des Durchschnittes aus $Z_{Dom}(\boldsymbol{z}_L)$ und Z bis auf $\boldsymbol{z}_L$. Die Nichtkonvexität der Menge Z^{L}_{Dom} resultiert übrigens aus den Beispieldaten, während die Nichtkonvexität der Menge $\mathcal{C}(Z^{\mathrm{L}}_{Dom})$ sich aus der Zerlegung des Zielraums Z ergibt und ist damit unabhängig vom Beispiel.

Formal lassen sich die Zusammenhänge zwischen dem Dominanzkegel einer effizienten Alternative $a_{\mathit{eff}} \in A$ und dessen Komplementärmenge wie folgt allgemein beschreiben:

$$\begin{aligned}\nexists\, a \in A:\ & \boldsymbol{z}(a) \in \quad Z_{Dom}(\boldsymbol{z}_{a_{\mathit{eff}}}) \setminus \{\boldsymbol{z}_{a_{\mathit{eff}}}\} && \Longleftrightarrow \\ \forall\, a \in A:\ & \boldsymbol{z}(a) \in \mathcal{C}\big(Z_{Dom}(\boldsymbol{z}_{a_{\mathit{eff}}}) \setminus \{\boldsymbol{z}_{a_{\mathit{eff}}}\}\big) && \Longleftrightarrow \\ \forall\, a \in A:\ & \boldsymbol{z}(a) \in \ \mathcal{C}\big(Z_{Dom}(\boldsymbol{z}_{a_{\mathit{eff}}})\big) \cup \{\boldsymbol{z}_{a_{\mathit{eff}}}\} && \Longleftrightarrow \qquad (1.5) \\ \forall\, a \in A:\ & \boldsymbol{z}(a) \in \mathcal{C} \bigcap_{k=1}^{K} \Big\{\boldsymbol{z} \in \mathbb{R}^K \;\Big|\; z_k(a) \geqq z_k(a_{\mathit{eff}})\Big\} \cup \{\boldsymbol{z}_{a_{\mathit{eff}}}\} && \Longleftrightarrow\end{aligned}$$

$$\forall\, a \in A: \; \boldsymbol{z}(a) \in \bigcup_{k=1}^{K} \left\{ \boldsymbol{z} \in \mathbb{R}^K \;\middle|\; z_k(a) \;<\; z_k(a_{\mathit{eff}}) \right\} \cup \{\boldsymbol{z}_{a_{\mathit{eff}}}\}.$$

Diese äquivalenten Umformungen machen deutlich, dass das simultane Ungleichungssystem des Dominanzkegels (logische Und-Verknüpfung) im Komplement des Kegel einer logischen Oder-Verknüpfung aller Negationen der jeweiligen Nebenbedingungen gleichkommt. Diese Disjunktionen von Restriktionen sind gleichfalls aus der gemischt ganzzahligen linearen Programmierung bekannt, um logische Bedingungen mit Hilfe von nichtkonvexen Alternativenmengen abzubilden. Unter Verwendung von Binärvariablen lassen sich diese Oder-Verknüpfungen wieder in ein simultanes Ungleichungssystem transformieren, worauf an dieser Stelle allerdings verzichtet wird.[33] Die aus den obigen Umformungen resultierende Oder-Verknüpfung führt somit zur folgenden äquivalenten Effizienzdefinition: Eine Alternative $a_{\mathit{eff}} \in A$ ist genau dann bezüglich (VEM) effizient, wenn für alle Alternativen $a \in A$ gilt:[34]

$$\begin{array}{lll} \text{Entweder} & z_k(a) < z_k(a_{\mathit{eff}}) & \text{für mindestens ein } k \in \mathsf{K} \\ \text{oder} & \boldsymbol{z}(a) = \boldsymbol{z}_{a_{\mathit{eff}}}. & \end{array} \qquad (1.6)$$

Eine Alternative, die im Vergleich zu einer effizienten Alternative in mindestens einer Komponente des Zielvektors schlechter ist oder mit der effizienten Alternative im Hinblick auf den Zielvektor übereinstimmt, kann diese nicht dominieren. Sollte es mindestens eine zulässige Alternative geben, die eine dieser beiden Voraussetzungen nicht erfüllt, so kann die betrachtete Alternative nicht effizient bezüglich (VEM) sein.

Während Bedingung (1.6) zur Definition effizienter Alternativen nur selten in der Literatur anzutreffen ist, findet die folgende Umschreibung, die sich wiederum direkt am Dominanzkegel ausrichtet, in der Vektoroptimierung größere Aufmerksamkeit. Der Ursprung dieser Formulierung stammt wiederum aus der linearen Vektoroptimierung, in der sich die Mengen dominierender Alternativen auch im Zulässigkeitsraum als Kegel darstellen lassen. Eine Übertragung in den Zielraum eines nichtlinearen vektoriellen Entscheidungsmodells bereitet jedoch keine konzeptionellen Probleme, da die Halbebenen, die einem Dominanzkegel zugrunde liegen, stets

[33] Vgl. u.a. DANTZIG 1960; WILLIAMS 1977 und zu Anwendungen WILLIAMS 1985, S. 153ff.

[34] In Anlehnung an STEINRÜCKE 1997, S. 41ff.

linearen Restriktionen entsprechen. Ausgangspunkt für die Beschreibung bezüglich (VEM) effizienter Alternativen ist hierbei die Tatsache, dass die grundlegende Bedingung (1.3) der Forderung gleichkommt, dass die Schnittmenge aus allen zulässigen Zielvektoren und der in (1.3) beschriebenen Menge leer sein muss, damit die betrachtete $a_{eff} \in A$ effizient ist:

$$\begin{aligned} &\nexists\, a \in A: \ \boldsymbol{z}(a) \in Z_{Dom}(\boldsymbol{z}_{a_{eff}}) \setminus \{\boldsymbol{z}_{a_{eff}}\} && \Longleftrightarrow \\ &Z \cap Z_{Dom}(\boldsymbol{z}_{a_{eff}}) \setminus \{\boldsymbol{z}_{a_{eff}}\} = \emptyset && \Longleftrightarrow \\ &Z \cap Z_{Dom}(\boldsymbol{z}_{a_{eff}}) = \{\boldsymbol{z}_{a_{eff}}\}. \end{aligned} \tag{1.7}$$

Eine Alternative $a_{eff} \in A$ ist somit ebenfalls bezüglich (VEM) genau dann effizient, falls die Schnittmenge aus Zielraum und Dominanzkegel mit dem Scheitel $\boldsymbol{z}_{a_{eff}}$ nur genau diesen Scheitel enthält.[35]

Für eine effiziente Alternative $a_{eff} \in A$ gilt gemäß:
(1.3) $\nexists\, a \in A: \ \boldsymbol{z}(a) \in Z_{Dom}(\boldsymbol{z}_{a_{eff}}) \setminus \{\boldsymbol{z}_{a_{eff}}\}$
(1.4) $a \in A$ und $\boldsymbol{z}(a) \in Z_{Dom}(\boldsymbol{z}_{a_{eff}}) \Longrightarrow \boldsymbol{z}(a) = \boldsymbol{z}_{a_{eff}}$
(1.5) $\forall\, a \in A: \ \boldsymbol{z}(a) \in \complement Z_{Dom}(\boldsymbol{z}_{a_{eff}}) \cup \{\boldsymbol{z}_{a_{eff}}\}$
(1.7) $Z \cap Z_{Dom}(\boldsymbol{z}_{a_{eff}}) = \{\boldsymbol{z}_{a_{eff}}\}$

Tabelle 1.1: Dominanzkegel und effiziente Alternativen

Die hier aufgezeigten Möglichkeiten zur äquivalenten Charakterisierung bezüglich (VEM) effizienter Alternativen fasst Tabelle 1.1 abschließend zusammen.

1.2.4 Schwach effiziente Alternativen

Neben den hier vorgestellten äquivalenten Beschreibungen effizienter Alternativen (vgl. Tab. 1.1) finden sich in der entscheidungstheoretischen

[35] Vgl. u.a. YU 1985, S. 22.

Literatur noch weitere, jedoch modifizierte Effizienzbegriffe.[36] So heißt eine Alternative beispielsweise bezüglich eines gegebenen vektoriellen Entscheidungsmodells (VEM) strikt effizient (strict efficient), wenn diese Alternative effizient ist und keine andere effiziente Alternative existiert, die zu exakt den gleichen Funktionswerten für alle K Ziele führt. Eine perfekte Alternative ist etwa auch als stark effiziente (strongly efficient) Alternative bekannt. Bei eigentlich effizienten (proper efficient) Alternativen, die ebenfalls eine Teilmenge der effizienten Alternativen repräsentieren, ist die Grenzrate der Substitution zwischen zwei beliebigen Zielen nie unbeschränkt (vgl. hierzu im Anhang A.2 Def. A.3, S. 225). Die folgenden Darstellungen gehen zunächst kurz auf schwach effiziente Alternativen und dann im nächsten Abschnitt auf wesentlich effiziente Alternativen ein.

Bei schwach effizienten (weak efficient) Alternativen wird verlangt, dass es keine zulässige Alternative geben darf, die bezüglich eines *jeden* Ziels mit einem besseren Funktionswert verbunden ist.[37]

Definition 1.4
*Eine **Alternative** $a_{seff} \in A$ heißt **schwach effizient** bezüglich (VEM), wenn keine Alternative $a' \in A$ existiert mit:*

$$z_k(a') > z_k(a_{eff}) \quad \textit{für alle } k \in \mathsf{K}, \quad \textit{d.h. } \boldsymbol{z}(a') > \boldsymbol{z}(a_{eff}).$$

A_{seff} ist die Menge aller bezüglich (VEM) schwach effizienten Alternativen, wobei jede effiziente Alternative auch schwach effizient ist, aber nicht umgekehrt, so dass gilt: $A_{eff} \subseteq A_{seff}$. Unter Verwendung eines Dominanzkegels zur Charakterisierung einer schwach effizienten Alternative ist der Rand des zugehörigen Kegels auszuschließen. Es handelt sich in diesem Fall um einen offenen Kegel.

Beispiel B1: In der Abbildung 1.1 (vgl. S. 27) gehören alle effizienten Alternativen sowie die zu den Punkten auf der Strecken BA und GA korrespondierenden Alternativen zur Menge der bezüglich (VEM-B1) schwach effizienten Alternativen. Der nicht effiziente Punkt H ist beispielsweise schwach effizient, weil die zu A gehörende Alternative nur eine Verbesserung bei einem der Ziele (z_2), aber nicht bei beiden Zielen gleichzeitig erlaubt. Es gibt keine andere zulässige Alternative, die sich

[36] Vgl. u.a. ISERMANN 1974b, S. 10ff; JAHN 1985, S. 8; EHRGOTT 2000, S. 28ff.
[37] Vgl. u.a. STEUER 1986, S. 221; WIERZBICKI 1986, S. 74.

in der Schnittmenge von Zielraum und Innerem des korrespondierenden offenen Dominanzkegels befindet.

Schwach effiziente Alternativen, die nicht der Menge der effizienten Alternativen angehören, sind ökonomisch insofern von geringerer, wenn nicht gar ohne Bedeutung, als effiziente Alternativen bereits bei Verbesserung von nur einer – anstatt von allen – Komponenten eines Zielfunktionsvektors mit in der Regel positiven ökonomischen Konsequenzen verbunden sein können. Im Hinblick auf die im Abschnitt 1.3.1 zu untersuchenden und die folgenden produktionstheoretischen Überlegungen sind schwach effizienten Alternativen allerdings vielfach von besonderer Relevanz.

1.2.5 Wesentlich effiziente und nichtwesentlich effiziente Alternativen

Die folgenden Betrachtungen sollen den unter anderem von BRUCKER (1972) geprägten Begriff wesentlich effizienter (supported efficient) Alternativen ausführlich einführen.[38] Hierzu ist es zunächst erforderlich, die konvexe Hülle einer Menge, in diesem speziellen Fall die konvexe Hülle eines Zielraums, zu erläutern.[39]

Definition 1.5
Gegeben sei ein nichtleerer Zielraum $Z \subseteq I\!R^K$. Der Durchschnitt aller konvexen Mengen, die den Zielraum Z enthalten, heißt ***konvexe Hülle*** *von Z, kurz $\mathcal{H}(Z)$.*

Anschaulich formuliert, „spannt" eine solche konvexe Hülle um einen Zielraum die kleinste konvexe Menge auf, um auf diese Weise „Einbuchtungen" (Täler) des Zielraums zu überbrücken.[40] Eine konvexe Hülle $\mathcal{H}(Z)$ entspricht einer konvexen Menge, die gerade den betrachteten Zielraum Z beinhaltet ($\mathcal{H}(Z) \supseteq Z$) und darüber hinaus ausschließlich Konvexkombinationen von zulässigen Elementen aus dem Zielraum. M.a.W., eine

[38] Zum Konzept vgl. u.a. BRUCKER 1972, S. 190; BOUYSSOU 1999, S. 975; DINKELBACH/KLEINE 2001, S. 60f und vergleichbares Konzept eines *„supported nondominated criterion vectors"* STEUER 1986, S. 431ff.

[39] Vgl. u.a. MANGASARIAN 1969, S. 44; SCHRIJVER 1986, S. 7.

[40] Wenn ein Künstler wie CHRISTO 1995 ein Objekt wie den Reichstag in Berlin einhüllt, ist im Übrigen nicht die konvexe Hülle des Reichstags zu erkennen, da viele Teile „eingebunden" werden, so dass wieder neue Einbuchtungen entstehen.

konvexe Hülle $\mathcal{H}(Z)$ enthält nichts anderes als alle Konvexkombinationen von Zielvektoren aus einem Zielraum Z.[41] Ein konvexer Zielraum ist gleich seiner konvexen Hülle; ein nichtkonvexer Zielraum ist eine echte Teilmenge seiner konvexen Hülle. Ein nichtkonvexer Zielraum kann beispielsweise bei vektoriellen Entscheidungsmodellen mit nichtkonvexen bzw. diskreten Alternativenmengen (vgl. Abb. 1.1, S. 27) oder auch mit nichtlinearen Zielfunktionen vorliegen.

Definition 1.6
*Eine **Alternative** $a_{weff} \in A$ heißt **wesentlich effizient** bezüglich (VEM), wenn sie effizient bezüglich der konvexen Hülle $\mathcal{H}(Z)$ des Zielraums Z von (VEM) ist, d.h., es existiert kein dominierendes $\boldsymbol{z}' \in \mathcal{H}(Z)$ mit: $\boldsymbol{z}' \geq \boldsymbol{z}(a_{weff}) =: \boldsymbol{z}_{a_{weff}}$.*

Da es sich beim Zielraum Z um eine Teilmenge der konvexen Hülle $\mathcal{H}(Z)$ handelt und damit zusätzliche Bezugspunkte als Referenzen in die Effizienzbetrachtungen einfließen, können bezüglich (VEM) effiziente Alternativen von Vektoren $\boldsymbol{z}'$ aus der konvexen Hülle ($\boldsymbol{z}' \in \mathcal{H}(Z)$) dominiert werden, die selbst nicht dem Zielraum angehören ($\boldsymbol{z}' \notin Z$). Umgekehrt kann eine bezüglich (VEM) wesentlich effiziente Alternative nicht von einer bezüglich (VEM) effizienten Alternative dominiert werden. Insofern ist die Menge

$$A_{weff} := \left\{ a_{eff} \in A \;\middle|\; \text{Es existiert kein } \boldsymbol{z}' \in \mathcal{H}(Z) \text{ mit: } \boldsymbol{z}' \geq \boldsymbol{z}_{a_{weff}} \right\}$$

aller wesentlich effizienten Alternativen eine Teilmenge aller effizienten Alternativen ($A_{weff} \subseteq A_{eff}$), jeweils bezogen auf ein gegebenes vektorielles Entscheidungsmodell. Alle bezüglich (VEM) effizienten Alternativen, die nicht der Menge A_{weff} angehören, beschreibt folgende Definition.

Definition 1.7
*Eine **Alternative** a_{nweff} aus der (nichtleeren) Menge $A_{eff} \setminus A_{weff}$ heißt **nichtwesentlich effizient** bezüglich (VEM), d.h., für ein $a_{nweff} \in A_{eff}$ existiert ein (dominierendes) $\boldsymbol{z}' \in \mathcal{H}(Z) \setminus Z$ mit:*

$$\boldsymbol{z}' \geq \boldsymbol{z}(a_{nweff}) =: \boldsymbol{z}_{a_{nweff}}. \tag{1.8}$$

Eine bezüglich (VEM) nichtwesentlich effiziente Alternative a_{nweff} ist somit effizient bezüglich (VEM), aber nicht effizient bezüglich der konvexen

[41] Vgl. u.a. MANGASARIAN 1969, Theorem auf S. 44.

Hülle $\mathcal{H}(Z)$ des Zielraums Z von (VEM). Die Menge aller bezüglich (VEM) nichtwesentlich effizienten Alternativen entspricht folglich dem Komplement von A_{weff} bezüglich A_{eff} bzw.:

$$A_{nweff} := A_{eff} \setminus A_{weff} \quad \text{und analog} \quad Z_{nweff} := Z_{eff} \setminus Z_{weff}.$$

Bei konvexen Zielräumen stimmen die Mengen A_{eff} der effizienten und A_{weff} der wesentlich effizienten Alternativen überein. Die Menge der nichtwesentlich effizienten Alternativen A_{nweff} ist unter dieser Voraussetzung leer. Allerdings folgt aus der Tatsache, dass der Zielraum eine echte Teilmenge einer entsprechenden konvexen Hülle ist, nicht, dass die Menge wesentlich effizienter Alternativen A_{weff} eine echte Teilmenge der effizienten Menge A_{eff} ist, d.h., die Menge A_{nweff} kann auch in diesem Fall leer sein. Ob die angesprochenen Unterschiede tatsächlich zum Tragen kommen und A_{weff} eine echte Teilmenge von A_{eff} ist, hängt von den jeweiligen Anwendungsbeispielen ab (vgl. Hinweis zu *Beispiel B1* am Ende dieses Abschnitts 1.2.5).[42]

Beispiel B1: Für das am Ende des letzten Abschnitts betrachtete Beispiel B1 zeigt Abbildung 1.3 die konvexe Hülle $\mathcal{H}(Z)$ des Zielraums. Die

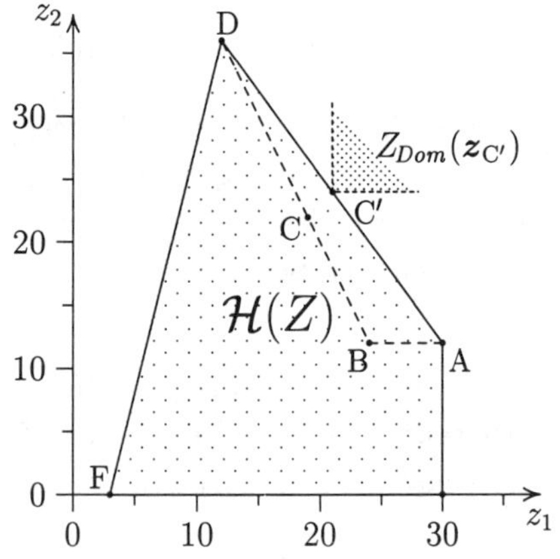

Abbildung 1.3: Konvexe Hülle und wesentliche Effizienz

[42]Vgl. u.a. YU 1985, S. 25, Def. 3.2 zur Charakterisierung eines entsprechend konvexen Zielraums.

konvexe Hülle beinhaltet neben dem Zielraum Z zusätzlich alle Zielvektoren aus dem Dreieck ABD. Während die zum Punkt C gehörende Alternative effizient bezüglich (VEM) ist, verliert sie diese Eigenschaft im Hinblick auf die konvexe Hülle. Auf der einen Seite dominiert beispielsweise der Zielvektor von C' den Vektor von C bezüglich der definierten wesentlichen Effizienz. Auf der anderen Seite korrespondiert – im Unterschied zum Punkt C – zu C' keine zulässige Alternative, sondern nur eine Konvexkombination der Zielfunktionswerte zweier Alternativen, hier diejenigen von $\boldsymbol{z}_{\mathrm{A}}$ *und* $\boldsymbol{z}_{\mathrm{D}}$*. Als wesentlich effizient bezüglich (VEM-B1) erweisen sich somit lediglich die beiden Alternativen, die zu den Vektoren A und D führen, und als nichtwesentlich effizient alle Alternativen auf der Strecke BD mit Ausnahme der Punkte B und D:*

$$Z_{\mathit{weff}} = \{\boldsymbol{z}_{\mathrm{A}}, \boldsymbol{z}_{\mathrm{D}}\} \quad \text{und}$$
$$Z_{\mathit{nweff}} = \Big\{\boldsymbol{z} \in Z \;\Big|\; \boldsymbol{z} = \lambda\, \boldsymbol{z}_{\mathrm{B}} + (1-\lambda)\, \boldsymbol{z}_{\mathrm{D}} \quad \big(\lambda \in]0,1[\big)\Big\}.$$

Wären im Unterschied zu den bisherigen Annahmen im Beispiel beide Zielfunktionen nicht zu maximieren, sondern zu minimieren, dann würden Effizienzbetrachtungen auf der Grundlage der konvexen Hülle zu keinen veränderten Ergebnissen führen. Bei den beiden zu minimierenden Zielfunktionen z_1 *und* z_2 *wäre nur die zum Zielvektor F korrespondierende Alternative sowohl effizient als auch wesentlich effizient bezüglich (VEM-B1). Diese Modifikation des Beispiels B1 zeigt, dass die Mengen der effizienten und wesentlich effizienten Alternativen übereinstimmen können, obwohl die konvexe Hülle und der zugehörige Zielraum divergieren.*

1.2.6 Test auf effiziente Alternativen

Um für ein gegebenes vektorielles Entscheidungsproblem unmittelbar Aussagen über die Effizienz von Alternativen treffen zu können, muss ein Entscheidungsträger einen Überblick über alle zulässigen Alternativen haben und deren Auswirkungen auf die Zielfunktionswerte kennen. Bei überschaubaren Entscheidungsproblemen mit einer „Hand voll" Alternativen mag diese Voraussetzung gegeben sein. Häufig lassen sich Elemente einer Alternativenmengen jedoch nicht auflisten oder direkt graphisch visualisieren. Ursache für die Schwierigkeiten bei der Beantwortung der Frage, ob eine bestimmte Alternative effizient bezüglich eines zu analysierenden vektoriellen Entscheidungsmodells ist, sind hier also keine unvollkommenen Informationen über die Daten, sondern lediglich die Vielzahl zulässiger Alternativen und die Anzahl der Ziele. Gerade wenn sich die Menge aller zulässigen Alternativen, wie bei Alternativenmengen mit überabzählbar vielen Alternativen, nicht auflisten lassen, ist ein Entscheidungsträger auf Hilfsmittel angewiesen. Die entscheidungstheoretische Literatur bietet aus diesem Grund Testprogramme an, mit deren Hilfe sich beliebige Alternativen aus einer Alternativenmenge auf Effizienz überprüfen lassen.

Zur Überprüfung der Effizienz einer beliebigen Alternative $a^\square \in A$ finden in Testprogrammen die entsprechenden Dominanzkegel $Z_{Dom}(\boldsymbol{z}^\square)$ Verwendung. Wie in Abschnitt 1.2.3 zur Gleichung (1.7) erläutert (vgl. S. 32), ist die Effizienz einer Alternative mit der Aussage äquivalent, dass die Schnittmenge aus Zielraum und Dominanzkegel einzig und allein den Scheitel des Dominanzkegels als gemeinsames Element enthalten darf. Damit ist die Menge der zulässigen Lösungen für einen Effizienztest einer Alternative $a^\square$ bereits vorgegeben:

$$
\begin{aligned}
& Z_{Dom}(\boldsymbol{z}^\square) \cap Z \; = \\
& \left\{ \boldsymbol{z} \in \mathbb{R}^K \;\middle|\; z_k \geqq z_k^\square \quad (k = 1, \ldots, K) \right\} \cap Z \; = \\
& \left\{ \boldsymbol{z} \in \mathbb{R}^K \;\middle|\; \begin{array}{l} z_k \geqq z_k^\square \quad (k = 1, \ldots, K) \\ \boldsymbol{z} \in Z \end{array} \right\} \; = \\
& \left\{ \boldsymbol{z} \in \mathbb{R}^K \;\middle|\; \begin{array}{l} z_k(a) \geqq z_k(a^\square) \quad (k = 1, \ldots, K) \\ a \in A \end{array} \right\} \iff \\
& \left\{ \boldsymbol{d}^+ \in \mathbb{R}^K \;\middle|\; \begin{array}{lll} z_k(a) - d_k^+ = z_k(a^\square) & (k = 1, \ldots, K) \\ d_k^+ \geqq 0 & (k = 1, \ldots, K) \\ a \in A & \end{array} \right\} \qquad (1.9) \\
& \text{mit } \boldsymbol{d}^+ := (d_1^+, \ldots, d_K^+)^\mathsf{T}.
\end{aligned}
$$

Unter Berücksichtigung der in (1.9) eingeführten nichtnegativen Abweichungsvariablen (Überschussvariablen) d_k^+ für jedes der K Ziele lässt sich feststellen: Eine zu analysierende Alternative $a^\square \in A$ ist genau dann effizient, wenn alle Abweichungsvariablen den Wert null aufweisen bzw. wenn positive Abweichungen in keiner Komponente des Zielvektors möglich sind.

Ob die Menge zulässiger Abweichungen neben dem Nullvektor weitere zulässige Lösungen enthält, lässt sich mit Hilfe einer geeigneten Testzielfunktion feststellen. Hierbei sind unterschiedliche Testzielfunktionen für ein entsprechendes Testprogramm denkbar.[43] Eine Möglichkeit wäre zum Beispiel, sukzessiv jede der K Abweichungen isoliert zu maximieren. Sollten alle optimalen Abweichungen null sein, ist die betrachtete Alternative $a^\square$ effizient bezüglich des gegebenen (VEM). Alternativ könnte nur eine k-te Abweichung d_k maximiert werden. Aus der isolierten Maximierung dieser Abweichung lässt sich die Effizienz einer Alternative $a^\square$ dann ablesen, wenn die Menge optimaler Alternativen dieses Testprogramms einzig und allein auf $a^\square$ basiert, d.h. eine eindeutige optimale Lösung existiert.

Beispiel B1: Würde etwa in dem in Abbildung 1.1 (vgl. S. 27) dargestellten Beispiel B1 auf diese Weise die zum Punkt B gehörende Alternative auf Effizienz getestet, indem nur die Abweichungen beim zweiten Ziel maximiert werden, so ergibt sich nicht nur der Punkt B als optimale Lösung. Alle Punkte auf der Stecke AB haben den gleichen Zielfunktionswert wie B. Die Berücksichtigung einer einzelnen Abweichung stellt daher noch keine befriedigende Möglichkeit zur Überprüfung der Effizienz einer Alternative dar. Bei dieser Vorgehensweise würde erst durch die Maximierung der Abweichung beim ersten Ziel die Ineffizienz von B nachgewiesen.

Des Weiteren ist die Ermittlung der Menge *aller* optimalen Alternativen für lineare Programme wie in diesem *Beispiel B1* unproblematisch, jedoch bei Programmen mit nichtlinearen Zielfunktionen oder mit einer nichtkonvexen Alternativenmenge möglicherweise aufwendig. Zudem ist zu beachten, dass eine in Bezug auf den Zielraum eindeutige optimale Lösung eines solchen Testprogramms bei nur einer zu maximierenden Abweichung lediglich eine hinreichende und keine notwendige Bedingung für die Effizienz einer Alternative ist, denn bei vektoriellen Entscheidungsmodellen können unterschiedliche Alternativen zu identischen Zielfunktionsvektoren führen.

Um aus einer optimalen Lösung eines Testprogramms unmittelbar auf die Effizienz einer Alternative schließen zu können, kommt eine Testzielfunktion zum Einsatz, deren optimaler Funktionswert direkt die Effizienz einer Alternative signalisiert. Bei dieser Testzielfunktion wird die

[43]Vgl CHANKONG/HAIMES 1983, S. 130ff od. 150ff.

Summe aller K Abweichungen d_k^+ maximiert. Daraus resultiert unter Einbeziehung der in (1.9) beschriebenen Menge zulässiger Abweichungen folgendes Testprogramm zur Überprüfung der Effizienz einer Alternative $a^\square \in A$:

$$\text{(TEST)} \quad \max \left\{ \mathbf{1} \cdot \boldsymbol{d}^+ \;\middle|\; \begin{array}{l} \boldsymbol{z}(a) - \boldsymbol{d}^+ = \boldsymbol{z}(a^\square) \\ \boldsymbol{d}^+ \in \mathbb{R}_+^K \\ a \in A \end{array} \right\}.$$

Wenn es eine Alternative aus der Menge A gibt, die für eine oder mehrere der K Zielfunktionen höhere Werte ermöglicht und damit die betrachtete Alternative dominiert, dann ergibt sich für (TEST) ein positiver optimaler Testzielfunktionswert. Bei einem optimalen Wert von null weiß ein Entscheidungsträger sofort, dass die betrachtete Alternative effizient bezüglich (VEM) ist. Diese zunächst für vektorielle Entscheidungsmodelle, deren Alternativenmenge sich implizit durch lineare Nebenbedingungen beschreiben lässt, formulierten Testprogramme wurden später wie etwa von WENDELL/LEE (1977) entsprechend verallgemeinert.[44]

Satz 1.8
Eine Alternative $a^\square \in A$ ist genau dann effizient bezüglich (VEM), wenn der optimale Zielfunktionswert von (TEST) null beträgt: $\mathbf{1} \cdot \boldsymbol{d}^{+*} = 0$.

Der Beweis dieses Satzes lässt sich an dieser Stelle kurz skizzieren. Ein optimaler Testzielfunktionswert von null ist hinreichend für die Effizienz einer Alternative $a^\square$, weil im Optimum von (TEST) die nichtnegativ definierten Abweichungen d_k^{+*} für jedes der K Ziele null sind. Damit kann keine Alternative existieren, die bei mindestens einem Ziel zu einem höheren Zielfunktionswert führt und die Alternative $a^\square$ dominiert, d.h. $a^\square$ ist effizient bezüglich (VEM). Dass ein optimaler Testzielfunktionswert von null nicht nur hinreichend, sondern auch notwendig für die Effizienz einer Alternative $a^\square$ ist, ergibt sich aus der äquivalenten Formulierung (1.4) (vgl. S. 28). Demnach müssen alle Alternativen aus A, deren Zielvektoren im Dominanzkegel $Z_{Dom}(a^\square)$ liegen, mit dem Zielvektor der ef-

[44] Zu (VEM) mit linearen Nebenbedingungen vgl. u.a. CHARNES/COOPER 1961, S. 322 und allgemein zu Satz 1.8 und dem Beweis WENDELL/LEE 1977, S. 407, Theorem 1, BENSON 1978, S. 572, Theorem 3.1 oder CHANKONG/HAIMES 1983, S. 151f, Theorem 4.18.

fizienten Alternativen übereinstimmen, d.h., es sind keine Abweichungen möglich. □

Das Programm (TEST) hat des Weiteren den Vorteil, dass die optimale Lösung stets eine bezüglich (VEM) effiziente Alternative generiert. Aus der Vektoroptimierung ist bekannt, dass eine Zielgewichtung stets zu effizienten Lösungen führt.[45] Voraussetzung für die Effizienz der resultierenden optimalen Lösung ist die Verwendung von positiven Zielgewichten. Diese Bedingung ist im Programm (TEST) erfüllt, denn alle Abweichungen gehen mit dem Gewichtungsfaktor eins in die Testzielfunktion ein. Die Testzielfunktion stellt somit nichts anderes als die Maximierung der Summe aller K Zielfunktionen z_k jeweils gewichtet mit dem Faktor eins dar:

$$\begin{aligned}\sum_{k=1}^{K} 1 \cdot d_k^+ &= \sum_{k=1}^{K} 1 \cdot \left(z_k(a) - z_k(a^\square)\right) \\ &= \left(\sum_{k=1}^{K} 1 \cdot z_k(a)\right) - \underbrace{z_k(a^\square)}_{\text{konst.}}.\end{aligned} \tag{1.10}$$

Bei der Verwendung von (TEST) erfährt ein Entscheidungsträger, ob eine betrachtete Alternative effizient bezüglich (VEM) ist. Sollte dies nicht der Fall sein, so weiß der Entscheidungsträger, welche effiziente Alternative die betrachtete Alternative dominiert.

Abschließend noch ein Hinweis zur Beziehung zwischen der Menge der wesentlich effizienten Alternativen und der optimalen Lösung des Programms (TEST). Der oben bereits kurz erwähnte Satz aus der Vektoroptimierung besagt genauer, dass bei der Maximierung der mit positiven Gewichten gebildeten Summe aller Zielfunktionen über alle Alternativen aus der Menge A eine optimale Alternative wesentlich effizient bezüglich (VEM) ist (vgl. auch Korollar 1.12, S. 53). Dies mag an dieser Stelle zunächst überraschen, denn die obigen Umformungen zeigen, dass die Testzielfunktion genau der gewichteten Summe aller Zielfunktionen – korrigiert um eine Konstante – entspricht, aber Satz 1.8 für alle effizienten Alternativen und nicht nur die wesentlich effizienten Alternativen Gültigkeit besitzt. Dabei darf ein wichtiger Unterschied nicht übersehen werden: Während bei einer Zielgewichtung die gewichtete Summe aller Zielfunktionen über *alle* Alternativen aus der Menge A zu maximieren

[45] Vgl. auch Korollar 1.12, S. 53.

ist, wird diese Maximierung im Programm (TEST) nur für Alternativen durchgeführt, deren Zielvektoren den Durchschnitt aus Dominanzkegel und Zielraum bilden. Jede optimale Alternative von (TEST) ist wesentlich effizient bezüglich der konvexen Hülle aus dem Durchschnitt von Dominanzkegel und Zielraum, aber nicht notwendigerweise bezüglich der konvexen Hülle des gesamten Zielraums.

Beispiel B1: Für das auf S. 26 eingeführte Beispiel B1 verdeutlicht diese notwendige Unterscheidung etwa eine Überprüfung der Effizienz der zulässigen Alternative a_1 *=15,5,* a_2 *=2,5 und* $a_3 = 0$ *mit* $z_1 = 18$ *sowie* $z_2 = 10$ *(vgl. Punkt L in Abbildung 1.4). Das Testprogramm lautet in diesem Fall:*

$$\text{(TEST-B1)} \quad \max \left\{ d_1^+ + d_2^+ \;\middle|\; \begin{array}{l} a_1 + a_2 - d_1^+ = 18 \\ 4a_2 - d_2^+ = 10 \\ d_1^+, d_2^+ \geqq 0 \\ \boldsymbol{a} \in A \end{array} \right\}.$$

Dieses Testprogramm ist äquivalent mit dem gemischt ganzzahligen linearen Programm

$$\max \left\{ z_1 + z_2 \;\middle|\; \begin{array}{l} z_1 \geqq 18 \\ z_2 \geqq 10 \\ \boldsymbol{z} \in Z \end{array} \right\}$$

mit den resultierenden optimalen Zielfunktionswerten:

$$Z^*_{\text{TEST}} = \{\boldsymbol{z}_{\text{A}}, \boldsymbol{z}_{\text{L}''}\} = \left\{ \begin{pmatrix} 30 \\ 12 \end{pmatrix}, \begin{pmatrix} 18 \\ 24 \end{pmatrix} \right\}.$$

Die Schnittmenge aus Dominanzkegel und Zielraum ist in diesem Fall keine konvexe Menge, so dass die zugehörige konvexe Hülle mit der Fläche LL'AL'' eine echte Obermenge dieses Ausschnitts aus dem Zielraum darstellt. Als optimale Lösung des Testprogramms ergeben sich für dieses Beispiel die Alternativen, die zu den Zielvektoren A und L'' korrespondieren. Die im Punkt L'' resultierende Alternative ist nichtwesentlich effizient bezüglich (VEM-B1), wohl aber wesentlich effizient bezüglich eines vektoriellen Entscheidungsmodells, dessen Menge zulässiger Zielvektoren aus dem Durchschnitt des Dominanzkegels $Z_{Dom}(\boldsymbol{z}_{\text{L}})$ *und der Zielmenge Z zusätzlich beschränkt werden.*

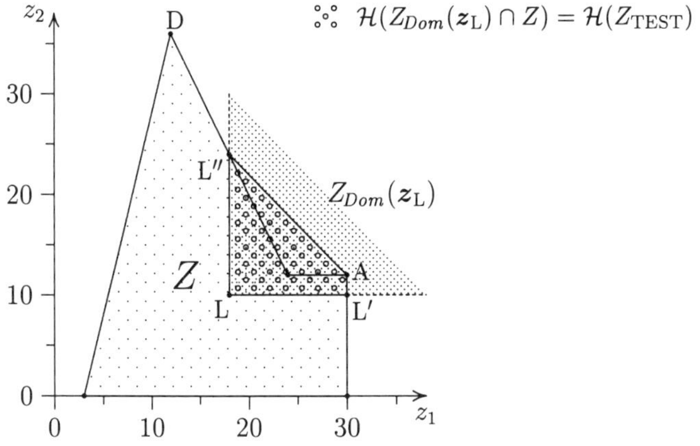

Abbildung 1.4: Konvexe Hülle des Zielraums von (TEST)

1.3 Kompromisslösungen vektorieller Entscheidungsmodelle

Die in den vorangehenden Abschnitten im Zentrum stehende Analyse effizienter Alternativen ermöglicht bei Kenntnis der zu optimierenden Ziele und der Alternativenmenge eine Unterscheidung in die Menge effizienter und dominierter Alternativen. Weitere Angaben – wie etwa ein Entscheidungsträger die Ziele im Verhältnis untereinander beurteilt – sind für die Effizienzbetrachtungen nicht erforderlich. Diesem Vorteil steht ein Nachteil gegenüber, da die Menge der effizienten Alternativen eine Vielzahl von Alternativen enthalten kann. Perfekte Lösungen sind eher die Ausnahme. Um aus der Menge effizienter Alternativen aus der Sicht eines Entscheidungsträgers eine einzige oder eine Teilmenge geeigneter Alternative auszuwählen, sind zusätzliche Informationen über die Präferenzen im Hinblick auf die Bewertung der unterschiedlichen Ziele erforderlich.

Die unterschiedlichen Ansätze zur abschließenden numerischen Lösung von vektoriellen Entscheidungsmodellen unterscheiden sich in Bezug auf die Erfassung der zusätzlich erforderlichen Präferenzinformationen eines Entscheidungsträgers. Bei den Ansätzen der Multiattribute Utility Theory (MAUT) gehen Präferenzen explizit in eine Präferenzfunktion (Wertfunktion) ein, bei den Ansätzen des Multicriteria bzw. Multiobjective Decision Making (MCDM bzw. MODM) fließen Präferenzen über unterschiedliche Parameter in die Analyse ein.[46] DYER/FISHBURN/STEUER/WALLENIUS/ZIONTS (1992), einige prominente Vertreter beider Ansätze, charakterisieren den grundlegenden Unterschied wie folgt (S. 647): „*Generally, if the value function is explicit, the method is considered in the MAUT category; if the value function is implicit (assumed to exist but is otherwise unknown) or no such function is assumed to exist, the method is usually classified under MCDM. In most MCDM methods, the user need not be aware that there is a value function.*“

Die folgenden Betrachtungen basieren auf Ansätzen des MCDM, indem optimale Lösungen unter Verwendung von Kompromissmodellen zu bestimmen sind.

1.3.1 Kompromissmodelle

Diese Kompromissmodelle (KM) reduzieren unter Verwendung einer so genannten Kompromisszielfunktion (Skalarisierungsfunktion) ψ den Vektor von K Zielfunktionswerten auf eine reellwertige Größe ($\psi : \mathbb{R}^K \rightarrow \mathbb{R}$). Mit Hilfe dieser Funktion ψ lassen sich Alternativen direkt auf einer reellwertigen Skala vergleichen und so Aussagen über kompromissoptimale Alternativen gewinnen. Diese Aggregation der Ziele kann zudem von Parametern wie Gewichtungsfaktoren (Zeilenvektor $\boldsymbol{t} := (t_1, \ldots, t_K)$) unterstützt werden. Diese Gewichtungen sollen zum einen die unterschiedlichen Ziele auf eine gemeinsame Basis normieren und zum anderen speziell die (relative) Bedeutung der Ziele untereinander zum Ausdruck bringen. Neben diesen direkt in die Kompromisszielfunktion eingehenden Größen kann ein Entscheidungsträger durch die Vorgabe weiterer Parameter wie etwa Zielniveaus ($\overline{\boldsymbol{z}} := (\overline{z}_1, \ldots, \overline{z}_K)^\mathsf{T}$) den Prozess zur Lösung eines Zielkonfliktes beeinflussen. Diese zu erreichenden Zielniveaus fließen in zusätzliche Restriktionen ein, deren Einhaltung erwünscht oder unverzichtbar sein kann.

An dieser Stelle wird ein Kompromissmodell (KM) vorgestellt, das sich einerseits an dem Programm (TEST) zur Überprüfung von beliebigen Alternativen auf Effizienz orientiert und andererseits eine relativ allgemeine Formulierung darstellt, die einige bekannte Kompromissmodelle

[46] Vgl. u.a. ZIMMERMANN/GUTSCHE 1991, S. 25ff; NITZSCH 1992, S. 16ff; EISENFÜHR/WEBER 1999, S. 109ff.

als Spezialfälle enthält. Diese an das Goal Programming angelehnte Formulierung verwendet eine abstandsbasierte Kompromisszielfunktion,[47] in die die Zielfunktionen nicht direkt, sondern mittelbar über Abweichungsvariablen ($\boldsymbol{d}^- := (d_1^-, \ldots, d_K^-)^\mathsf{T}$) eingehen. Diese Variablen erfassen die Unterschreitungen von den jeweils angestrebten Zielniveaus $\overline{z}_k$ ($k \in \mathsf{K}$).[48]

Im Unterschied zum Programm (TEST), in dem die Überschreitungen von den Zielfunktionswerten der zu betrachtenden Alternative zu analysieren sind, sollen Abweichungen der Zielniveaus $\overline{\boldsymbol{z}}$ in Form von Unterschreitungen nach Möglichkeit vermieden werden. Diese für das Goal Programming typische „Soll"-Formulierung bringt zum Ausdruck, dass die Minimierung dieser Abweichungen das angestrebte Ziel des Kompromissmodells ist. Die Art der Aggregation aller Abweichungen hängt von der gewählten Kompromisszielfunktion ψ ab. Da Abweichungen von den Zielniveaus soweit möglich zu vermeiden sind, heißen die entsprechenden Ungleichungen auch weiche Nebenbedingungen bzw. soft constraints im Gegensatz zu den harten Restriktionen der Mengen A bzw. Z. Abweichungen von diesen harten Nebenbedingungen gehen nicht nur mit unerwünschten, vielmehr mit nicht erlaubten Unzulässigkeiten einher.

Aus diesen Angaben resultiert folgende Formulierung für ein Kompromissmodell (KM) mit einer zu minimierenden Kompromisszielfunktion ψ, deren Ausgestaltung von Zielgewichten (Parametern) $\boldsymbol{t}$ abhängt:

$$\text{(KM)} \quad \min \left\{ \psi^{\boldsymbol{t}}(\boldsymbol{d}^-) \;\middle|\; \begin{array}{l} \boldsymbol{z}(a) + \boldsymbol{d}^- \geqq \overline{\boldsymbol{z}} \\ \boldsymbol{d}^- \in \mathcal{D}^- \subseteq \mathbb{R}_+^K \\ a \in A \end{array} \right\}.$$

Die Struktur dieser Modellformulierung ist direkt an das Modell (TEST) angelehnt. Die in der Zielfunktion berücksichtigten und in der ersten Nebenbedingung erfassten Unterschreitungen von den Zielniveaus sind über die Menge aller zulässigen Abweichungen $\mathcal{D}^-$ und über die Menge aller zulässigen Alternativen A zu minimieren. Einige bekannte Gestaltungsformen der Formulierung (KM) zeigt Tabelle 1.2 im Überblick. Die hier

[47] Zu den Eigenschaften einer Abstands- bzw. Distanzfunktion vgl. u.a. HEWITT/ STROMBERG 1969, S. 59

[48] Zu ersten Ansätzen des Goal Programming vgl. u.a. CHARNES/ COOPER 1961, S. 215ff, zum Überblick SCHNIEDERJANS 1995 und Abschnitt 1.3.1.3, S. 48.

betrachteten Varianten der Kompromissmodelle unterscheiden sich durch die gewählte Abstandsnorm zur Aggregation der Abweichungen sowie den Vorgaben für Zielniveaus und Abweichungsvariablen. Für ein Zielniveau $\overline{z}_k$ einer k-ten Zielfunktion sind die individuell optimalen Lösungen $\boldsymbol{z}_k^{\circledast}$ (vgl. S. 19) von besonderer Bedeutung.

Modell	ψ	mit $\overline{z}_k$	und d_k^-	für
(KM$_{\text{ZD}}$)	$d_{k'}^-$	$\overline{z}_{k'} \geqq z_{k'}^{\circledast}$		ein $k' \in \mathsf{K}$
		$\overline{z}_k < z_k^{\circledast}$	$d_k^- = 0$	alle $k \neq k'$
(KM$_{\text{ZG}}$)	$\boldsymbol{t} \cdot \boldsymbol{d}^-$	$\overline{z}_k \geqq z_k^{\circledast}$		alle $k \in \mathsf{K}$
(KM$_{\text{GP}}$)	$\boldsymbol{t} \cdot \boldsymbol{d}^-$	$\overline{z}_k \in \mathbb{R}$		alle $k \in \mathsf{K}$
(KM$_{\text{AB}}$)	$\Vert\boldsymbol{d}^-\Vert_p^{\boldsymbol{t}}$	$\overline{z}_k \geqq z_k^{\circledast}$		alle $k \in \mathsf{K}$

Tabelle 1.2: Kompromissmodelle im Überblick ($\boldsymbol{t} > \mathbf{o}$)

1.3.1.1 Zieldominanz

Beim Modell (KM$_{\text{ZD}}$), einer Zieldominanz unter Berücksichtigung unterer Schranken (Constraint-Methode), wählt der Entscheidungsträger genau eine Zielfunktion $k' \in \mathsf{K}$ aus, die es zu maximieren gilt.[49] Wie in Tabelle 1.2 angegeben, ist diese Maximierung der k'-ten Zielfunktion ebenso durch eine Minimierung der Abweichung von dem individuell optimalen Zielfunktionswert $z_{k'}^{\circledast}$ formulierbar, weil eine Überschreitung dieses Wertes definitionsgemäß ausgeschlossen ist. Für die restlichen $(K-1)$ Zielniveaus sollte ein Entscheidungsträger Vorgaben wählen, die unterhalb der jeweils individuell optimalen Zielfunktionswerte liegen. Unterschreitungen von diesen Zielniveaus sind im Sinne von harten Nebenbedingungen nicht erlaubt und daher für alle diese Restriktionen die Abweichungsvariablen d_k^- gleich null zu setzen ($k \in \mathsf{K} \setminus \{k'\}$). Ein Entscheidungsträger sollte sich bei diesem Kompromissmodell bewusst sein, dass bei einer „ungeschickten“ Vorgabe dieser $(K-1)$ Zielniveaus, d.h. hohe Werte für diese

[49] Vgl. u.a. DINKELBACH 1962, S. 741ff; COHON 1978, S. 115ff; CHANKONG/HAIMES 1983, S. 117ff.

$\overline{z}_k$, möglicherweise keine zulässige Lösung existiert; bei einer sehr niedrigen Vorgabe der Zielniveaus resultiert lediglich die individuell optimale Lösung des k' Zieles. Die Vorgabe dieser Zielniveaus bedarf daher häufig einer Variation, wie dies etwa approximative Verfahren zur Bestimmung effizienter Alternativen realisieren.[50]

Zielgewichte spielen bei der Zieldominanz im Gegensatz zum Zielgewichtungsmodell ($\mathrm{KM_{ZG}}$) keine Rolle. Durch die Auswahl eines für den Entscheidungsträger besonders wichtigen Zieles wird das Zielgewicht für diese k'-te Zielfunktion automatisch auf eins gesetzt und die Gewichte für die restlichen Ziele auf null. In diesem Punkt liegt ein wesentlicher Unterschied zum Zielgewichtungsansatz, bei dem ein Entscheidungsträger durch die Vorgabe positiver Zielgewichte $\boldsymbol{t}$ den Zielen unterschiedliche Bedeutung beimessen kann.

1.3.1.2 Zielgewichtung

Der Zielgewichtungsansatz ($\mathrm{KM_{ZG}}$) ist eines der bekanntesten Kompromissmodelle zur Lösung von Zielkonflikten.[51] Bei diesem Kompromissmodell maximiert ein Entscheidungsträger die Summe aller mit positiven Gewichten normierten bzw. bewerteten Zielfunktionen. Die in Tabelle 1.2 gewählte Darstellung ist mit dieser verbal skizzierten klassischen Formulierung eines Zielgewichtungsmodells wiederum äquivalent, weil bei den Zielniveaus jeweils mindestens die individuell optimalen Zielfunktionswerte zu wählen sind. Wie bei der Zieldominanz für das k'-te Ziel sind Überschreitungen dieser Werte hier für alle K Ziele nicht möglich, so dass sich – ähnlich wie beim Modell (TEST) – die Ungleichungen zur Erfassung der Unterschreitungen vom Idealzielpunkt als Gleichungen schreiben lassen:

$$z_k(a) + d_k^- \geqq \overline{z}_k \geqq z_k^{\circledast} \quad \Longrightarrow \quad d_k^- = \overline{z}_k - z_k(a) \qquad (\forall k \in \mathsf{K})$$

und damit gilt für die Kompromisszielfunktion von (KM_{ZG}) (vgl. auch (1.10), S. 41):

$$\sum_{k=1}^{K} t_k\, d_k^- = \underbrace{\boldsymbol{t} \cdot \overline{\boldsymbol{z}}}_{\text{const.}} - \sum_{k_1}^{K} t_k\, z_k(a). \tag{1.11}$$

[50]Vgl. u.a. COHON 1978, S. 118ff.

[51]Vgl. u.a. KUHN/TUCKER 1951, S. 488; HEINEN 1966, S. 142ff; DINKELBACH 1969, S. 158ff; NIEVERGELT 1971, S. 119ff; ISERMANN 1979, S. 6ff.

Ob die Zielniveaus genau den individuell optimalen Lösungen entsprechen oder diese Werte überschreiten, hat folglich bei der Zielgewichtung keinerlei Einfluss auf die Menge der kompromissoptimalen Lösungen. Eine wichtige Aufgabe des Entscheidungsträgers ist bei diesem Kompromissmodell eine geeignete Festlegung der Zielgewichte, da deren Variation die Menge der kompromissoptimalen Alternativen beeinflussen kann. Die Zielniveaus sind dagegen quasi exogen vorgegeben.

1.3.1.3 Goal Programming

Obwohl alle Modellformulierungen der Tabelle 1.2 prinzipiell zur Klasse der Goal Programming Ansätze gehören, stellt die Formulierung (KM_{GP}) einen „klassischen" Goal Programming Ansatz dar. Wie bei der Zielgewichtung ist hier speziell die gewichtete Summe aller Abweichungen von den Zielniveaus zu minimieren. Ein wesentlicher Unterschied im Vergleich zur Zielgewichtung betrifft die Wahl der Zielniveaus. Diese Werte kann ein Entscheidungsträger frei nach seinem Ermessen festlegen, d.h. der Punkt $\overline{z}$ kann im oder auch außerhalb des Zielraums liegen.

Damit ist diese Formulierung generell nicht mit dem Zielgewichtungsansatz äquivalent, denn eine Transformation der zielbedingten Nebenbedingungen in Gleichungen – wie in (1.11) gezeigt – ist bei beliebigen Zielniveaus grundsätzlich nicht möglich. Erweiterungen des hier formulierten Modells (KM_{GP}) können neben Abweichungen von mindestens zu erreichenden Zielniveaus etwa auch Unter- bzw. Überschreitungen von genau fixierten Zielniveaus erfassen.[52]

1.3.1.4 Abstandsminimierung

Beim obigen Goal Programming (KM_{GP}) ergibt sich der Abstand zum erwünschten Zielniveau aus der Summe aller gewichteten Abweichungen. Neben dieser Art der Abstandsmessung, der L_1-Norm, sind weitere Abstandsnormen (L_p-Normen) bekannt, wie etwa der euklidische Abstand (L_2-Norm).[53] Diese gewichteten Metriken fließen im Modell (KM_{AB}) jeweils in die Kompromisszielfunktion ψ ein. Bei Kompromissmodellen auf

[52] Zu den unterschiedlichen Zielarten (Satisfizierungs-, Fixierungs- bzw. Approximierungsziele) im Goal Programming vgl. u.a. DINKELBACH/KLEINE 1996, S. 56ff.

[53] Vgl. u.a. DINKELBACH 1971, S. 6ff; ZELENY 1973, S. 281ff; YU/LEITMANN 1974, S. 364ff; ZELENY 1982, S. 413ff.

der Grundlage einer Abstandsnormen wird in der Regel der Abstand zum Idealzielpunkt minimiert.

Eine relativ große Bedeutung im Rahmen der abstandsbasierten Kompromissmodelle hat die so genannte TSCHEBYCHEFF-Norm (L_∞-Norm). Bei dieser Art der Abstandsminimierung orientiert sich ein Entscheidungsträger an einer über alle K Ziele maximalen gewichteten Abweichung zum jeweiligen Zielniveau:

$$\psi(\boldsymbol{d}^-) := \max\left\{t_k \cdot d_k^- \;\middle|\; k \in \mathsf{K}\right\} \qquad (\text{mit } \boldsymbol{t} > \mathbf{o}).$$

In diesem Modell ist die maximale Abweichung über alle Ziele und nicht wie beim Zielgewichtungsansatz das gewichtete arithmetische Mittel aller Abweichungen ausschlaggebend für den optimalen Kompromisszielfunktionswert. Insofern spiegelt diese Formulierung – ähnlich wie ein Maximin-Modell bei Ungewissheit – eine „vorsichtige" Einstellung eines Entscheidungsträgers wider. Im Unterschied zu den Referenzpunktverfahren,[54] bei denen ein Entscheidungsträger beliebige Zielniveaus vorgeben kann, hat sich bei Kompromissmodellen auf der Grundlage von Abstandsnormen – wie der TSCHEBYCHEFF-Norm – eine Abstandsminimierung zum Idealzielpunkt oder einem besserem Zielvektor etabliert. Die relativ hohe Bedeutung einer Abstandsminimierung auf der Grundlage einer TSCHEBYCHEFF-Norm begründet sich auch in einer äquivalenten Formulierung, die etwa bei linearen vektoriellen Entscheidungsmodellen einem Kompromissmodell mit linearer Zielfunktion und linearen Nebenbedingung entspricht:[55]

$$(\mathrm{KM}_{\mathrm{AB}\infty}) \quad \min\left\{ d^- \;\middle|\; \begin{array}{ll} d^- \geqq t_k\left(z_k^{\circledast} - z_k(a)\right) & (k = 1, \ldots, K) \\ a \in A;\; d^- \in \mathbb{R} & \end{array} \right\}.$$

Die gewichteten Unterschreitungen der K Zielfunktionen von deren Zielniveaus bilden jeweils eine untere Schranke für den Wert der zusätzlich eingeführten reellwertigen Variable d^-. Ein für dieses simultane Ungleichungssystem zulässiger Wert von d^- kann folglich eine maximale Abweichung über alle Ziele nicht unterschreiten. Die Minimierung dieser

[54] Zu Referenzpunktverfahren mit speziellen Skalarisierungsfunktionen als Kompromisszielfunktionen vgl. u.a. WIERZBICKI 1977; WIERZBICKI 1980; KORHONEN 1997.

[55] Zu entsprechenden Umformungen vgl. u.a. DORFMAN et al. 1958, S. 436ff; YU 1985, S. 81.

Variable d^- garantiert eine optimale Lösung, deren maximale gewichtete Abweichung minimal ist.

Neben den hier explizit angesprochenen Möglichkeiten zur Formulierung von Kompromissmodellen existieren zahlreiche weitere Vorschläge zur Lösung von Zielkonflikten. Hierzu zählen unter anderem Ansätze auf der Grundlage einer lexikographischen Ordnung der Ziele oder Ansätze auf der Grundlage der Lösung kooperativer Spiele.[56] Bei interaktiven Verfahren kann ein Entscheidungsträger unterschiedliche Parameter (Zielgewichte, Zielniveaus) sukzessive variieren und damit präzisieren, bis eine befriedigende kompromissoptimale Lösung erreicht wird.[57]

1.3.2 Kompromiss und Effizienz

Bisher diente dieser Abschnitt der Beschreibung von Kompromissmodellen, d.h. der Erläuterung von Möglichkeiten, einen Entscheidungsträger im Prozess der Entscheidungsfindung bei Zielkonflikten unmittelbar zu unterstützen. Das vorliegende erste Kapitel steht jedoch unter dem Thema „Effiziente Alternativen“, damit ist zumindest der Frage nachzugehen: Liefern die hier betrachteten Kompromissmodelle effiziente Alternativen bezüglich des betrachteten vektoriellen Entscheidungsmodells? Wenn die Ermittlung der Menge aller effizienten Alternativen generell kein triviales Problem ist, können dann die vorgestellten Kompromissmodelle zumindest als „Generatoren“ zur Erzeugung einzelner effizienter Alternativen eingesetzt werden?[58] Zur Beantwortung dieser Fragen hat folgender Satz eine zentrale Bedeutung.

Satz 1.9

Angenommen, die Mengen der bezüglich (KM) optimalen und bezüglich (VEM) effizienten Alternativen sind nichtleer, dann enthält die Menge der kompromissoptimalen Alternativen A^*_{KM} mindestens eine bezüglich (VEM) effiziente Alternative:

$$A_{\mathit{eff}}, A^*_{\text{KM}} \neq \emptyset \quad \Longrightarrow \quad \exists\, a^* \in A^*_{\text{KM}} \text{ mit: } a^* \in A_{\mathit{eff}}. \tag{1.12}$$

[56] Vgl. u.a. WENGLER 1989.

[57] Vgl. u.a. Literaturhinweise in Fußnote 12, S. 14.

[58] Zum Begriff eines „Generators“ und den Beziehungen über die Zielgewichte zwischen den Kompromissmodellen vgl. u.a. LI et al. 1999.

Der Beweis dieses Satzes resultiert aus folgender Überlegung: Da die Menge der optimalen Lösungen von (KM) nichtleer ist, gibt es einen optimalen (minimalen) Vektor der Abweichungsvariablen

$$\boldsymbol{d}^{-*} \in \mathcal{D}^{-} \text{ mit } \psi^* = \psi(\boldsymbol{d}^{-*}) \text{ sowie einen Zielvektor } (\overline{\boldsymbol{z}} - \boldsymbol{d}^{-*}) \in \mathbb{R}^K$$

und für eine optimale Alternative $a^* \in A^*_{\text{KM}}$ gilt:

$$\boldsymbol{z}(a^*) = \boldsymbol{z}^* \geqq \overline{\boldsymbol{z}} - \boldsymbol{d}^{-*} \iff \boldsymbol{z}^* \in Z_{Dom}(\overline{\boldsymbol{z}} - \boldsymbol{d}^{-*}),$$

so dass ohne Einfluss auf den optimalen Wert ψ^* eine optimale Alternative $a^{*\prime} \in A^*_{\text{KM}}$ mit $\boldsymbol{z}(a^{*\prime}) = \boldsymbol{z}^{*\prime} \in Z$ existiert:

$$\boldsymbol{z}^{*\prime} := \overline{\boldsymbol{z}} - \boldsymbol{d}^{-*} + \boldsymbol{d}^{+\prime} \text{ für } \boldsymbol{d}^{+\prime} \in \mathbb{R}^K_+ \text{ mit: } Z_{Dom}(\boldsymbol{z}^{*\prime}) \cap Z = \{\boldsymbol{z}^{*\prime}\},$$

d.h. gemäß Gleichung (1.7) (vgl. S. 32) gilt für diese Alternative $\boldsymbol{z}^{*\prime} \in Z_{\mathit{eff}}$ bzw. $a^{*\prime} \in A_{\mathit{eff}}$ (vgl. Abb. 1.5 für *Beispiel B1*). □

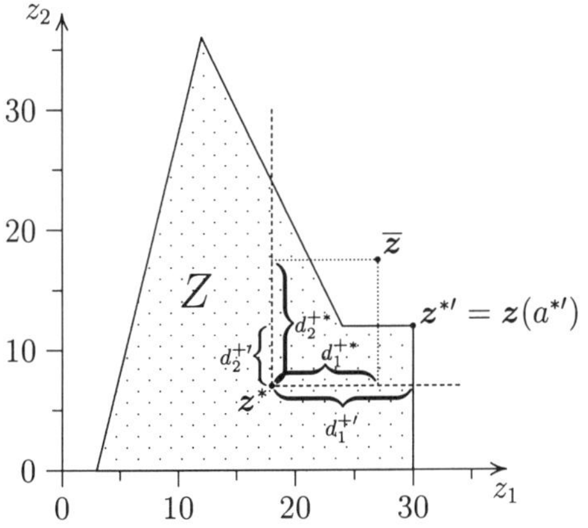

Abbildung 1.5: Kompromissoptimale Lösungen

Im Hinblick auf die Menge der effizienten Alternativen beinhaltet Satz 1.9 eine beruhigende Information für einen Entscheidungsträger. Unabhängig von der Wahl der Parameter, d.h. Kompromisszielfunktion, Zielgewichte und Zielniveau, enthält eine nichtleere Menge kompromissoptimaler Lösungen mindestens eine effiziente Alternative bezüglich (VEM) und nicht ausschließlich dominierte Lösungen. Kein Zweifel über die Effizienz einer Alternative besteht bei einer eindeutigen optimalen Lösung, wie im folgenden Korollar ausgeführt.

Korollar 1.10

Ist der aus einer optimalen Lösung von (KM) resultierende Vektor $\boldsymbol{z}^*$ im Zielraum eindeutig, dann ist die zugehörige Menge kompromissoptimaler Alternativen $a^* \in A^*_{\mathrm{KM}}$ effizient bezüglich (VEM).

Hierbei ist zu beachten, dass zu einer eindeutigen Lösung im Zielraum mehrere Alternativen aus der Menge A korrespondieren können, da es sich bei einem Zielraum nicht zwangsläufig um eine eineindeutige Abbildung einer Alternativenmenge handeln muss. Es ist durchaus möglich, dass unterschiedliche Alternativen identische Zielfunktionswerte zur Folge haben.[59]

Ein nicht unerheblicher Nachteil bei einer beliebigen Ausgestaltung eines Kompromissmodells ist die Tatsache, dass die Menge kompromissoptimaler Alternativen neben mindestens einer bezüglich (VEM) effizienten Alternative zusätzlich dominierte Alternativen enthalten kann. Möglicherweise stimmt die Menge der kompromissoptimalen Alternativen sogar mit der Alternativenmenge überein. Dieser Lösungsvorschlag hilft einem Entscheidungsträger beim Prozess der Entscheidungsfindung nicht weiter. Im Falle einer Mehrfachlösung könnte ein Entscheidungsträger eine kompromissoptimale Alternative auswählen und mit Hilfe des Programms (TEST) auf Effizienz überprüfen. Dieses Vorgehen kann für einen Entscheidungsträger sehr mühsam und zeitaufwendig sein. Warum sich dennoch ein Entscheidungsträger an Vorschlägen orientieren sollte, wie in Tabelle 1.2 (vgl. S. 46) exemplarisch aufgelistet, sollen die folgenden Anmerkungen verdeutlichen.

Aus der Theorie der Vektoroptimierung sind elementare Anforderungen an Kompromisszielfunktionen bekannt, um als kompromissoptimale Alternativen auch effiziente Alternativen bezüglich (VEM) zu erhalten.[60]

Satz 1.11

Gegeben seien ein vektorielles Entscheidungsmodell (VEM) sowie eine streng monoton steigende Funktion ψ, d.h., für alle Alternativen $a', a'' \in A$ mit: $\boldsymbol{z}(a') \geq \boldsymbol{z}(a'') \implies \psi(\boldsymbol{z}(a')) > \psi(\boldsymbol{z}(a''))$, dann ist eine kompromissoptimale Alternative $a^* \in \operatorname{argmax} \{\psi(\boldsymbol{z}(a)) \,|\, a \in A\}$ effizient bezüglich (VEM).

[59] Vgl. u.a. DAUER/LIU 1997.

[60] Vgl. u.a. JAHN 1984, Theorem 2.2, S. 204.

Beweis: Angenommen die Alternative a^* wäre nicht effizient, dann gibt es ein $a' \in A$ mit: $\boldsymbol{z}(a') \geq \boldsymbol{z}(a^*)$ und damit $\psi(\boldsymbol{z}(a')) > \psi(\boldsymbol{z}(a^*))$, was im Widerspruch zur Optimalität der Alternative a^* steht. □

1.3.2.1 Zielgewichtung und Effizienz

Ein wichtiger Unterschied zum Kompromissmodell (KM) und den in Tabelle 1.2 konkretisierten Formulierungen betrifft die Funktion ψ: Die Kompromisszielfunktion ψ in (KM) hängt direkt von den Abweichungsvariablen $\boldsymbol{d}^-$ ab und nur implizit und nicht unmittelbar wie in Satz 1.11 von den K Zielfunktionen. Wie bereits ausführlich erläutert, besteht bei einem Zielgewichtungsmodell eine unmittelbare Abhängigkeit von Zielen (vgl. u.a. Gleichung (1.11)) und damit eine Möglichkeit, effiziente Alternativen zu erzeugen, auf die unter anderen KUHN/TUCKER bereits (1951) hingewiesen haben.[61]

Korollar 1.12

Wenn eine bezüglich des Zielgewichtungsmodells (KM_{ZG}) mit $\boldsymbol{t} > \mathbf{o}$ optimale Lösung existiert, dann ist die Menge kompromissoptimaler Alternativen A^*_{KM} wesentlich effizient bezüglich (VEM).

Beweis: Die mit den positiven Gewichten gebildete Summe über alle Ziele ist eine gemäß Satz 1.11 streng monoton steigende Kompromisszielfunktion, so dass eine kompromissoptimale Alternative effizient bezüglich (VEM) ist. Wäre eine optimale Lösung $a^* \in A^*_{KM}$ nichtwesentlich effizient bezüglich (VEM), so muss gemäß (1.8) (vgl. S. 35) aus der konvexen Hülle von Z mindestens eine Konvexkombination $\boldsymbol{z}'$ von K zulässigen Zielvektoren $\boldsymbol{z}'_\ell \in Z$ $(\ell = 1, \ldots, K)$ vorliegen mit

$$\boldsymbol{z}' := \sum_{\ell=1}^{K} \lambda_\ell \cdot \boldsymbol{z}'_\ell \qquad (\text{mit } \mathbf{1} \cdot \boldsymbol{\lambda} = 1;\ \boldsymbol{\lambda} \geqq \mathbf{o}),$$

die nicht Element des Zielraums ist $(\boldsymbol{z}' \in \mathcal{H}(Z) \setminus Z)$ und zudem die optimale Lösung a^* dominiert $(\boldsymbol{z}' \geq \boldsymbol{z}(a^*))$, d.h.

$$\boldsymbol{z}' \geq \boldsymbol{z}(a^*) \quad \Longrightarrow \quad \sum_{k=1}^{K} z'_k > \sum_{k=1}^{K} z_k(a^*),$$

[61] Zur Effizienz bei Zielgewichtung vgl. u.a. KUHN/TUCKER 1951, S. 488, Theorem 4; CHANKONG/HAIMES 1983, S. 134, Theorem 4.5, hier in Korollar 1.12 ergänzt um den Aspekt der wesentlichen Effizienz.

was für alle positiven Gewichte $\boldsymbol{t} > \mathbf{o}$ äquivalent zu

$$\sum_{k=1}^{K} t_k \cdot z'_k > \sum_{k=1}^{K} t_k \cdot z_k(a^*)$$

und im Widerspruch zur Optimalität von a^* bezüglich (KM_{ZG}) steht. Folglich ist eine optimale Lösung a^* eines Zielgewichtungsmodells stets wesentlich effizient bezüglich (VEM). □

Damit ist für das Zielgewichtungsmodell die anfangs aufgeworfene Frage nach der Effizienz von optimalen Alternativen für dieses Kompromissmodell positiv zu beantworten. Allerdings, und dieser Einschränkung muss sich ein Entscheidungsträger bei der Anwendung eines Zielgewichtungsmodells bewusst sein, liefert diese Formulierung unter Umständen bei einer parametrischen Variation der Zielgewichte eine Teilmenge der effizienten Alternativen bezüglich (VEM). Alternativen aus der Menge A, die nichtwesentlich effizient bezüglich (VEM) sind, können keine optimalen Lösungen von (KM_{ZG}) sein. Insofern erhält ein Entscheidungsträger bei diesem Kompromissmodell als Lösungsvorschläge eine eingeschränkte Auswahl bezüglich (VEM) effizienter Alternativen, unabhängig welche Zielgewichte der Entscheidungsträger vorgibt.

Noch nicht einmal alle wesentlich effizienten Alternativen müssen als optimale Lösungen von (KM_{ZG}) resultieren, wie das folgende *Beispiel B2* belegt.

Beispiel B2: Die Abbildung 1.6 zeigt für dieses Beispiel den Zielraum des entsprechenden vektoriellen Entscheidungsmodells[62]

$$\text{(VEM-B2)} \quad max \left\{ \begin{pmatrix} -z_1 \\ +z_2 \end{pmatrix} \middle| \begin{array}{l} z_1 = \left(3{,}45 z_2^2 - 8170 z_2 + 4{,}85 \cdot 10^6\right)^{0{,}5} \\ 1100 \leqq z_2 \leqq 1300 \end{array} \right\}$$

mit einer zu minimierenden Zielfunktion z_1 und einer zu maximierenden Zielfunktion z_2. Der Kurvenzug ABC beschreibt den nichtkonvexen Zielraum dieses Entscheidungsmodells, ein Zielraum, wie er bei Entscheidungen im Bereich der Portfolio Selection zu beobachten ist.[63] *Gesucht*

[62] Zu diesem numerischen Beispiel vgl. ausführlich DINKELBACH/ KLEINE 1996, S. 143ff.

[63] Grundlegend vgl. MARKOWITZ 1959 und zahlreiche auf diesem Werk aufbauende Publikationen.

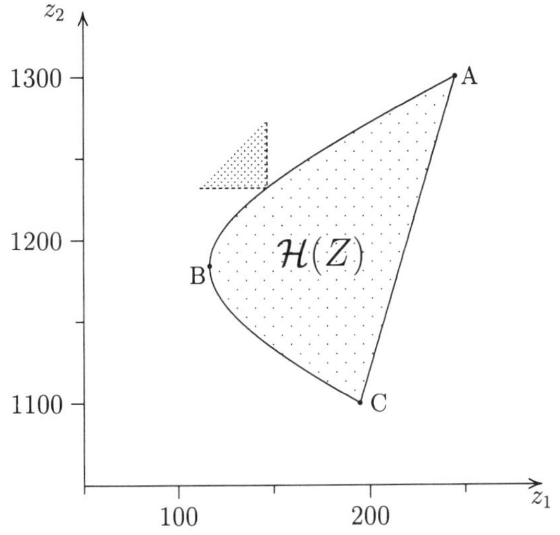

Abbildung 1.6: Eigentlich effiziente Lösungen im Zielraum

ist eine Mischung aus Wertpapieren, die einerseits das Risiko eines Portfolios – klassisch gemessen durch Varianz bzw. Standardabweichung (z_1) – minimiert und andererseits die Rendite eines Portfolios – gemessen durch den Erwartungswert (z_2) – maximiert. Der Punkt B entspricht nach dieser Interpretation im dargestellten Beispiel dem Minimalvarianz-Portfolio und der Punkt A dem Maximalrendite-Portfolio. Alle effizienten und wesentlich effizienten Alternativen bezüglich (VEM-B2) liegen auf den Kurvenzug AB. Allerdings kann bei positiven Gewichten der Punkt B keine optimale Lösung eines Zielgewichtungsmodells sein. Solange das Zielgewicht für z_2 positiv ist, reicht selbst ein noch so großes Zielgewicht für z_1 nicht aus, um den Punkt B exakt als optimale Lösung von (KM_{ZG}) zu erhalten.

Ein Zielvektor, wie der effiziente Punkt B, gehört nicht zur Menge der so genannten eigentlich effizienten Alternativen, weil die Grenzrate der Substitution zwischen zwei Zielen – soweit bestimmbar – an dieser Stelle unendlich groß ist. Alle Alternativen, die diese Eigenschaft zwischen zwei beliebigen Zielen nicht aufweisen, heißen eigentlich effiziente Alternativen bezüglich eines vektoriellen Entscheidungsmodells. In diesem Beispiel B2 stimmt die zum Punkt B gehörende nicht eigentlich effiziente Alternati-

ve mit der individuell optimalen Lösung des ersten Ziels überein. Dieses Beispiel soll nicht den Eindruck erwecken, dass ausschließlich individuell optimale Lösungen nicht eigentlich effizient sein können. Es sind andere vektorielle Entscheidungsmodelle denkbar, in denen eine effiziente Alternative mit z.B. einem Sattelpunkt im Zielraum weder eigentlich noch wesentlich effizient bezüglich des entsprechenden vektoriellen Entscheidungsproblems ist.[64]

Wie im Anhang gezeigt (vgl. ausführliche Erläuterungen im Anhang A.2, S. 225ff), ist eine Alternative aus der Menge A genau dann wesentlich effizient und eigentlich effizient bezüglich (VEM), wenn diese Alternative eine optimale Lösung von (KM_{ZG}) für ein $\boldsymbol{t} > \mathbf{o}$ ist. Bei einer parametrischen Variation der Zielgewichte entspricht somit die Menge der kompromissoptimalen Alternativen genau der Menge der bezüglich (VEM) wesentlich effizienten Alternativen gegebenenfalls unter Ausschluss der nicht eigentlich effizienten Alternativen. Da die Menge der eigentlich effizienten Alternativen bei linearen vektoriellen Entscheidungsmodellen mit der Menge der wesentlich effizienten übereinstimmt, ist eine Unterscheidung bei entsprechenden Modellformulierungen nicht notwendig. Für vektorielle Entscheidungsmodelle mit einer endlichen Anzahl Alternativen und einem entsprechend diskreten Zielraum fällt ebenfalls die Menge der effizienten Alternativen genau mit der Menge der eigentlich effizienten Alternativen zusammen.[65]

Die Tatsache, dass alle wesentlich effizienten Alternativen mit positiven Zielgewichten möglicherweise nicht erreichbar sind, hängt unmittelbar mit der Menge zulässiger Zielgewichte zusammen. Würden nicht nur positive, sondern nichtnegative Zielgewichte in die Betrachtung integriert, so ließen sich Zielvektoren, wie der Punkt B in Abbildung 1.6 des *Beispiels B2*, durch einen Zielgewichtungsansatz problemlos ermitteln, denn für $t_1 = 0$ und $t_2 > 0$ ergibt sich dieser Punkt als optimale Lösung von (KM_{ZG}). Allerdings birgt diese erweiterte Menge zulässiger Zielgewichte den Nachteil, dass die Menge aller optimalen Lösungen sich aus bezüglich (VEM) schwach effizienten Alternativen zusammensetzt. Einige dieser schwach effizienten Alternativen können dominiert werden. Die Anforderungen von Satz 1.11 bzw. Korollar 1.12 sind nicht erfüllt.

[64] Vgl. u.a. YU 1985, Beispiel 3.5, S. 29.

[65] Zu einem Beispiel mit einer abzählbaren Menge zulässiger Alternativen und einer „improper“, d.h. nicht eigentlich effizienten, Alternative vgl. STEUER 1986, S. 438f.

1.3.2.2 Zieldominanz, Abstandsminimierung und Effizienz

Da die Kompromisszielfunktion für die hier vorgestellte Zieldominanz unter Berücksichtigung unterer Schranken sich durch genau solche nichtnegativen Zielgewichte beschreiben lässt – alle Zielgewichte bis auf $t_{k'} > 0$ weisen den Wert null auf –, stellt sich die Frage, welche Eigenschaft weisen die kompromissoptimalen Alternativen bei einer Zieldominanz auf? Für die Zieldominanz unter Berücksichtigung unterer Schranken und Abstandsminimierung auf der Grundlage einer TSCHEBYCHEFF-Norm gilt folgende Aussage:[66]

Satz 1.13

Beweis: Angenommen, die Mengen der bezüglich (KM$_{\text{ZD}}$*) und (KM*$_{AB_\infty}$*) mit* $\mathbf{t} > \mathbf{o}$ *optimalen Lösungen sind nicht leer, so sind die kompromissoptimalen Alternativen schwach effizient bezüglich (VEM).*

Aufgrund der gewählten Kompromisszielfunktionen gibt es für beide Kompromissmodelle bei einer optimalen Lösung mindestens ein k'-tes Ziel, das im Optimum keine Verbesserung erlaubt. Damit ist eine entsprechend kompromissoptimale Alternative schwach effizient, weil eine Erhöhung dieses k'-ten Zielfunktionswertes ohne Verringerung eines anderen Wertes ausgeschlossen ist. □

Im Hinblick auf Satz 1.13 ist zu beachten, dass die Mengen der optimalen Alternativen von (KM$_{\text{ZD}}$) und (KM$_{AB_\infty}$) gemäß Satz 1.9 jedoch jeweils mindestens eine bezüglich (VEM) effiziente Alternative enthalten.

Beispiel B1: Die Abbildung 1.7 veranschaulicht diesen Sachverhalt für das Beispiel B1 aus Abschnitt 1.2.3 (vgl. S. 26). Der linke Teil zeigt, dass bei einer Zieldominanz ($k' = 1$*) mit einer unteren Schranke* $\overline{z}_2 = 5$ *die optimale Lösung des Kompromissmodells*

$$(KM_{\text{ZD}}\text{-}B1) \quad \max \left\{ d_1^- \;\middle|\; \begin{array}{l} z_1(a) + d_1^- \geqq 30 \\ z_2(a) + d_2^- \geqq 5 \\ d_1^- \geqq 0;\, d_2^- = 0 \\ a \in A \end{array} \right\}$$

[66] Zur Zieldominanz vgl. u.a. CHANKONG/HAIMES 1983, S. 128ff und zur Abstandsminimierung vgl. u.a. DINKELBACH/DÜRR 1972; BOWMAN 1976 und allgemein JAHN 1984.

bei einem Zielraum Z_{ZD} auf der Strecke AA′ liegt. Von diesen Zielvektoren ist lediglich der Punkt A effizient. Analog führt im rechten Teil der Ab-

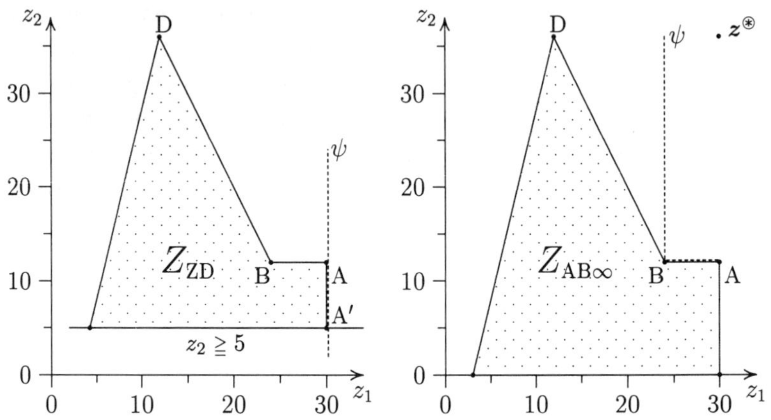

Abbildung 1.7: Zieldominanz und Abstandsminimierung

bildung eine Abstandsminimierung für eine L_∞-Norm mit den Gewichten $t_1 = 4$ und $t_2 = 1$

$$(KM_{\mathrm{AB}\infty}\text{-}B1) \quad \min\left\{ d^- \;\middle|\; \begin{array}{l} d^- \geqq 4\cdot\big(30 - z_1(a)\big) \\ d^- \geqq 1\cdot\big(36 - z_2(a)\big) \\ d^- \in \mathbb{R} \\ a \in A \end{array} \right\}$$

zur Strecke AB als Menge optimaler Zielvektoren, von denen bekanntlich nur der Punkt A effizient und wesentlich effizient ist. Bei einer Variation der Parameter, etwa einer Erhöhung des Zielniveaus $\overline{z}_2 = 15$ bei der Zieldominanz oder einer Gewichtung $t_1 = t_2$ bei der Abstandsminimierung im Modell ($KM_{\mathrm{AB}\infty}$), lassen sich im Gegensatz zur Zielgewichtung auch solche effizienten Alternativen bezüglich (VEM) erreichen, die nichtwesentlich effizient bezüglich (VEM) sind. Dieser Gesichtspunkt ist ein grundlegender Vorteil dieser beiden Kompromissmodelle im Vergleich zur Zielgewichtung.

Ergänzend folgt noch ein Hinweis zu einer weiteren Besonderheit dieser beiden Kompromissmodelle. Die Ermittlung ausschließlich effizienter Alternativen mit Hilfe der Zieldominanz oder der Abstandsminimierung auf

Grundlage der TSCHEBYCHEFF-Norm kann durch eine Modifikation beider Kompromisszielfunktionen erfolgen. Der notwendige Korrekturterm beinhaltet die mit einer hinreichend kleinen Zahl $\epsilon > 0$ bewertete Summe aller Zielfunktionen:

$$\text{für } (\mathrm{KM}_{\mathrm{ZD}^{\epsilon}}): \quad \psi(.) := d_{k'}^{-} - \epsilon \cdot \mathbf{1} \cdot \boldsymbol{z}(a)$$
$$\text{für } (\mathrm{KM}_{\mathrm{AB}_{\infty}^{\epsilon}}): \quad \psi(.) := d^{-} - \epsilon \cdot \mathbf{1} \cdot \boldsymbol{z}(a) = d^{-} + \epsilon \cdot \mathbf{1} \cdot \boldsymbol{d}^{-}.$$

Die korrigierten Modellformulierungen sind mit einer lexikographischen Ordnung von zwei unterschiedlichen Kompromisszielfunktionen vergleichbar. Die Zieldominanz bzw. Abstandsminimierung hat eine höhere Priorität als die Summe der Ziele. Die Kompromisszielfunktionen steigen bezüglich der Ziele durch diese Korrektur streng monoton, damit ist gemäß Satz 1.11 jede optimale Alternative zugleich eine bezüglich (VEM) effiziente Alternative.

Die Gültigkeit dieser Eigenschaft wird bei der Zieldominanz unmittelbar deutlich, denn die korrigierte Kompromisszielfunktion genügt den Anforderungen an einen Zielgewichtungsansatz gemäß Korollar 1.12: Jede Zielfunktion geht mit einem positiven Gewicht in die Kompromisszielfunktion ein, so dass nur effiziente Alternativen bezüglich (VEM) als optimale Lösungen resultieren. Eine derartige optimale Alternative ist wesentlich effizient bezüglich der konvexen Hülle des durch untere Schranken begrenzten Zielraums Z. Diese konvexe Hülle kann von der des gesamten Zielraums eines vektoriellen Entscheidungsmodells divergieren (vgl. auch Erläuterungen zu Abb. 1.4, S. 43).

Die korrigierte Abstandsnorm oder auch „Augmented" TSCHEBYCHEFF-Norm (L_{∞}^{ϵ}-Norm) geht in ($\mathrm{KM}_{\mathrm{AB}_{\infty}^{\epsilon}}$) auf STEUER/CHOO (1983) zurück.[67] Durch die Addition der Summe aller Abweichungen wird für einen hinreichend kleinen positiven Skalar ϵ garantiert, dass eine effiziente Lösung im Zielraum resultiert und für $\overline{\boldsymbol{z}} > \boldsymbol{z}^{\circledast}$ alle effizienten Alternativen bei einer parametrischen Variation der Zielgewichte erreichbar sind.[68] Die Modifikation der Kompromisszielfunktion führt graphisch zu einer „leichten" Neigung der zugehörigen Isoquanten.

[67] Diese Formulierung wurde zuvor bereits ähnlich von WIERZBICKI 1977 für Referenzpunktverfahren verwendet und von DINKELBACH/ISERMANN 1973 zur Lösung von Problemen bei Ungewissheit vorgeschlagen.

[68] Zum Beweis vgl. ausführlich STEUER/CHOO 1983, Theorem 4.5, S. 335 und eine leicht modifizierte Formulierung von KALISZEWSKI 1987.

Beispiel B1: Die Abbildung 1.8 illustriert diese korrigierten Isoquanten

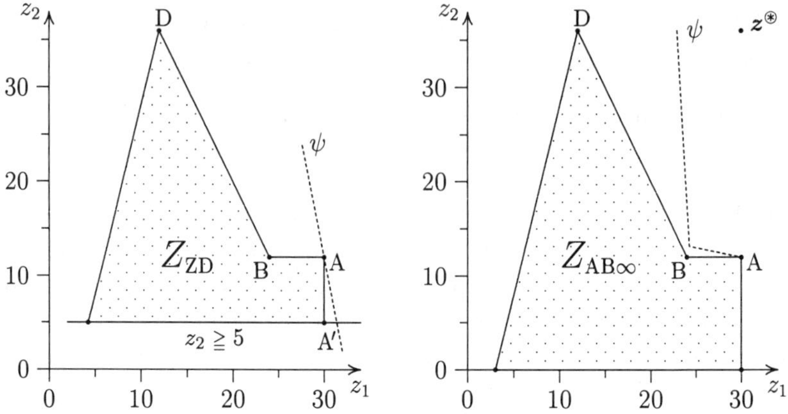

Abbildung 1.8: *Korrigierte Zieldominanz und Abstandsminimierung*

für das Beispiel B1 in Anlehnung an die Abbildung 1.7, im linken Teil für die Zieldominanz und im rechten Teil für die Abstandsminimierung. Die optimale Lösung liegt in beiden Fällen im Punkt A, zu dem genau eine effiziente Alternative aus der Menge A korrespondiert.

1.3.2.3 Goal Programming und Effizienz

Beim Goal Programming hat der Entscheidungsträger die Möglichkeit beliebige Zielniveaus vorzugeben. Die Wahl der Zielniveaus erfolgt im Unterschied zu den anderen vorgestellten Kompromissmodellen unabhängig von den individuell optimalen Lösungen. Ein Entscheidungsträger kann Zielniveaus festlegen, die für ihn erstrebenswert erscheinen. Über die Zulässigkeit des resultierenden Vektors $\overline{\boldsymbol{z}} \in \mathbb{R}^K$ braucht der Entscheidungsträger sich keine Gedanken zu machen. Grundsätzlich kann die Menge der kompromissoptimalen Alternativen von (KM_{GP}) nach Satz 1.9 (vgl. S. 50) auch bezüglich (VEM) dominierte Alternativen enthalten. Bei einer Wahl von Zielniveaus, die die K individuell optimalen Lösungen nicht unterschreiten, kommt dieses Kompromissmodell einer Zielgewichtung gleich, so dass ausschließlich effiziente Alternativen optimale Lösungen von (KM_{GP}) sind. Sollte mindestens eine individuell optimale Lösung unterschritten werden und das gewünschte Zielniveau $\overline{\boldsymbol{z}}$ dennoch nicht erreichbar sein, dann ist die Menge der optimalen Lösungen dieses Goal Programming Ansatzes schwach effizient. Generell folgt daher aus

$$\overline{\boldsymbol{z}} \ngeq \boldsymbol{z}^{\circledast} \quad \text{und} \quad Z_{Dom}(\overline{\boldsymbol{z}}) \cap Z = \emptyset, \tag{1.13}$$

dass alle $a^* \in A^*_{\mathrm{GP}}$ schwach effizient bezüglich (VEM) sind. Angenommen, eine Alternative a^* aus der Menge der kompromissoptimalen Lösungen A^*_{GP} wäre nicht schwach effizient bezüglich (VEM), dann gäbe es eine Alternative

$$a' \in A \text{ mit: } z_k(a') > z_k(a^*) \qquad (\text{für alle } k \in \mathsf{K}).$$

Aufgrund von (1.13) gilt dann für mindestens ein nicht erreichbares Ziel:

$$z_{k'}(a^*) < z_{k'}(a') < \overline{z}_{k'} \qquad (\text{für ein } k' \in \mathsf{K})$$

bei keinen größeren Abweichungen für a' in Bezug auf alle anderen Ziele. Dies steht im Widerspruch zur Annahme, die Summe alle gewichteten Abweichungen von den Zielniveaus $\overline{\boldsymbol{z}}$ seien für eine kompromissoptimale Alternative a^* minimal. Folglich ist die Menge der kompromissoptimalen Alternativen von ($\mathrm{KM_{GP}}$) unter der Annahme (1.13) schwach effizient und mindestens eine kompromissoptimale Alternative gemäß Satz 1.9 effizient bezüglich (VEM).

Beispiel B1: In der Abbildung 1.9 zu Beispiel B1 befindet sich das Zielniveau $\overline{\boldsymbol{z}} = (27, 14)^{\mathsf{T}}$ außerhalb des Zielraums Z, allerdings nicht oberhalb des Idealzielpunktes $\boldsymbol{z}^{\circledast}$ ($\overline{\boldsymbol{z}} \ngeq \boldsymbol{z}^{\circledast}$). Die beiden angestrebten Zielfunktionswerte sind mit zulässigen Alternativen nicht erreichbar: Die Schnittmenge aus dem Dominanzkegel $Z_{Dom}(\overline{\boldsymbol{z}})$ und dem Zielraum Z ist gemäß (1.13) leer. Die Menge der optimalen Lösungen dieses Kompromissmodell

$$(\mathit{KM_{GP}\text{-}B1}) \quad \max \left\{ t_1 \cdot d_1^- + t_2 \cdot d_2^- \;\middle|\; \begin{array}{l} z_1(a) + d_1^- \geqq 27 \\ z_2(a) + d_2^- \geqq 14 \\ d_1^-, d_2^- \geqq 0 \\ a \in A \end{array} \right\}$$

liegt unter Verwendung positiver Gewichte $t_1, t_2 > 0$ auf der Strecke AB'. Die zu diesen Punkten korrespondierenden Alternativen sind schwach effizient bezüglich (VEM) und lediglich der Punkt A ist effizient bezüglich (VEM).

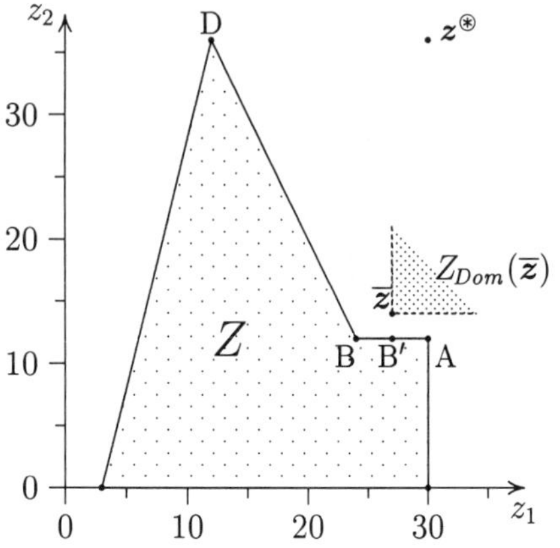

Abbildung 1.9: *Kompromissoptimale Lösungen beim Goal Programming*

Eine Korrektur der Kompromisszielfunktion durch die mit einer hinreichend kleinen Zahl $\epsilon > 0$ bewerteten Summe aller Zielfunktionen ermöglicht wie bei der vorgestellten Zieldominanz und Abstandsminimierung eine Ermittlung von kompromissoptimalen Lösungen, die sämtlich bezüglich (VEM) effizient sind:

für (KM_{GP^ϵ}): $\psi(.) := \boldsymbol{t} \cdot \boldsymbol{d}^- - \epsilon \cdot \mathbf{1} \cdot \boldsymbol{z}(a)$
gilt: $A^*_{GP^\epsilon} \subseteq A_{eff}$.

Im oben beschriebenen Fall mit einer leeren Schnittmenge aus Dominanzkegel $Z_{Dom}(\overline{\boldsymbol{z}})$ und Zielraum Z (vgl. (1.13)) garantiert die mit einer hinreichend kleinen Zahl bewertete Summe aller Zielfunktionen, dass schwach effiziente und bezüglich (KM_{GP}) kompromissoptimale Lösungen im Vergleich zu einer (existierenden) effizienten und bezüglich (KM_{GP^ϵ}) kompromissoptimalen Lösung einen geringeren Kompromisszielfunktionswert aufweisen und damit nicht bezüglich (KM_{GP^ϵ}) optimal sein können (*vgl. in Abb. 1.9 Punkt A für Beispiel B1*). Die korrigierte Kompromisszielfunktion sorgt im Übrigen auch im Fall eine nichtleeren Schnittmenge aus Dominanzkegel $Z_{Dom}(\overline{\boldsymbol{z}})$ und dem Zielraum Z für ausschließlich effiziente kompromissoptimale Lösungen. Alle optimalen Abweichungsvariablen sind unter dieser Annahme null, so dass die Zielniveaus als zusätzliche untere (mindestens zu erreichende) Schranken dienen, die den Zielraum möglicherweise beschränken. Über diesen modifizierten Zielraum ist die mit $\epsilon > 0$ bewertete gleichgewichtete Summe aller Zielfunktionen zu maximieren, was bekanntlich zu bezüglich (VEM) effizienten Alternativen führt, die bezüglich dieses zusätzlich beschränkten Zielraums wesentlich effizient sind, aber nicht notwendigerweise wesentlich effizient bezüglich (VEM).

Beispiel B1: In Abbildung 1.4 (vgl. S. 43) würde etwa die Vorgabe eines Zielniveaus, die dem Punkt L entspricht, zu den Punkten A bzw. L″ als kompromissoptimale Lösungen von ($KM_{GP^{\epsilon}}$) führen.

2 Effiziente Produktionen

Nach einer generellen Analyse von Entscheidungen bei Zielkonflikten im ersten Kapitel beschäftigt sich das zweite Kapitel speziell mit Entscheidungen über Produktionen. Inwiefern diese Produktionsentscheidungen durch Zielkonflikte gekennzeichnet und durch vektorielle Entscheidungsmodelle, die im folgenden Text vektorielle Produktionsmodelle heißen, abbildbar sind, steht nach einer Erläuterung grundlegender produktionstheoretischer Begriffe am Anfang dieses Kapitels. Die Darstellung einiger ausgewählter Alternativenmengen (Technologien) dieser Produktionsmodelle soll einen Eindruck vermitteln, wie sich die Menge zulässiger Produktionen in vielen Fällen aus Kegeln ableiten lässt. Die Erläuterungen in diesem Abschnitt beinhalten unter anderem auch die Beschreibung nichtkonvexer LEONTIEF-Technologien sowie speziell diskreter Technologien. Hieran schließt sich wiederum der Aspekt der Effizienz an und damit die Charakterisierung von effizienten Produktionen in Abhängigkeit von unterschiedlichen Technologien. Im Hinblick auf die nichtkonvexen bzw. diskreten Technologien haben nichtwesentlich effiziente Produktionen eine besondere Bedeutung, deren Analyse sich ebenfalls ein Abschnitt widmet. Um einzelne Produktionen, die ein Produzent möglicherweise ins Auge gefasst hat, auf Effizienz zu überprüfen, bieten sich entsprechend konkretisierte Testprogramme an. Während diese Überlegungen auf der Ebene von Mengen – im Sinne von Quantitäten einer Produktion – anzusiedeln sind, lassen sich die unterschiedlichen Einflussgrößen einer Produktion häufig durch Preise bewerten und damit zu einem Ziel (Kompromisszielfunktion) zusammenfassen. Eine Analyse auf der Basis dieser monetären Aggregation ist Gegenstand einer erfolgsorientierten Produktionsplanung im letzten Abschnitt dieses zweiten Kapitels.

2.1 Produktionen eines Input-Output-Systems

Die im ersten Kapitel vorgestellten Konzepte der Entscheidungstheorie lassen sich auf unterschiedliche betriebswirtschaftliche Bereiche übertragen. Die folgenden Ausführungen in dieser Arbeit konzentrieren sich beispielhaft auf Entscheidungen über Produktionen.

> *„Unter Produktion wird die Kombination und Transformation von Produktionsfaktoren (Einsatzgütern) nach bestimmten Verfahren zu Produkten (Ausbringungsgütern) verstanden.“*[1]

In der betriebswirtschaftlichen Produktionstheorie erfassen so genannte Input-Output-Systeme die im obigen Zitat angedeuteten Transformationsprozesse (vgl. Abb. 2.1). Ein begrenzt verfügbarer Input (Einsatz-

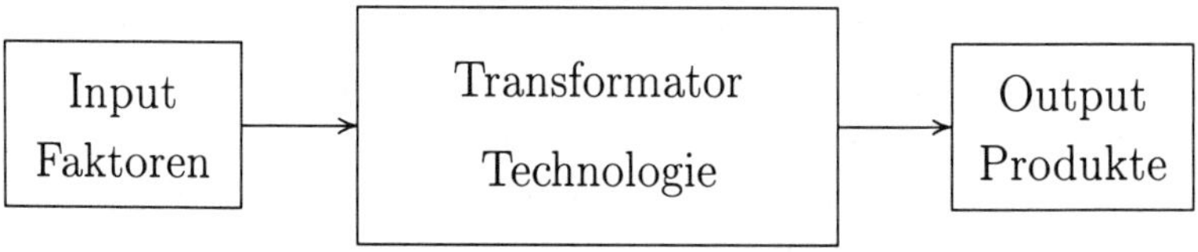

Abbildung 2.1: Input-Output-System bzw. Produktionssystem

güter, Produktionsfaktoren) muss zur Bereitstellung von Output (Ausbringungsgütern, Produkten) einer Transformation unterzogen werden. Bei derartigen Produktionssystemen kann sich je nach dem verwendeten Verfahren der stoffliche Zustand, die räumliche oder die zeitliche Verfügbarkeit des Inputs verändern.[2] Der resultierende Output dient der Befriedigung von Konsumentenbedürfnissen und erfordert den Einsatz knapper Faktoren.

[1] SCHWEITZER 1993, Sp. 3328.
[2] Vgl. u.a. DINKELBACH/ROSENBERG 2002, S. 2ff.

2.1.1 Aspekte der betriebswirtschaftlichen Produktionstheorie

Gegenstand einer betriebswirtschaftlichen Produktionstheorie ist u.a. die Analyse von Entscheidungen über den bereitzustellenden Output, d.h. über das Produktionsprogramm, einschließlich der damit verbundenen Technologie sowie des benötigten Inputs. In Anlehnung an die Aufgaben einer betriebswirtschaftlichen Entscheidungstheorie sollen den Produzenten Implikationen rationaler Wahl, also in diesem Fall von Entscheidungen über mögliche Produktionsprogramme, unter den gesetzten Prämissen verdeutlicht werden.

Der folgende Überblick soll einführend auf einige besondere produktionstheoretische Begriffe bzw. Aspekte hinweisen, ohne diese im Einzelnen zu vertiefen:[3]

- Nach dem Charakter des Inputs gilt es, zwischen elementaren und dispositiven Produktionsfaktoren zu unterscheiden. Zu den elementaren Faktoren zählen etwa die „objektbezogene" Arbeitsleistung, Werkstoffe und Betriebsmittel. Diese elementaren Faktoren lassen sich nach der Nutzung in Verbrauchs- und Potenzialfaktoren unterscheiden. Im Unterschied dazu gehören zu dispositiven Faktoren die Planung, Organisation und Kontrolle von betrieblichen Vorgängen.[4]

- Beim Output kann es sich um Güter handeln, die als Endprodukte für Konsum- oder für Investitionszwecke zur Verfügung stehen. Zwischenprodukte unterliegen als Einsatzfaktoren einer oder mehreren weiteren Transformationen.

- Input und Output können nicht nur materieller, sondern auch immaterieller Art sein. Materieller In- bzw. Output ist typisch für das produzierende Gewerbe, während immaterielle Güter vor allem im Dienstleistungssektor von Bedeutung sind.[5]

- Mit der Herstellung des erwünschten Outputs können Kuppelprodukte entstehen, die nicht mit den Bedürfnissen von Menschen in

[3] Zu diesen und weiteren Aspekten vgl. u.a. KLOOCK 1998, S. 278ff.

[4] Vgl. u.a. KILGER 1975; GUTENBERG 1983, S. 2ff.

[5] Vgl. u.a. MALERI 1997; CORSTEN 2001.

Einklang stehen, weil diese Produkte etwa die Qualität der natürlichen Umwelt beeinträchtigen. Unter Umweltaspekten sind demnach Produkte von Nebenprodukten abzugrenzen, deren Charakter unerwünscht, aber in anderen Situationen erwünscht sein kann. Eine Differenzierung der einzusetzenden Faktoren ist unter Umweltaspekten in analoger Weise möglich.[6]

- Nach der Anzahl der Faktoren und Produkte lassen sich spezielle Produktionssysteme charakterisieren. Bei einem Mehrfaktor-Mehrprodukt-Produktionssystem, kürzer: einem M-Faktor–N-Produkt–Produktionssystem, erfordert die Erzeugung von N Produkten den Einsatz von M Faktoren ($M, N \in \mathbb{N}$).

- Bestehen Möglichkeiten, eine Produktquantität mit unterschiedlichen Faktoreinsatzverhältnissen herzustellen oder mit einer bestimmten Inputquantität unterschiedliche Outputquantitäten zu erzeugen, so heißen diese Produktionsprozesse substitutional im Unterschied zu limitationalen Prozessen, bei denen konstante Austauschbeziehungen vorliegen.[7]

- Ausgangspunkt einer klassischen Produktionstheorie sind Produktionsfunktionen, bei denen die funktionale Abhängigkeit eines Outputs vom Input Gegenstand der Überlegungen ist. Im Unterschied dazu basieren produktionstheoretische Betrachtungen auf Grundlage von Input- bzw. Outputkorrespondenzen (Produktionskorrespondenzen) nicht auf reellwertigen, sondern „mengenwertigen“ Abbildungen.[8] Bei einer Aktivitätsanalyse ist die Menge aller realisierbaren Kombinationen von Input und Output die Basis für alle produktionstheoretischen Untersuchungen.

Genau dieser Betrachtungsweise folgen die Darstellungen in dieser Arbeit, so dass im nächsten Abschnitt eine Einführung in die Begriffe einer

[6] Vgl. u.a. KISTNER 1989; DINKELBACH/PIRO 1989; DINKELBACH/PIRO 1990; DYCKHOFF 1991; STEVEN 1991; VENTZKE 1994; BOGASCHEWSKY 1995.

[7] Vgl. u.a. BUSSE VON COLBE/LASSMANN 1991, S. 101ff u. 121ff; ELLINGER/HAUPT 1996, S. 32ff.

[8] Zum Überblick der klassischen bzw. neoklassischen Produktionsfunktionen vgl. u.a. SCHWEITZER/KÜPPER 1997, S. 59ff; STEVEN 1998, S. 25ff und zu Produktionskorrespondenzen vgl. u.a. SHEPHARD 1970, S. 178ff; EICHHORN 1993; FÄRE et al. 1994, S. 25ff.

Aktivitätsanalyse erfolgt, an die sich dann unmittelbar Effizienzbetrachtungen anschließen. Die oben angedeuteten Möglichkeiten einer differenzierten Charakterisierung von Input-Output-Systemen bleiben bei den folgenden Überlegungen weitgehend unberücksichtigt. Ob es sich etwa beim Input um Potenzial- oder Verbrauchsfaktoren handelt, wäre im Einzelfall ergänzend zu untersuchen.[9]

Grundsätzlich lässt sich der Katalog an Kriterien zur Klassifizierung von Produktionssystemen zusätzlich um formale entscheidungstheoretische Aspekte ergänzen, wie sie im Abschnitt 1.1.2 (vgl. S. 12) für anwendungsunabhängige Entscheidungsprobleme vorgestellt werden. Auf die Wiederholung dieser Charakteristika und deren produktionstheoretische Bedeutung – wie etwa die Möglichkeit der Formulierung dynamischer Input-Output-Modelle[10] – wird an dieser Stelle verzichtet. Unter den genannten entscheidungstheoretischen Kriterien basieren die folgenden Analysen von Produktionssystemen auf statischen vektoriellen Entscheidungsmodellen, in denen ein Entscheidungsträger, der Produzent, bei vollkommenen Informationen die Menge der realisierbaren Produktionsmöglichkeiten beschreibt. Bei einer Aktivitätsanalyse steht somit am Anfang der Betrachtungen die Analyse der Alternativenmenge eines entsprechenden Entscheidungs- bzw. Produktionsmodells, das das verbal beschriebene Produktionssystem abbildet. Einen Produzenten interessieren insbesondere diejenigen Alternativen eines Produktionssystems, die im Hinblick auf die noch genauer zu beschreibenden Ziele effizient sind.

2.1.2 Produktionen in Technologien

Aus entscheidungstheoretischer Sicht ist bei einer Aktivitätsanalyse die Alternativenmenge der Ausgangspunkt für das noch zu konkretisierende Produktionsmodell. Die Alternativenmenge dieses Entscheidungsmodells enthält alle realisierbaren Input-Output-Kombinationen. Unterschiedliche Restriktionen können diese Menge der zulässigen Alternativen beschränken. Neben technologischen Bedingungen, die das Verfahren eines Produktionssystems betreffen und aus denen hervorgeht, welche Arten und Quantitäten an Input zur Herstellung eines bestimmten Outputs

[9] Zur Differenzierung des Inputs in der Aktivitätsanalyse vgl. u.a. KAMPKÖTTER 1981, S. 96ff.

[10] Vgl. u.a. SCHWEITZER/KÜPPER 1997, S. 192ff.

notwendig sind, können ebenso beschränkte Ressourcen diese Alternativenmenge eingrenzen. Eine so umschriebene Alternativenmenge eines Produktionsmodells heißt Technologiemenge bzw. kurz Technologie und deren Elemente Produktionspunkte bzw. kurz Produktionen oder Aktivitäten. Formal lassen sich die Komponenten dieser Alternativenmenge wie folgt zusammenfassen.

Für ein oben beschriebenes M-Faktor–N-Produkt–Produktionssystem erfasst die Quantitäten an Input der Vektor

$$\boldsymbol{r} := \begin{pmatrix} r_1 \\ \vdots \\ r_M \end{pmatrix} \in \mathbb{R}_+^M$$

und an Output der Vektor

$$\boldsymbol{x} := \begin{pmatrix} x_1 \\ \vdots \\ x_N \end{pmatrix} \in \mathbb{R}_+^N.$$

Gemessen werden die ausschließlich nichtnegativen Quantitäten eines n-ten Inputs in Faktoreinheiten (FE_n, $n \in \mathsf{N}$), die im Einzelfall Maßeinheiten wie Kilogramm, Liter oder Angaben zur Stückzahl eines Faktors beinhalten können. Analog dienen Produkteinheiten (PE_m, $m \in \mathsf{M}$) als Maßstab für eine m-te resultierende nichtnegative Quantität an Output. Die Kombination aus Input- und Outputquantität beschreibt eine mögliche Produktion

$$\boldsymbol{y} := \begin{pmatrix} -\boldsymbol{r} \\ +\boldsymbol{x} \end{pmatrix} \in -\mathbb{R}_+^M \times \mathbb{R}_+^N =: \mathbb{R}_{-+}^{M+N}.$$

Input und Output lassen sich bei dieser Schreibweise am Vorzeichen unterscheiden.[11] Der Vektor einer Produktion $\boldsymbol{y}$ beinhaltet ausschließlich die ökonomisch relevanten Input- und Outputvariablen und keine eventuell zur Steuerung notwendigen Hilfsvariablen. Die Menge aller zulässigen Produktionen enthält die abgeschlossene Menge TM, die so genannte Technologiemenge bzw. Technologie:

$$TM := \left\{ \boldsymbol{y} \in \mathbb{R}_{-+}^{M+N} \middle| \ \boldsymbol{y} \text{ ist realisierbar} \right\}. \tag{2.1}$$

[11] Bei umweltorientierten Produktionssystemen dient das Vorzeichen zur Abgrenzung von erwünschten und nicht erwünschten Gütern, vgl. u.a. DINKELBACH/ROSENBERG 2002, S. 23ff.

Eine so definierte Technologiemenge ist das zentrale Element einer Aktivitätsanalyse. Die Menge der realisierbaren Produktionen bzw. Aktivitäten kann bei Technologien mit einer endlichen Anzahl Alternativen explizit durch eine Auflistung aller zulässigen Elemente erfolgen. Typischerweise erfolgt die Beschreibung aller realisierbaren Produktionen implizit durch Nebenbedingungen. Auch funktionale oder mengenwertige Abhängigkeiten zwischen In- und Output lassen sich in einer Technologiemenge erfassen. Insofern sind die oben erwähnten Produktionsfunktionen oder Produktionskorrespondenzen als Spezialfälle in eine Aktivitätsanalyse integrierbar.

In der produktionstheoretischen Literatur finden sich oftmals Anforderungen an eine Technologie, von denen eine in (2.1) beschriebene Technologie TM einige bereits definitionsgemäß erfüllt.[12] Bei einer Technologie mit ausschließlich irreversiblen Produktionen muss die Schnittmenge aus der Menge aller zulässigen Produktionen TM und der Menge aller „negativen" Produktionen ($-TM := \{-\boldsymbol{y} | \boldsymbol{y} \in TM)$ leer sein oder nur den Ursprung beinhalten ($TM \cap -TM \subseteq \{\mathbf{o}\}$). Dieser aus dem zweiten Hauptsatz der Thermodynamik (Entropiegesetz) ableitbaren Forderung kommen alle Produktionen aus TM nach, denn eine Umkehrung und Aufhebung von Produktionen ist aufgrund der nichtnegativen Komponenten eines Inputvektors $\boldsymbol{r}$ bzw. Outputvektors $\boldsymbol{x}$ ausgeschlossen. Die hier gewählte Darstellungsform von Produktionen konzentriert die Betrachtungen auf zwei Komponenten eines Produktionssystems, auf den einerseits eingehenden Input und auf den andererseits resultierenden Output. Zwischenprodukte, deren Vorzeichen wechseln können, erfordern bei der hier vorgestellten aktivitätstheoretischen Betrachtung eine Aufspaltung in zwei vorzeichenbeschränkte Variablen, ein aus dem Operations Research bekanntes Vorgehen.

Die Möglichkeit der Erzeugung von Output ($\boldsymbol{x} \geq \mathbf{o}$) ohne Einsatz von Input ($\boldsymbol{r} = \mathbf{o}$), d.h. eine „Existenz des Schlaraffenlandes", sollte ebenfalls keine zulässige Alternative in einer Technologie darstellen. Da Produktionen mit diesen Eigenschaften gewöhnlich nicht realisierbar sind, kommt eine Technologie dieser Forderung implizit nach. Andere Annahmen, wie etwa die Zulässigkeit des Nullpunktes in jeder Technologie, erweisen sich

[12] Vgl. u.a. DEBREU 1959, S. 37ff; WITTMANN 1968, S. 5ff; DYCKHOFF 1994, S. 73ff; DINKELBACH/ROSENBERG 2002, S. 37ff.

für betriebswirtschaftliche Anwendungen als ungeeignet und bleiben daher für die folgenden Untersuchungen als generelle Anforderungen an eine Technologie TM unberücksichtigt. Es gibt jedoch spezielle Technologien, die dieser Forderung genügen können. Hierzu zählen z.B. die einzuführenden linearen Technologien.

2.1.2.1 Lineare Technologien

KOOPMANS (1951), auf den ebenfalls wesentliche Grundlagen der Aktivitätsanalyse zurückgehen, konzentrierte seine Betrachtungen auf Technologien, die von einem konvexen Kegel ausgehen (Kegeltechnologien). Ausgangspunkt der Überlegungen ist bei dieser Betrachtungsweise ein Produktionsprozess (kurz Prozess). Ein Prozess ist eine Teilmenge einer Technologie mit bestimmten Eigenschaften. Ein linearer Prozess Y_L hat die Eigenschaft, dass ausgehend von einer bestimmten Produktion alle nichtnegativen Vielfachen dieser Produktion ebenfalls Element des linearen Prozesses sind (Größenproportionalität). Für einen linearen Prozess Y_L gilt ausgehend von einer Produktion $\boldsymbol{y} \in \mathbb{R}^{M+N}_{-+}$:

$$\boldsymbol{y} \in Y_L \implies \lambda\, \boldsymbol{y} \in Y_L \quad (\forall\, \lambda \in \mathbb{R}_+). \tag{2.2}$$

Der Skalar λ wird auch als Skalen- bzw. Aktivitätsniveau oder Skalar- bzw. Linearfaktor bezeichnet.

Da bei einem Produktionssystem meist mehrere Produktionsprozesse zur Auswahl stehen, bietet sich bei der Herstellung von Produkten der Einsatz kombinierter Prozesse an. Die Summe zweier Produktionen (Vektoraddition), die zu unterschiedlichen Prozessen korrespondieren können, sollte gleichfalls zur Technologiemenge gehören. Die in diesem Fall unterstellte Additivität hat in Verbindung mit linearen Prozessen in einer Kegeltechnologie die Zulässigkeit aller Konvexkombinationen von Produktionen zur Folge.[13] Eine Kegeltechnologie oder auch als lineare Technologie TM_L bezeichnete Menge zulässiger Produktionen erfüllt die für konvexe Kegel bekannte Eigenschaft,[14] dass für beliebige

$$\boldsymbol{y}_1, \boldsymbol{y}_2 \in TM_L \implies \lambda_1\, \boldsymbol{y}_1 + \lambda_2\, \boldsymbol{y}_2 \in TM_L \quad (\forall\, \lambda_1, \lambda_2 \in \mathbb{R}_+). \tag{2.3}$$

[13] Vgl. u.a. KISTNER 1993a, S. 54ff.

[14] Vgl. u.a. SCHRIJVER 1986, S. 7.

Diese Darstellung einer linearen Technologie leitet sich aus der formalen Definition eines konvexen Kegels mit einem Scheitel im Ursprung ab. Ausgangspunkt der Beschreibung einer linearen Technologie sind gewöhnlich die den Kegel erzeugenden I Produktionen $\boldsymbol{y}_i$ der jeweiligen linearen Prozesse ($i \in \mathsf{I} = \{1, \ldots, I\}$):[15]

$$TM_L := \left\{ \boldsymbol{y} \in \mathbb{R}^{M+N}_{-+} \,\middle|\, \boldsymbol{y} = \sum_{i=1}^{I} \lambda_i \cdot \boldsymbol{y}_i;\ \boldsymbol{\lambda} \in \mathbb{R}^I_+ \right\}.$$

Ein Produzent kann unter diesen Annahmen bei der Herstellung von Produkten Prozesse kombinieren und damit Faktoren substituieren, soweit dies die linearen Prozesse erlauben. Bei folgender angedeuteten linearen Mehrfaktor–Zweiprodukt–Technologie

$$TM_L = \left\{ \begin{pmatrix} -\boldsymbol{r} \\ +x_1 \\ +x_2 \end{pmatrix} \in \mathbb{R}^{M+2}_{-+} \,\middle|\, \begin{array}{l} \boldsymbol{y} = \lambda_1 \begin{pmatrix} \vdots \\ 2 \\ 0 \end{pmatrix} + \lambda_2 \begin{pmatrix} \vdots \\ 1 \\ 0 \end{pmatrix} + \lambda_3 \begin{pmatrix} \vdots \\ 0 \\ 3 \end{pmatrix} \\ \lambda_1, \lambda_2, \lambda_3 \geqq 0 \end{array} \right\}$$

kann die Erzeugung des ersten Produktes aus Kombinationen der ersten beiden Prozesse erfolgen, die Erzeugung des zweiten Produktes dagegen einzig mit dem dritten Prozess. Für dieses Produkt besteht unter diesen Annahmen keine Gelegenheit, Faktoren zu substituieren.[16] Da es sich bei den beiden Produkten um keine Kuppelprodukte handelt – diese würden ein positives Vorzeichen für beide Produktquantitäten in einem Vektor erfordern –, ist zu überlegen, ob die Herstellung des zweiten Produktes unabhängig vom ersten Produkt analysierbar ist? Bei einem derartigen Vorgehen würde jedoch vernachlässigt, dass die beiden Produkte gleiche Faktoren beanspruchen – so sei hier unterstellt – und damit um knappe Ressourcen konkurrieren. Besonders deutlich wird dieser Aspekt unter Einbeziehung von Kapazitätsgrenzen für beschränkt verfügbare Faktoren.

Eine für Inputquantitäten durch obere Grenzen $\overline{\overline{\boldsymbol{r}}} = (\overline{\overline{r}}_1, \ldots, \overline{\overline{r}}_M)^\mathsf{T}$ und für Outputquantitäten durch untere Grenzen $\underline{\boldsymbol{x}} = (\underline{x}_1, \ldots, \underline{x}_N)^\mathsf{T}$ ergänz-

[15] Vgl. u.a. KOOPMANS 1951, S. 37 u. 43ff..

[16] D.h., eine Kombination aus Y_{L1} und Y_{L2} zur Herstellung einer bestimmten Quantität von x_1 bei gegebenen x_2 ist input-substitutional, vgl. u.a. KAMPKÖTTER 1981, S. 250.

te Technologie heißt in Anlehnung an die von LEONTIEF eingeführten Produktionsfunktionen LEONTIEF-Technologie:[17]

$$TM_{LT} := \left\{ \boldsymbol{y} \in \mathbb{R}^{M+N}_{-+} \;\middle|\; \begin{array}{l} \boldsymbol{r} = \sum_{i=1}^{I} \lambda_i \cdot \boldsymbol{r}_i \leqq \overline{\overline{\boldsymbol{r}}} \\ \boldsymbol{x} = \sum_{i=1}^{I} \lambda_i \cdot \boldsymbol{x}_i \geqq \overline{\boldsymbol{x}} \\ \boldsymbol{\lambda} \in \mathbb{R}^{I}_{+} \end{array} \right\}.$$

Eine auf diese Weise beschriebene Technologiemenge verliert die typischen Eigenschaften eines Kegels, denn die einzelnen linearen Prozesse und deren Kombinationen erfahren Beschränkungen. Graphisch verbleibt eine Teilmenge eines Kegels, dessen Scheitel möglicherweise „gestutzt“ und dessen Zulässigkeitsraum nicht mehr zwangsläufig unbeschränkt ist. Diese Restriktionen beinhalten aus ökonomischer Sicht eine Integration betriebswirtschaftlicher notwendiger Rahmenbedingungen in eine lineare Technologie.

2.1.2.2 Diskrete Technologien

Neben der in linearen Technologien unterstellten unbegrenzten Verfügbarkeit von Faktoren bzw. Verwendbarkeit von Produkten erweist sich bei betriebswirtschaftlichen Anwendungen oftmals die unterstellte beliebige Teilbarkeit der Güter als ungeeignet.[18] Bei einer Produktion von Stückgütern kann es durchaus unterschiedliche Prozesse geben, mit denen sich Produkte herstellen lassen. Allerdings resultiert aus einer beliebigen Konvexkombination zweier Prozesse nicht unbedingt eine ganzzahlige Quantität von Produkten. Das Tischbein eines Naturholztisches lässt sich u.U. aus unterschiedlichen Hölzern herstellen, aber zwei halbe Tischbeine aus zwei Hölzern sind kaum mit einem ganzen Tischbein aus einem Holz gleichwertig. Unter diesem Gesichtspunkt erfordert die Herstellung von bestimmten Produkten eine Beachtung der Ganzzahligkeit bei den Prozessen und deren Kombinationen. Diskrete Prozesse Y_D zeichnen sich im Unterschied zu linearen Prozessen Y_L durch ein diskretes

[17] Zur LEONTIEF-Produktionsfunktion vgl. u.a. KISTNER 1993b, Sp. 3416f; FANDEL 1996, S. 90ff und zur LEONTIEF-Technologie vgl. u.a. WITTMANN 1968, S. 115ff; DINKELBACH/ROSENBERG 2002, S. 105ff.

[18] Vgl. u.a. FRANK 1969, S. 32ff.

Aktivitätsniveau λ aus, d.h. ausgehend von einer Produktion $\boldsymbol{y} \in \mathbb{R}_{-+}^{M+N}$ gilt:[19]

$$\boldsymbol{y} \in Y_D \implies \lambda \boldsymbol{y} \in Y_D \quad (\forall \lambda \in \mathbb{N}_0). \tag{2.4}$$

Aus einer additiven Verknüpfung diskreter Prozesse ergibt sich eine diskrete Technologie TM_D bzw. ein diskreter Kegel mit der Eigenschaft,[20] dass für beliebige

$$\boldsymbol{y}_1, \boldsymbol{y}_2 \in TM_D \implies \lambda_1 \boldsymbol{y}_1 + \lambda_2 \cdot \boldsymbol{y}_2 \in TM_D \quad (\forall \lambda_1, \lambda_2 \in \mathbb{N}_0). \tag{2.5}$$

Die Generierung einer diskreten Technologie TM_D kann analog zu einer linearen Technologie TM_L durch einige ausgewählte Produktionen $\boldsymbol{y}_i \in \mathbb{R}_{-+}^{M+N}$ erfolgen:[21]

$$TM_D := \left\{ \boldsymbol{y} \in \mathbb{R}_{-+}^{M+N} \;\middle|\; \boldsymbol{y} = \sum_{i=1}^{I} \lambda_i \cdot \boldsymbol{y}_i;\; \boldsymbol{\lambda} \in \mathbb{N}_0^I \right\}.$$

Die Einbeziehung von beschaffungsbedingten Obergrenzen für Inputquantitäten und von absatzbedingten Untergrenzen für Outputquantitäten ermöglicht unter diesen Annahmen die Formulierung einer entsprechend diskreten LEONTIEF-Technologie.

In einigen Fällen kann die in einer diskreten Technologie unterstellte Möglichkeit der Variation einzelner Produktionspunkte im Sinne diskreter Prozesse und deren Additivität nicht gegeben sein. Eine so genannte endliche Technologie sei eine Technologiemenge, die keine Veränderung der Aktivitätsniveaus erlaubt, so dass die Summe über alle Skalare λ_i gleich eins ist:

$$\begin{aligned} TM_E &:= \left\{ \boldsymbol{y} \in \mathbb{R}_{-+}^{M+N} \;\middle|\; \boldsymbol{y} = \sum_{i=1}^{I} \lambda_i \cdot \boldsymbol{y}_i;\; \sum_{i=1}^{I} \lambda_i = 1;\; \boldsymbol{\lambda} \in \mathbb{N}_0^I \right\} \\ &= \left\{ \boldsymbol{y}_1, \ldots, \boldsymbol{y}_i, \ldots, \boldsymbol{y}_I \right\}. \end{aligned}$$

Die Produktionen dieser endlichen Technologie lassen sich explizit in einer Tabelle auflisten, eine vom Grundmodell der Entscheidungstheorie bekannte Darstellungsform von Alternativen. Eine endliche Technologie könnte daher als Bestandteil eines „Grundmodells der Produktionstheorie“ angesehen werden.

---

[19] Speziell kann ein diskreter Prozess auch von einer ganzzahligen Produktion $\boldsymbol{y} \in -\mathbb{N}_0^M \times \mathbb{N}_0^N$ ausgehen.

[20] Zur Definition diskreter Kegel vgl. DINKELBACH/KLEINE 2001, S. 77.

[21] Vgl. u.a. DYCKHOFF 2000, S. 81ff; DINKELBACH/ROSENBERG 2002, S. 109.

2.1.2.3 Nichtkonvexe Technologien

Im Unterschied zu den zuvor betrachten speziellen nichtkonvexen Technologien, den diskreten Technologien, basiert die folgende Technologie auf linearen Prozessen, die jedoch nicht beliebig kombinierbar sind. Diese Technologien erweisen sich insbesondere auch für die im Kapitel 3 zu analysierenden Technologien der Data Envelopment Analysis von Bedeutung.

Angenommen, bei den Prozessen handele es sich um unterschiedliche Verfahren zur Herstellung von Produkten und alle Prozesse stehen nicht simultan zur Verfügung, weil diese etwa nur mit bestimmten Aggregaten in Verbindung stehen.[22] Ein Produzent von N Produkten muss sich für eine von J Technologien entscheiden. Unter der Annahme von Leontief-Technologien hat ein Produzent die Aufgabe herauszufinden, mit welcher der J Leontief-Technologien die Erzeugung der N Produkte unter Einsatz von M Faktoren erfolgen soll. Die Menge der zulässigen Produktionen entspricht unter diesen Voraussetzungen der Vereinigung von J Leontief-Technologien. Jede Teilmenge dieser Technologie wird durch nichtnegative Linearkombinationen von I_j Produktionen mit Inputquantitäten $\boldsymbol{r}_{i_j}$ und Outputquantitäten $\boldsymbol{x}_{i_j}$ charakterisiert ($j = 1, \ldots, J$). Konvexkombinationen zwischen diesen J Leontief-Technologien sind nicht möglich, da eine simultane Verwendung annahmegemäß ausgeschlossen ist, so dass eine entsprechende Technologie nicht zwangsläufig eine konvexe Menge darstellt.

Die folgende Formulierung dieser Technologie greift auf die aus der gemischt ganzzahligen linearen Programmierung bekannte „Big M-Methode“ zurück.[23] Hierzu ist zusätzlich die Definition von Binärvariablen erforderlich:

$$\delta_j := \begin{cases} 1, & \text{falls } j\text{-te Technologie zum Einsatz kommt} \\ 0, & \text{sonst.} \end{cases}$$

Eine resultierende nichtkonvexe Leontief-Technologie TM_{NLT} lässt sich unter Berücksichtigung dieser Binärvariablen sowie einheitlicher oberer bzw. unterer Schranken $\overline{\overline{\boldsymbol{r}}}$ bzw. $\overline{\boldsymbol{x}}$ formal darstellen als:

[22] Zu einer Technologie mit z.B. „*Teilprozessen*“ vgl. ergänzend Dinkelbach/Steffens 1961, S. 8f.

[23] Vgl. u.a. Dantzig 1960; Williams 1977; Dinkelbach/Kleine 1996, S. 9ff.

$$TM_{NLT} := \left\{ \boldsymbol{y} \in \mathbb{R}_{-+}^{M+N} \;\middle|\; \begin{array}{l} \boldsymbol{r} = \sum\limits_{j=1}^{J} \sum\limits_{i=1}^{I_j} \lambda_{i_j} \cdot \boldsymbol{r}_{i_j} \leqq \overline{\overline{\boldsymbol{r}}} \\ \boldsymbol{x} = \sum\limits_{j=1}^{J} \sum\limits_{i=1}^{I_j} \lambda_{i_j} \cdot \boldsymbol{x}_{i_j} \geqq \overline{\boldsymbol{x}} \\ \sum\limits_{i=1}^{I_j} \lambda_{i_j} \leqq M \cdot \delta_j \quad (j = 1, \ldots, J) \\ \sum\limits_{j=1}^{J} \delta_j = 1 \\ \delta_1, \ldots, \delta_J \in \mathbb{B} \\ \lambda_{1_j}, \ldots, \lambda_{I_J} \in \mathbb{R}_+ \quad (j = 1, \ldots, J) \end{array} \right\}$$

mit einer hinreichend großen Zahl M.

Wenn eine Binärvariable δ_j den Wert eins annimmt, dann können die zur j-ten Technologie korrespondierenden Aktivitätsniveaus positive Werte annehmen, da deren Summe nur durch die hinreichend große Zahl M noch oben begrenzt wird; ist eine Binärvariable null, so müssen auch die entsprechenden Aktivitätsniveaus null sein. Durch die zusätzliche Beschränkung der Summe aller Binärvariablen auf den Wert 1 ist darüber hinaus sichergestellt, dass nur eine der J zur Auswahl stehenden LEONTIEF-Technologien zur Erzeugung von Produkten Verwendung findet.

Diverse Erweiterungen dieser nichtkonvexen Technologie sind möglich, von denen einige exemplarisch genannt seien:

- Können mehrere Technologien zum Einsatz kommen, so ist die Summe der Binärvariablen in TM_{NLT} entsprechend der Anzahl $j^{\square}$ der simultan einsetzbaren Technologien von 1 auf $j^{\square}$ zu erhöhen ($1 \leqq j^{\square} \leqq J$). Für die LEONTIEF-Technologie TM_{LT} gelten alle Nebenbedingungen bezüglich Input und Output simultan, d.h. $j^{\square} = J$.[24]

- Existieren zu jeder wahlweise zur Verfügung stehenden Technologie individuelle Beschränkungen für die Faktor- bzw. Outputquantitäten, dann sind die zugehörigen Restriktionen in TM_{NLT} in jeweils J Nebenbedingungen aufzuspalten.

- Für eine diskrete LEONTIEF-Technologie ist die Menge der zulässigen Linearfaktoren auf ausschließlich ganzzahlige Werte zu be-

[24] Vgl. auch Anmerkung in Fußnote 25, S. 151, zur Wahl des Parameters $\overline{\overline{\delta}}$ in TM_{GRS}.

grenzen (vgl. z.B. Technologie der Data Envelopment Analysis in Abschnitt 3.1.4.1, S. 147f).

Die unterschiedlichen vorgestellten Technologien lassen sich mit Hilfe eines numerischen Beispiels anschaulich illustrieren.

2.1.3 Technologien: Varianten eines Beispiels

Beispiel B3: Die folgenden Betrachtungen gehen von einem Zweifaktor-Einprodukt-Produktionssystem mit fünf Produktionen $\boldsymbol{y}_i$ *aus* ($i = 1, \ldots, 5$)*, die wegen ihrer Normierung auf genau eine Produkteinheit auch Basisproduktionen heißen*

$$\boldsymbol{y}_i = \begin{pmatrix} -r_{1i} \\ -r_{2i} \\ +1 \end{pmatrix} \text{ mit: } \quad \boldsymbol{y}_1 = \begin{pmatrix} -3 \\ -13 \\ +1 \end{pmatrix}, \quad \boldsymbol{y}_2 = \begin{pmatrix} -4 \\ -10 \\ +1 \end{pmatrix},$$

$$\boldsymbol{y}_3 = \begin{pmatrix} -7 \\ -8 \\ +1 \end{pmatrix}, \quad \boldsymbol{y}_4 = \begin{pmatrix} -9 \\ -9 \\ +1 \end{pmatrix}, \quad \boldsymbol{y}_5 = \begin{pmatrix} -13 \\ -5 \\ +1 \end{pmatrix}.$$

Die aus diesen Basisproduktionen resultierenden fünf linearen Basisprozesse $Y_{L1}, \ldots, Y_{L5}$ *sowie deren Konvexkombinationen, die eine lineare Technologie* TM_L *bilden, stellt Abbildung 2.2 in einem* (r_1, r_2)*-Diagramm dar. Diese Technologie erfüllt die typische Eigenschaft eines Kegels, d.h. jede nichtnegative Linearkombination von einem zulässigen Punkt einer Technologie gehört ebenfalls zur Technologie (vgl. (2.2), S. 72). Da zudem alle Konvexkombinationen von zulässigen Produktionen Elemente der Technologie* TM_L *sind, handelt es sich um einen konvexen Kegel (vgl. (2.3), S. 72). Die Konturen dieses Kegels deuten die Produktisoquanten für* $x_1 = 1$ *PE und* $x_1 = 2$ *PE an. Alle fünf Basisproduktionen sind zur Darstellung des Kegels erforderlich, d.h. zur Erzeugung des Kegels im* $\mathbb{R}^3$ *ist keine Basisproduktion verzichtbar.*

Durch die Einführung von Obergrenzen für die beiden Produktionsfaktoren mit $\overline{\overline{r}}_1 = 34$ *bzw.* $\overline{\overline{r}}_2 = 29$ *Faktoreinheiten (*FE_1 *bzw.* FE_2*) sowie einer Mindestproduktionsmenge von* $\overline{x}_1 = 1$ *Produkteinheit wird die lineare Technologie zusätzlich beschränkt und repräsentiert keinen konvexen*

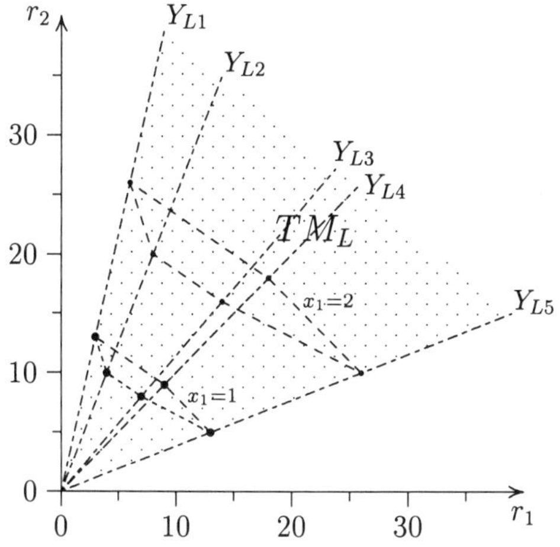

Abbildung 2.2: Lineare Technologie im $\mathbb{R}^2_+$

Kegel mehr. Diese zu den fünf Prozessen korrespondierende LEONTIEF-*Technologie*

$$TM_{LT} = \left\{ \begin{pmatrix} -r_1 \\ -r_2 \\ +x_1 \end{pmatrix} \in \mathbb{R}^{2+1}_{-\,+} \;\middle|\; \begin{array}{l} r_1 = 3\lambda_1 + 4\lambda_2 + 7\lambda_3 + 9\lambda_4 + 13\lambda_5 \\ r_2 = 13\lambda_1 + 10\lambda_2 + 8\lambda_3 + 9\lambda_4 + 5\lambda_5 \\ x_1 = \lambda_1 + \lambda_2 + \lambda_3 + \lambda_4 + \lambda_5 \\ r_1 \leqq 34;\; r_2 \leqq 29;\; x_1 \geqq 1 \\ \lambda_1, \ldots, \lambda_5 \geqq 0 \end{array} \right\}$$

veranschaulicht Abbildung 2.3. Die beiden beschränkt verfügbaren Faktoren erlauben in diesem Beispiel keine Erzeugung beliebig hoher Produktquantitäten; die Technologie ist keine unbeschränkte Menge, aber nach wie vor konvex. Die Produktion ist durch diese Restriktionen auf maximal 4 PE begrenzt, von denen ($\lambda_3 =$) 3 PE mit dem dritten Prozess Y_{L3} und ($\lambda_5 =$) 1 PE mit dem fünften Prozess Y_{L5} herstellbar sind. Höhere Produktquantitäten lassen sich mit dieser LEONTIEF-*Technologie nicht produzieren.*

Bei einem nicht beliebig teilbaren Produkt führen die fünf Basisproduktionen zu diskreten Prozessen, die unter Berücksichtigung der Obergrenzen für die Faktoren und der Untergrenze für das Produkt eine diskrete LEONTIEF-*Technologie beschreiben. Die Punkte in der Abbildung 2.4*

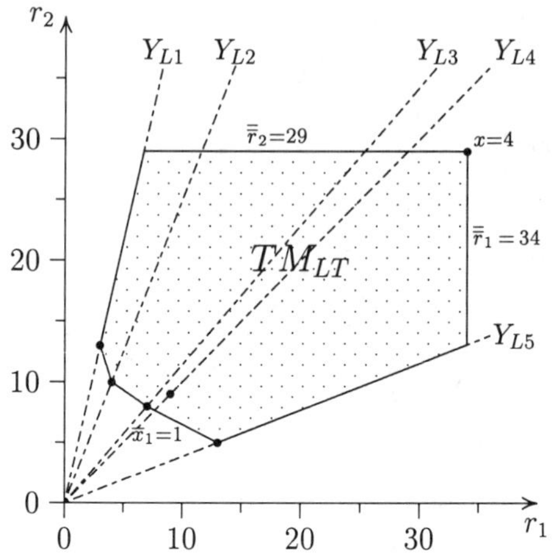

Abbildung 2.3: LEONTIEF-Technologie

zeigen alle zulässigen Produktionen dieser Technologie TM_{DLT}, die eine Herstellung von 1,2,3 oder 4 PE erlauben. Neben Produktionen, die ganzzahlige Vielfache der Basisproduktionen und damit Elemente der diskreten Prozesse Y_{D1} bis Y_{D5} sind, ergeben sich weitere zulässige Produktionen aus deren Kombinationen, wie etwa die maximale Produktquantität von 4 PE. Formal unterscheidet sich die diskrete LEONTIEF-Technologie TM_{DLT} lediglich durch die Menge der zulässigen Linearfaktoren:

$$TM_{DLT} = \left\{ \begin{pmatrix} -r_1 \\ -r_2 \\ +x_1 \end{pmatrix} \in \mathbb{R}^{2+1}_{-+} \;\middle|\; \begin{array}{l} r_1 = \sum_{i=1}^{5} \lambda_i \cdot r_{1i} \leqq 34 \\ r_2 = \sum_{i=1}^{5} \lambda_i \cdot r_{2i} \leqq 29 \\ x_1 = \sum_{i=1}^{5} \lambda_i \cdot 1 \geqq 1 \\ \lambda_1, \ldots, \lambda_5 \in \mathbb{N}_0 \end{array} \right\}.$$

Die Abbildung 2.4 zeigt, dass die diskrete Technologie TM_{DLT} einer Teilmenge der linearen Technologie TM_{LT} gleichkommt, jedoch die LEONTIEF-Technologie TM_{LT} nicht mit der konvexen Hülle von TM_{DLT} übereinstimmt. So ist etwa eine Herstellung von (29/13=) 2,23 PE mit dem ersten linearen Prozess Y_{L1} möglich, allerdings existiert keine Konvexkombination von zulässigen Produktionen aus der diskreten Technologie TM_{DLT}, die diese Produktion erreicht. Da alle Produktionen aus der kon-

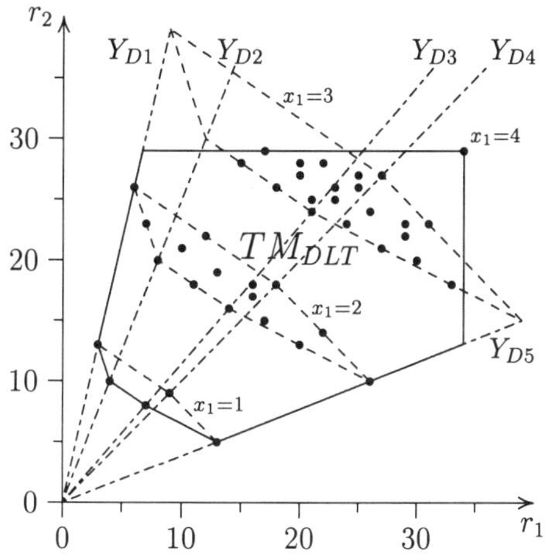

Abbildung 2.4: Diskrete LEONTIEF-*Technologie*

vexen Hülle von $\mathcal{H}(TM_{DLT})$ *zur Technologie* TM_{LT} *gehören, aber nicht umgekehrt, gilt:*

$$TM_E \subseteq TM_{DLT} \subseteq \mathcal{H}(TM_{DLT}) \subseteq TM_{LT} \subseteq TM_L,$$

wobei TM_E *die endliche Technologie* TM_E *mit den fünf Basisproduktionen widerspiegelt:*

$$TM_E = \left\{ \boldsymbol{y}_1, \boldsymbol{y}_2, \boldsymbol{y}_3, \boldsymbol{y}_4, \boldsymbol{y}_5 \right\}.$$

Muss sich der Produzent für eines von zwei Aggregaten entscheiden, wobei mit dem ersten Aggregat die drei linearen Prozesse Y_{L1}, Y_{L2} *und* Y_{L3} *sowie mit dem zweiten die beiden Prozesse* Y_{L4} *bzw.* Y_{L5} *und deren jeweilige Kombinationen realisierbar sind, so handelt es sich um eine nichtkonvexe Technologie. Der Produzent kann also entweder das erste oder zweite Aggregat einsetzen, aber aus betriebsbedingten Gründen nicht beide gleichzeitig. Unter Verwendung der bisherigen Daten für eine* LEONTIEF-*Technologie auf der Basis linearer Prozesse lautet die durch diese zusätzliche Anforderung verbal beschriebene Technologie formal:*

$$TM_{NLT} = \left\{ \begin{pmatrix} -r_1 \\ -r_2 \\ +x_1 \end{pmatrix} \in \mathbb{R}^{2+1}_{-+} \;\middle|\; \begin{array}{rcl} r_1 = \sum_{i=1}^{5} \lambda_i \cdot r_{1i} & \leqq & 34 \\ r_2 = \sum_{i=1}^{5} \lambda_i \cdot r_{2i} & \leqq & 29 \\ x_1 = \sum_{i=1}^{5} \lambda_i \cdot 1 & \geqq & 1 \\ \lambda_1 + \lambda_2 + \lambda_3 - 4\delta & \leqq & 0 \\ \lambda_4 + \lambda_5 + 4\delta & \leqq & 4 \\ \delta \in \mathbb{B};\ \lambda_1, \ldots, \lambda_5 & \geqq & 0 \end{array} \right\}.$$

Abbildung 2.5 zeigt diese nichtkonvexe Technologie wiederum in einem (r_1, r_2)*-Diagramm. Die Menge* TM_{NLT} *setzt sich aus der Vereinigung der beiden Technologien* TM_{LT1} *und* TM_{LT2} *zusammen. Die Binärvariable* δ

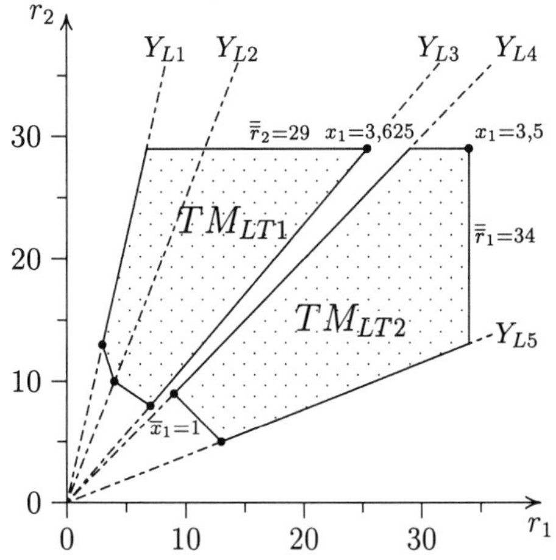

Abbildung 2.5: Nichtkonvexe LEONTIEF*-Technologie*

steuert, welches der beiden Aggregate und damit welche Technologie für den Produzenten relevant ist: für $\delta = 1$ *die Technologie* TM_{LT1} *und für* $\delta = 0$ *die Technologie* TM_{LT2}*. Im diesem Beispiel wurden die nach der allgemeinen Formulierung von* TM_{NLT} *(vgl. S. 77) notwendigen zwei Binärvariablen* δ_1 *und* δ_2 *durch eine einzige Binärvariable* δ *(*$= \delta_1$ *und* $\delta_2 := 1 - \delta$*) ersetzt, und für das „Big M" die maximale Produktquantität von 4 PE gewählt.*

Die resultierende Menge aller zulässigen Produktionen TM_{NLT} *ist in diesem Fall eine nichtkonvexe Technologie und keine zusammenhängende*

Menge. Damit reduziert sich die maximal herstellbare Produktquantität von 4 PE auf 3,625 PE. Diese Quantität ist durch den Einsatz einzig und allein des dritten linearen Prozesses produzierbar ($\lambda_3 = 3,625$); eine Kombination aus dem vierten und dem fünften linearen Prozess ermöglicht die Produktion von maximal 3,5 PE ($\lambda_4 = 2,875$, $\lambda_5 = 0,625$). Die konvexe Hülle dieser Technologie ist in diesem Fall mit der Technologie TM_{LT} identisch, d.h.:

$$\mathcal{H}(TM_{NLT}) = TM_{LT}.$$

Eine diskrete Variante dieser Technologie ist ebenfalls möglich, sie würde wieder eine Beschränkung der Linearfaktoren λ_1 bis λ_5 auf ganzzahlige nichtnegative Werte erforderlich machen.

Die Auswirkungen unterschiedlicher Annahmen in einer nichtkonvexen Technologie TM_{NLT} veranschaulicht Abbildung 2.6 ergänzend. Im linken Teil dieser Abbildung muss sich der Produzent für eine der fünf linearen Prozesse Y_{L1} bis Y_{L5} entscheiden, weil Kombinationen zwischen den Prozessen unzulässig sind. Folglich können zulässige Produktionen ausschließlich auf den linearen Prozessen selbst liegen. Unter Berücksichtigung der bekannten Faktor- bzw. Produktbeschränkungen aus der LEONTIEF-*Technologie erweisen sich nur die durchgezogenen Strecken der fünf linearen Technologien als zulässig.*

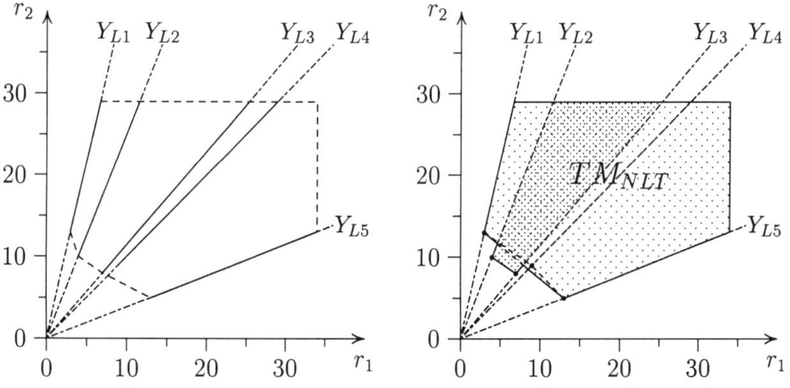

Abbildung 2.6: *Varianten einer nichtkonvexen* LEONTIEF-*Technologie*

Im Gegensatz dazu geht der rechte Teil der Abbildung von der Annahme aus, dass entweder nichtnegative Linearkombinationen aus den Prozes-

sen Y_{L1}, Y_{L4} und Y_{L5} (punktierte Fläche) oder aus den Prozessen Y_{L2} und Y_{L3} (dicht punktierte Fläche) zu zulässigen Produktionen einer nichtkonvexen LEONTIEF-*Technologie führen. Es gibt wie in Abbildung 2.5 zwei Technologien, von denen der Produzent eine realisieren kann. In einem (r_1, r_2)-Diagramm macht sich der Unterschied zu der in Abbildung 2.3 betrachteten* LEONTIEF-*Technologie insbesondere an der mindestens herzustellenden Quantität von 1 PE deutlich, die sich bei den beiden Prozessen Y_{L2} und Y_{L3} sprunghaft verändert. Die maximale Produktquantität, die aus einer Konvexkombination der beiden Prozesse Y_{L1} und Y_{L5} resultiert, ist mit 3,649 PE etwas höher als die zuvor möglichen 3,625 PE mit Y_{L3} (vgl. Abb. 2.5), aber niedriger als die 4 PE in TM_{LT} (vgl. Abb 2.3, S. 80). Die beiden in Abbildung 2.6 dargestellten Beispiele dienten in diesem Abschnitt lediglich der Illustration weiterer nichtkonvexer Technologien. In den folgenden Analysen werden diese beiden Beispielvarianten nicht weiter verfolgt.*

Um einerseits die Varianten der unterschiedlichen Technologien zusammenzufassen und andererseits die Darstellung zu vereinfachen, bietet sich eine Charakterisierung von Technologien direkt über die Menge der zulässigen Linearfaktoren an:

$$TM_\iota = \left\{ \begin{pmatrix} -r_1 \\ -r_2 \\ +x_1 \end{pmatrix} \in \mathbb{R}^{2+1}_{-\,+} \;\middle|\; \begin{matrix} \vdots \\ \boldsymbol{\lambda} = (\lambda_1, \ldots, \lambda_5)^\mathsf{T} \in \Lambda_\iota \end{matrix} \right\}$$

für $\iota \in \{L, LT, E, DLT, NLT\}$

$$\begin{aligned}
\text{mit } \Lambda_L = \Lambda_{LT} &= \mathbb{R}^5_+, \; \Lambda_{DLT} = \mathbb{N}^5_0, \\
\Lambda_E &= \left\{ \boldsymbol{\lambda} \in \mathbb{B}^5 \;\middle|\; \sum_{i=1}^{5} \lambda_i = 1 \right\}, \\
\Lambda_{NLT} &= \left\{ \boldsymbol{\lambda} \in \mathbb{R}^5 \;\middle|\; \begin{matrix} \lambda_1 + \lambda_2 + \lambda_3 - 4\delta \leqq 0 \\ \lambda_4 + \lambda_5 + 4\delta \leqq 4 \\ \delta \in \mathbb{B}; \; \lambda_1, \ldots, \lambda_5 \geqq 0 \end{matrix} \right\}.
\end{aligned}$$

Diese komprimierte Schreibweise verdeutlicht, dass – abgesehen von der linearen Technologie TM_L – die Varianten dieses Beispiels sich nur in den Annahmen für die Linearfaktoren unterscheiden. Diese hier zunächst am Beispiel erläuterte Darstellungsform lässt sich auf alle vorgestellten

Technologien allgemein anwenden. Im Kapitel 3 zur Data Envelopment Analysis wird auf diese Art der Beschreibung von Technologien wieder zurückgegriffen.

Neben den bislang formulierten Technologien sind weitere Spezifikationen einer Technologiemenge TM mit insbesondere nichtlinearen Restriktionen bekannt. Bei einer COBB-DOUGLAS-Technologie finden etwa die für diese Produktionsfunktion bezeichnenden Parameter Berücksichtigung, bei einer GUTENBERG-Technologie mögliche zeitliche und intensitätsmäßige Anpassungsmöglichkeiten einer Maschine (Faktor eines Produktionssystems).[25]

Diese und andere Darstellungsformen von Technologien dienen der Beschreibung der Alternativenmenge eines Produktionsmodells. Die bisherigen Ausführungen haben sich noch nicht mit dem zweiten zentralen Bestandteil eines Entscheidungsmodells, den Zielen, beschäftigt, von deren Charakterisierung die Menge der effizienten Alternativen bzw. Produktionen abhängt. Dies steht daher am Anfang des folgenden Abschnitts. Das hier eingeführte *Beispiel B3* mit unterschiedlichen Technologien soll in den folgenden Betrachtungen die angesprochenen Zusammenhänge immer wieder ergänzend exemplarisch illustrieren.

2.2 Effizienz und vektorielle Produktionsmodelle

Aussagen über die Effizienz von Produktionen aus einer Technologie setzen die Kenntnis der produktionstheoretischen Ziele voraus. Diese Ziele können sich zum einen auf die in einem Produktionssystem einzusetzenden *Quantitäten* an Input bzw. auszubringenden *Quantitäten* an Output beziehen – gemessen in den jeweiligen Faktor- bzw. Produkteinheiten – oder zum anderen auf die *monetär* bewerteten Input- und Outputquantitäten – gemessen in Geldeinheiten. Während eine monetäre Betrachtungsweise auf einer Aggregation der mit Preisen bewerteten Faktoren und Produkte beruht, verzichtet eine auf den jeweiligen Quantitäten gestützte Analyse auf diese Zusammenfassung. Die monetäre Zielsetzung

[25] Vgl. u.a. DINKELBACH/ROSENBERG 2002, S. 641ff u. 165ff; SEELBACH/BRÜGGEMANN 2001.

ist Gegenstand einer erfolgsorientierten Produktionsplanung und folgt im Abschnitt 2.3.1.

2.2.1 Vektorielle Produktionsmodelle

Aus quantitativer Sicht steht jeder der einzusetzenden Faktoren und jedes der zu erzeugenden Produkte isoliert für ein zu minimierendes bzw. zu maximierendes Ziel. Die Zielsetzung eines Produzenten besteht – grob vereinfacht formuliert – in einer Vermeidung der Verschwendung von Ressourcen bei der Herstellung möglichst vieler Produkte. Die möglichen Kombinationen aus Input und Output begrenzt eine jeweils relevante Technologiemenge. Aus diesen Informationen resultiert ein Zielvektor mit M zu minimierenden und N zu maximierenden Zielfunktionen

$$\boldsymbol{z} = \begin{pmatrix} -z_1 \\ \vdots \\ -z_M \\ +z_{M+1} \\ \vdots \\ +z_{M+N} \end{pmatrix} = \begin{pmatrix} -r_1 \\ \vdots \\ -r_M \\ +x_1 \\ \vdots \\ +x_N \end{pmatrix} = \begin{pmatrix} -\boldsymbol{r} \\ +\boldsymbol{x} \end{pmatrix} = \boldsymbol{y},$$

der in Verbindung mit der Alternativenmenge TM ein vektorielles Produktionsmodell beschreibt:

$$\text{(VPM)} \quad max \left\{ \begin{pmatrix} -\boldsymbol{r} \\ +\boldsymbol{x} \end{pmatrix} \middle| \begin{pmatrix} -\boldsymbol{r} \\ +\boldsymbol{x} \end{pmatrix} \in TM \subseteq \mathbb{R}^{M+N}_{-+} \right\}.$$

Diese Darstellung eines vektoriellen Produktionsmodells macht unmittelbar deutlich, dass aus entscheidungstheoretischer Sicht bei einer quantitativen Analyse von Produktionen Alternativenmenge und Zielraum zusammenfallen ($Z = TM$), d.h. die jeweiligen Entscheidungsvariablen des Inputs bzw. Outputs repräsentieren jeweils ein Ziel. Zwischen den Elementen der Alternativenmenge, den Produktionen, und den Zielen besteht in diesem besonderen Fall eine eineindeutige Beziehung. Unter diesem Gesichtspunkt diente der vorangehende Abschnitt bereits der Veranschaulichung von Zielräumen, die der Beschreibung unterschiedlicher Produktionssysteme dienen. Da eine Technologie bereits als abgeschlossene Menge definiert wurde, erfüllt diese Eigenschaft ebenfalls der Zielraum von (VPM). Die vorgestellten LEONTIEF-Technologien in Abschnitt 2.1.2.1 sind bei gegebenen Grenzen der Faktor- und Produktquantitäten zudem beschränkt, so dass der Zielraum dieser vektoriellen Produktionsmodelle kompakt ist.

2.2.2 Effiziente Produktionen

Die folgende Definition effizienter Produktionen wendet die im vorangehenden ersten Kapitel ausführlich geschilderten Überlegungen an. In Anlehnung an die Definitionen 1.1 und 1.2 (vgl. S. 21f) zeichnet sich eine effiziente Alternative bezüglich (VEM), d.h. in diesem Anwendungsfall eine effiziente Produktion bezüglich dem (VPM) zugrunde liegenden Produktionssystem, dadurch aus, dass es keine Produktion aus der Technologiemenge gibt, die diese effiziente Produktion dominiert. Dominanz liegt dann vor, wenn in mindestens einer Komponente des Vektors einer Produktion eine Verbesserung im Sinne einer geringeren Inputquantität und/oder einer höheren Outputquantität möglich ist, ohne sich in den anderen Komponenten quantitativ zu verschlechtern.[26]

Definition 2.1
Eine ***Produktion*** $\boldsymbol{y}_{\mathit{eff}} \in TM$ *heißt* ***effizient*** *bezüglich (VPM), falls keine Produktion* $\boldsymbol{y}' \in TM$ *existiert mit:* $\boldsymbol{y}' \geq \boldsymbol{y}_{\mathit{eff}}$.

Für einen Produzenten ist die Menge aller effizienten Aktivitäten bzw. Produktionen von Interesse:

$$TM_{\mathit{eff}} := \left\{ \boldsymbol{y}_{\mathit{eff}} \in TM \;\middle|\; \text{Es existiert kein } \boldsymbol{y}' \in TM \text{ mit: } \boldsymbol{y}' \geq \boldsymbol{y}_{\mathit{eff}} \right\},$$
$$\text{wobei } TM_{\mathit{eff}} \subseteq TM \; (= Z).$$

Da KOOPMANS diese Effizienzüberlegungen auf eine spezielle Struktur von Entscheidungsmodellen anwendet, heißen diese effizienten Alternativen auch K-effiziente Produktionen im Unterschied zu den funktionaleffizienten Alternativen (vgl. Def. 1.2), deren Zielraum nicht mit der Alternativenmenge übereinstimmen muss.

[26] Vgl. u.a. KOOPMANS 1951, S. 60; GALE 1960, S. 307; SCHÖNFELD 1964, S. 20; WITTMANN 1968, S. 6; KISTNER 1993a, S. 4.

Die Charakterisierung von effizienten Produktionen lässt sich ebenfalls mittels eines Dominanzkegels anschaulich durchführen. Wegen des einerseits zu minimierenden Inputs und andererseits zu maximierenden Outputs fungieren die Inputquantitäten einer Produktion als obere Schranken und die Outputquantitäten als untere Schranken zur Beschreibung eines Dominanzkegels. Ausgehend von einer beliebigen Produktion $\boldsymbol{y}^{\square} \in TM$ lautet der zugehörige Dominanzkegel:

$$Z_{Dom}(\boldsymbol{y}^{\square}) = \left\{ \boldsymbol{y} \in \mathbb{R}^{M+N}_{-+} \;\middle|\; \begin{array}{lll} r_m \leqq r_m^{\square} & (m = 1, \ldots, M) \\ x_n \geqq x_n^{\square} & (n = 1, \ldots, N) \end{array} \right\}.$$

Unter Verwendung der in Abschnitt 1.2.3 eingeführten Darstellungen effizienter Alternativen auf der Basis von Dominanzkegeln fasst Tabelle 2.1 Eigenschaften einer effizienten Produktion zusammen (vgl. Tabelle 1.1, S. 32). Gemäß diesen Aussagen darf der Dominanzkegel einer effizienten

Für eine effiziente Produktion $\boldsymbol{y}_{eff} \in TM$ gilt gemäß:
(1.3) $\nexists \boldsymbol{y} \in TM: \;\; \boldsymbol{y} \in Z_{Dom}(\boldsymbol{y}_{eff}) \setminus \{\boldsymbol{y}_{eff}\}$
(1.4) $\boldsymbol{y} \in TM$ und $\boldsymbol{y} \in Z_{Dom}(\boldsymbol{y}_{eff}) \Longrightarrow \boldsymbol{y} = \boldsymbol{y}_{eff}$
(1.5) $\forall \boldsymbol{y} \in TM: \;\; \boldsymbol{y} \in \mathcal{C}Z_{Dom}(\boldsymbol{y}_{eff}) \cup \{\boldsymbol{y}_{eff}\}$
(1.7) $TM \cap Z_{Dom}(\boldsymbol{y}_{eff}) = \{\boldsymbol{y}_{eff}\}$

Tabelle 2.1: Dominanzkegel und effiziente Produktion

Produktion $Z_{Dom}(\boldsymbol{y}_{eff})$ außer der Produktion $\boldsymbol{y}_{eff}$ keine weiteren zulässigen Produktionen enthalten (vgl. (1.3), (1.7)). Während gemäß Aussage (1.4) bei vektoriellen Entscheidungsmodellen (VEM) ein Dominanzkegel im Zielraum generell zu mehreren Alternativen korrespondieren kann, ist dieser Fall bei einem vektoriellen Produktionsmodell (VPM) aufgrund der eineindeutigen Abbildung einer Technologiemenge in den Zielraum nicht möglich. Der Scheitel eines Dominanzkegels ist bei Produktionsmodellen (VPM) durch genau einen Input-Output-Vektor definiert. Nach (1.5) müssen alle Produktionen aus einer Technologie – außer $\boldsymbol{y}_{eff}$ – bezüglich mindestens eines Inputs bzw. eines Outputs geringere bzw. höhere Quantitäten beanspruchen oder von der effizienten Produktion dominiert werden, denn genau diese Elemente gehören zum Komplement des betrachteten Dominanzkegels.

Beispiel B3: Für das in Abschnitt 2.1.3 (S. 78ff) eingeführte Beispiel B3 begründen sich Effizienzüberlegungen auf dem vektoriellen Produktionsmodell:

$$(VPM\text{-}B3_\iota) \quad max \left\{ \begin{pmatrix} -r_1 \\ -r_2 \\ +x_1 \end{pmatrix} \middle| \begin{pmatrix} -r_1 \\ -r_2 \\ +x_1 \end{pmatrix} \in TM_\iota \right\}$$

mit $\iota \in \{L, LT, E, DLT, NLT\}$.

Welche Produktionen sich als effizient erweisen, hängt von den genauen Spezifikationen der Technologiemenge ab. Für eine endliche Technologie TM_E *zeigt Abbildung 2.7 den Dominanzkegel* $Z_{Dom}(\boldsymbol{y}_3)$ *für Produktion* $\boldsymbol{y}_3$ *und das Komplement* $\mathcal{C}(Z_{Dom}(\boldsymbol{y}_4))$ *des Dominanzkegels für die Pro-*

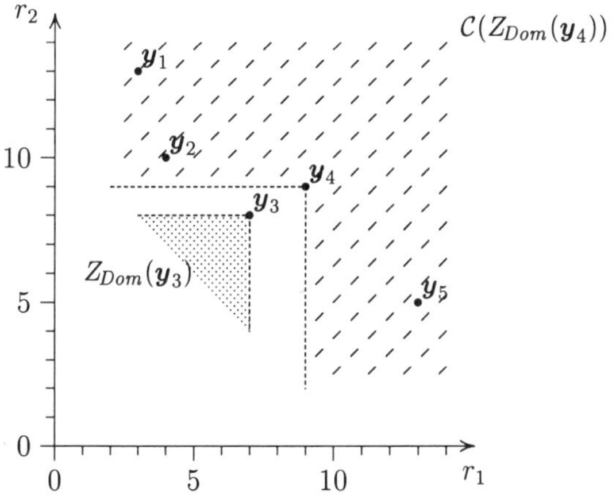

Abbildung 2.7: Effiziente Produktionen bezüglich (VPM-B3$_E$)

duktion $\boldsymbol{y}_4$. *Die im* (r_1, r_2)*-Diagramm dargestellten Mengen können auf die Berücksichtigung der Produktquantitäten verzichten, da diese für alle fünf Basisproduktionen gleich sind. Gemäß Gleichung (1.7) enthält die Schnittmenge aus* TM_E *und* $Z_{Dom}(\boldsymbol{y}_3)$ *einzig die Produktion* $\boldsymbol{y}_3$, *so dass diese effizient bezüglich (VPM-B3$_E$) ist. Im Unterschied dazu enthält das*

Komplement $\mathcal{C}(Z_{Dom}(\boldsymbol{y}_4))$ genau diese effiziente Produktion $\boldsymbol{y}_3$ nicht, so dass $\boldsymbol{y}_4$ gemäß Bedingung (1.5) nicht effizient sein kann.

$$TM_{Eeff} = \{\boldsymbol{y}_1, \boldsymbol{y}_2, \boldsymbol{y}_3, \boldsymbol{y}_5\}.$$

Da Produktionen des linearen Prozesses Y_{L4} nicht nur für eine Produktquantität von genau 1 PE dominiert werden, sondern dies für alle erzeugbaren Produktquantitäten gilt, können Produktionen mit Y_{L4} und deren Kombinationen mit anderen Prozessen bei linearen Technologien nicht effizient sein. Effizient bezüglich (VPM-B3$_L$) bzw. (VPM-B3$_{LT}$) sind ausschließlich nichtnegative Linearkombinationen aus den jeweils zwei Produktionen $\boldsymbol{y}_1$ mit $\boldsymbol{y}_2$, $\boldsymbol{y}_2$ mit $\boldsymbol{y}_3$ sowie $\boldsymbol{y}_3$ mit $\boldsymbol{y}_5$, soweit diese für $\iota = L, LT$ zulässig sind:

$$TM_{\iota eff} = \bigcup_{(i,j)\in\mathcal{J}} \left\{ \boldsymbol{y} \in TM_\iota \;\middle|\; \begin{array}{l} \boldsymbol{y} = \lambda_i \boldsymbol{y}_i + \lambda_j \boldsymbol{y}_j \\ \lambda_i, \lambda_j \geqq 0 \end{array} \right\}$$
$$\text{mit } \mathcal{J} = \big\{(1,2),(2,3),(3,5)\big\}.$$

Eine äquivalente Formulierung unter Verwendung der Menge der entsprechenden Linearfaktoren ist ebenfalls möglich und soll an dieser Stelle einmal exemplarisch für $\iota = L, LT$ vorgestellt werden. Die Menge $\Lambda_{\iota eff}$ ist dazu um zusätzliche Binärvariablen zu ergänzen, die sicherstellen, dass effiziente Produktionen sich genau aus zwei „benachbarten" linearen Prozessen mit effizienten Basisproduktionen ergeben:

$$\Lambda_{\iota eff} = \left\{ \boldsymbol{\lambda} \in \Lambda_\iota \;\middle|\; \begin{array}{ll} \lambda_1 \leqq 4\delta_{12}; & \lambda_3 \leqq 4\big(\delta_{23} + \delta_{35}\big) \\ \lambda_2 \leqq 4\big(\delta_{12} + \delta_{23}\big); & \lambda_5 \leqq 4\delta_{35} \\ \delta_{12} + \delta_{23} + \delta_{35} \leqq 1 & \\ \delta_{12}, \delta_{23}, \delta_{35} \in I\!B & \end{array} \right\}.$$

Für die weiteren Varianten des eingeführten *Beispiels B3* lassen sich ebenso die Mengen der effizienten Produktionen bestimmen. Für die nichtkonvexen Technologien TM_{NLT} und TM_{DLT} bietet sich jedoch zunächst eine isolierte Betrachtung von Input und Output an. Diese spezielle Betrachtungsweise erfolgt im nächsten Abschnitt.

2.2.3 Input-/output-effiziente Produktionen

In der Wirtschaftswissenschaft, insbesondere in der Betriebswirtschaftslehre, steht rationales Handeln vielfach direkt in Verbindung mit dem so genannten ökonomischen Prinzip (Wirtschaftlichkeitsprinzip), welches in zwei Ausprägungen bekannt ist, dem Maximal- und dem Minimalprinzip. Nach der „mengenmäßigen" Definition ist gemäß dem Minimalprinzip *„ein gegebener Gütterertrag mit geringstmöglichem Einsatz von Produktionsfaktoren zu erwirtschaften"*, während gemäß dem Maximalprinzip *„mit einem gegebenen Aufwand an Produktionsfaktoren der größtmögliche Gütererertrag zu erzielen ist"*.[27] Bei dieser Beschreibung der Zielsetzung eines Produzenten wird aus produktionstheoretischer Sicht der Input-Output-Vektor einer Produktion in seine beiden Bestandteile aufgespalten und jeweils isoliert optimiert. Hieraus folgen Effizienzdefinitionen für gegebene Quantitäten an Input bzw. Output.[28]

Bei der Analyse von Produktionssystemen interessieren einen Produzenten nicht immer alle effizienten Produktionen aus einer Technologie, sondern etwa ausgehend von gegebenen oder vorhandenen Inputquantitäten, die hierzu korrespondieren, bezüglich des Outputs effizienten Produktionen. Entscheidungstheoretisch ist in diesem Fall das vektorielle Produktionsmodell um zusätzliche Gleichungen mit den vorgegeben Quantitäten $\boldsymbol{r}^{\Box} \in \mathbb{R}_{+}^{M}$ an Input zu ergänzen:

$$(\text{VPM}^{\boldsymbol{r}^{\Box}}) \quad max \left\{ \boldsymbol{y} \,\middle|\, \boldsymbol{r} = \boldsymbol{r}^{\Box};\ \boldsymbol{y} \in TM \right\}$$

$$\text{bzw.} \quad max \left\{ \boldsymbol{x} \,\middle|\, \boldsymbol{r} = \boldsymbol{r}^{\Box};\ \boldsymbol{y} \in TM \right\}.$$

Alle bezüglich dieses vektoriellen Produktionsmodells effizienten Produktionen werden als output-effizient bezüglich $(\text{VPM}^{\boldsymbol{r}^{\Box}})$ bezeichnet und in der Technologie $TM_{\mathit{eff}}^{\boldsymbol{r}^{\Box}}$ zusammengefasst. Nur für ein Mehrfaktor-Einprodukt-Produktionssystem reduziert sich dieses vektorielle Entscheidungsmodell auf ein skalares Modell mit nur einer Zielfunktion.

---

[27] Wöhe 2000, S. 1; vgl. u.a. Busse von Colbe/Lassmann 1991, S. 29f; Schierenbeck 1998, S. 3.

[28] Vgl. u.a. Kampkötter 1981, S. 46ff; Fandel 1996, S. 49f; Dinkelbach/Rosenberg 2002, S. 27ff.

Analog zur Output-Effizienz kann die Frage auftreten, wie eine gegebene Nachfrage nach Produkten effizient herstellbar ist. M.a.W., für vorgegebene Outputquantitäten $\boldsymbol{x}^{\square} \in \mathbb{R}_{+}^{N}$ sind alle bezüglich

$$(\text{VPM}^{\boldsymbol{x}^{\square}}) \quad max \left\{ \boldsymbol{y} \;\middle|\; \boldsymbol{x} = \boldsymbol{x}^{\square};\; \boldsymbol{y} \in TM \right\}$$

$$\text{bzw.} \quad min \left\{ \boldsymbol{r} \;\middle|\; \boldsymbol{x} = \boldsymbol{x}^{\square};\; \boldsymbol{y} \in TM \right\}$$

als input-effizient bezeichneten Produktionen und in der Menge $TM_{\mathit{eff}}^{\boldsymbol{x}^{\square}}$ erfassten Produktionen gesucht. Die folgende Definition fasst die beiden Betrachtungen zusammen.

Definition 2.2

a) Eine ***Produktion*** $\boldsymbol{y}_{\mathit{eff}}^{\boldsymbol{x}^{\square}} \in TM$ *mit einer gegebenen Outputquantität* $\boldsymbol{x}^{\square}$ *heißt* ***input-effizient*** *bezüglich* (*VPM*$^{\boldsymbol{x}^{\square}}$), *falls keine Produktion* $\boldsymbol{y}' \in TM$ *existiert mit:*

$$\boldsymbol{r}' \leq \boldsymbol{r}_{\mathit{eff}}^{\boldsymbol{x}^{\square}} \text{ und } \boldsymbol{x}' = \boldsymbol{x}^{\square}.$$

b) Eine ***Produktion*** $\boldsymbol{y}_{\mathit{eff}}^{\boldsymbol{r}^{\square}} \in TM$ *mit einer gegebenen Inputquantität* $\boldsymbol{r}^{\square}$ *heißt* ***output-effizient*** *bezüglich* (*VPM*$^{\boldsymbol{r}^{\square}}$), *falls keine Produktion* $\boldsymbol{y}' \in TM$ *existiert mit:*

$$\boldsymbol{r}' = \boldsymbol{r}^{\square} \text{ und } \boldsymbol{x}' \geq \boldsymbol{x}_{\mathit{eff}}^{\boldsymbol{r}^{\square}}.$$

Im Hinblick auf die Beziehung zwischen effizienten und input- bzw. output-effizienten Produktionen – jeweils bezüglich eines entsprechenden vektoriellen Produktionsmodells – lässt sich feststellen, dass jede effiziente Produktion sowohl input- als auch output-effizient ist, aber nicht umgekehrt, d.h. für eine effiziente Produktion $\boldsymbol{y}^{\square}$ mit Input $\boldsymbol{r}^{\square}$ und Output $\boldsymbol{x}^{\square}$:

$$\boldsymbol{y}^{\square} \in TM_{\mathit{eff}} \neq \emptyset \quad \Longrightarrow \quad \boldsymbol{y}^{\square} \in TM_{\mathit{eff}}^{\boldsymbol{x}^{\square}} \;\wedge\; \boldsymbol{y}^{\square} \in TM_{\mathit{eff}}^{\boldsymbol{r}^{\square}}. \tag{2.6}$$

Die Gültigkeit dieser Implikation ergibt sich unmittelbar aus der Definition bezüglich (VPM) effizienter Produktionen. Würde eine effiziente Produktion input- oder output-dominiert, dann steht dies im Widerspruch zur angenommenen Effizienz dieser Produktion.

Beispiel B4: Dass die Umkehrung dieser Aussage nicht allgemein gültig ist, zeigt folgendes kleines Beispiel B4 mit einer Technologie, die nur zwei zulässige Produktionen beinhaltet:

$$TM = \{\boldsymbol{y}', \boldsymbol{y}''\} \quad \text{mit: } \boldsymbol{r}' < \boldsymbol{r}'' \text{ und } \boldsymbol{x}' > \boldsymbol{x}'' \quad (\boldsymbol{y}' > \boldsymbol{y}'').$$

Die Produktion $\boldsymbol{y}''$ ist input-effizient bezüglich ($VPM^{\boldsymbol{x}''}$) und output-effizient bezüglich ($VPM^{\boldsymbol{r}''}$), da diese Outputquantitäten $\boldsymbol{x}''$ bzw. Inputquantitäten $\boldsymbol{r}''$ nur exklusiv von dieser Produktion erreichbar sind (für ein Einfaktor-Einprodukt-Produktionssystem mit $\boldsymbol{y} = (-r_1, +x_1)^{\mathsf{T}}$ vgl. Abb. 2.8 bezüglich Output-Effizienz). Dennoch wird die Produktion

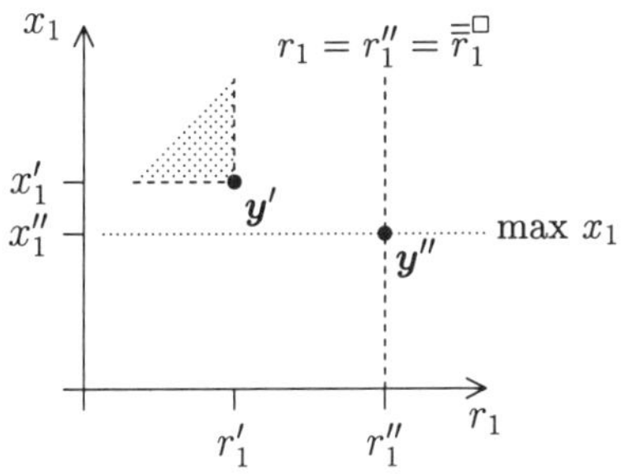

Abbildung 2.8: Dominierte output-effiziente Produktion $\boldsymbol{y}''$

$\boldsymbol{y}''$ von $\boldsymbol{y}'$ dominiert, da diese in jeder Komponente des Input-Output-Vektors quantitativ besser ist.

Dies führt zu einer leicht modifizierten Betrachtungsweise, die sich von den restriktiven Vorgaben genau einzuhaltender Output- bzw. Inputquantitäten löst und diese Werte als untere bzw. obere Schranken (Benchmarks $\overline{\boldsymbol{x}}^{\square}$ bzw. $\overline{\overline{\boldsymbol{r}}}^{\square}$) für eine Effizienzbetrachtung ansieht. Die bezüglich dieser veränderten vektoriellen Produktionsmodelle

$$(\text{VPM}^{\overline{\boldsymbol{x}}^{\square}}) \quad \mathit{min} \left\{ \boldsymbol{r} \;\middle|\; \boldsymbol{x} \geqq \overline{\boldsymbol{x}}^{\square};\ \boldsymbol{y} \in TM \right\} \text{ bzw.}$$

$$(\text{VPM}^{\overline{\overline{\boldsymbol{r}}}^{\square}}) \quad \mathit{max} \left\{ \boldsymbol{x} \;\middle|\; \boldsymbol{r} \leqq \overline{\overline{\boldsymbol{r}}}^{\square};\ \boldsymbol{y} \in TM \right\}$$

jeweils nicht dominierten Produktionen beschreibt folgende Definition.

Definition 2.3

a) *Eine* ***Produktion*** $\boldsymbol{y}^{\overline{\boldsymbol{x}}^{\square}}_{\mathit{eff}} \in TM$ *mit einer gegebenen Outputquantität* $\overline{\boldsymbol{x}}^{\square}$ *heißt* ***inputorientiert-effizient*** *bezüglich* ($VPM^{\overline{\boldsymbol{x}}^{\square}}$), *falls keine Produktion* $\boldsymbol{y}' \in TM$ *existiert mit:*

$$\boldsymbol{r}' \leq \boldsymbol{r}^{\overline{\boldsymbol{x}}^{\square}}_{\mathit{eff}} \textit{ und } \boldsymbol{x}' \geqq \overline{\boldsymbol{x}}^{\square}.$$

b) *Eine* ***Produktion*** $\boldsymbol{y}^{\overline{\overline{\boldsymbol{r}}}^{\square}}_{\mathit{eff}} \in TM$ *mit einer gegebenen Inputquantität* $\overline{\overline{\boldsymbol{r}}}^{\square}$ *heißt* ***outputorientiert-effizient*** *bezüglich* ($VPM^{\overline{\overline{\boldsymbol{r}}}^{\square}}$), *falls keine Produktion* $\boldsymbol{y}' \in TM$ *existiert mit:*

$$\boldsymbol{r}' \leqq \overline{\overline{\boldsymbol{r}}}^{\square} \textit{ und } \boldsymbol{x}' \geq \boldsymbol{x}^{\overline{\overline{\boldsymbol{r}}}^{\square}}_{\mathit{eff}}.$$

Alle jeweils bezogen auf die Vorgaben effizienten Produktionen enthalten die Mengen $TM^{\overline{\overline{\boldsymbol{r}}}^{\square}}_{\mathit{eff}}$ bzw. $TM^{\overline{\boldsymbol{x}}^{\square}}_{\mathit{eff}}$. Inputorientierte und outputorientierte Betrachtungen sind speziell in der Data Envelopment Analysis verbreitet (vgl. u.a. Abschnitt 3.3.3, S. 186).

Eine outputorientiert-effiziente Produktion unterscheidet sich von einer output-effizienten dadurch, dass sie möglicherweise bei mindestens einem Input mit einer geringeren Quantität auskommt und nicht notwendigerweise exakt die Vorgaben erfüllt. Diese Benchmarks sind mit den zu erreichenden Zielniveaus vergleichbar, wie sie bei der Zieldominanz mit entsprechenden Schranken zum Einsatz kommen (vgl. (KM_{ZD}) in Tab. 1.2, S. 46). Im Unterschied zur Zieldominanz finden die Vorgaben nur bei einigen Zielen von (VPM) Verwendung, so dass mit Ausnahme des Einprodukt-Falles ein vektorielles Entscheidungsproblem verbleibt.

Während output-effiziente Produktionen weder effizient noch schwach effizient bezüglich (VPM) sein müssen, sind alle outputorientiert-effizienten Produktionen schwach effizient bezüglich (VPM) (vgl. analog Def. 1.4, S. 33). Die Begründung für diese Aussage ergibt sich aus Korollar A.2 (vgl. S. 224), wonach jede bezüglich ($VPM^{\overline{\overline{\boldsymbol{r}}}^{\square}}$) outputorientiert-effiziente Produktion ebenso bezüglich eines vektoriellen Entscheidungsmodells

$$\mathit{max} \left\{ \begin{pmatrix} -\boldsymbol{r} \\ +\boldsymbol{x} \end{pmatrix} \middle| \; \boldsymbol{r} \leqq \overline{\overline{\boldsymbol{r}}}^{\square};\; \boldsymbol{y} \in TM \right\} \tag{2.7}$$

mit zusätzlichen Zielen – dem Inputvektor – schwach effizient ist. Da die Menge der bezüglich (2.7) schwach effizienten Produktionen eine Teilmenge der bezüglich (VPM) schwach effizienten Produktionen TM_{seff} darstellt, impliziert dies:

$$TM_{eff}^{\overline{\boldsymbol{x}}^{\square}} \subseteq TM_{seff}. \quad \text{und analog} \quad TM_{eff}^{\overline{\overline{\boldsymbol{r}}}^{\square}} \subseteq TM_{seff} \tag{2.8}$$

Beispiel B4: Dass die Menge $TM_{eff}^{\overline{\overline{\boldsymbol{r}}}^{\square}}$ *nicht nur bezüglich (VPM) effiziente Produktionen enthalten kann, veranschaulicht folgendes zu oben leicht modifizierte Beispiel B4 mit zwei schwach effizienten Produktionen:*

$$TM = \{\boldsymbol{y}', \boldsymbol{y}''\} \quad \textit{mit: } \boldsymbol{r}' \leq \boldsymbol{r}'' \text{ und } \boldsymbol{x}' = \boldsymbol{x}''.$$

Für $\overline{\overline{\boldsymbol{r}}}^{\square} = \boldsymbol{r}''$ *erweist sich die Produktion* $\boldsymbol{y}''$ *als outputorientiert-effizient bezüglich* $(VPM^{\overline{\overline{\boldsymbol{r}}}^{\square}})$. *Diese schwach effiziente Produktion* $\boldsymbol{y}''$ *wird von der Produktion* $\boldsymbol{y}'$ *bezüglich (VPM) dominiert (für* $\boldsymbol{y} = (-r_1, +x_1)^{\mathsf{T}}$ *vgl. Abb. 2.9).*

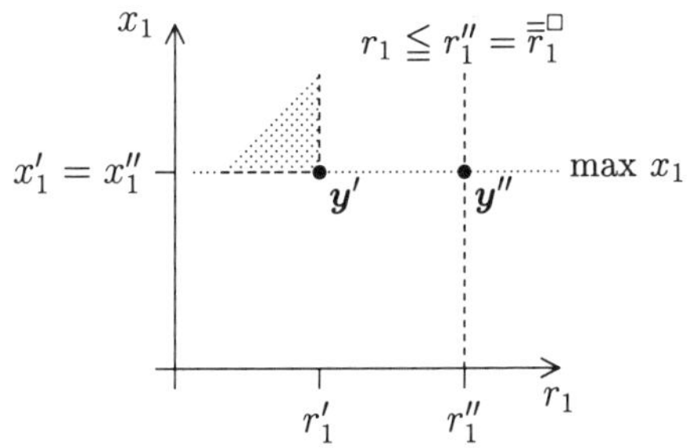

Abbildung 2.9: Dominierte outputorientiert-effiziente Produktion $\boldsymbol{y}''$

Diese Überlegungen gelten in gleicher Weise für inputorientiert-effiziente Produktionen. Zudem ist wie bei input- und output-effizienten Produktionen eine bezüglich (VPM) effiziente Produktion immer für die gegebenen eigenen Quantitäten stets inputorientiert- bzw. outputorientiert-effizient (vgl. analog (2.6)). Darüber hinaus ist eine Produktion genau dann effizient, wenn sie sowohl inputorientiert- als auch outputorientiert-effizient ist, d.h. eine Produktion $\boldsymbol{y}_{eff} = \boldsymbol{y}^{\square}$ mit Output $\overline{\boldsymbol{x}}^{\square}$ und Input $\overline{\overline{\boldsymbol{r}}}^{\square}$ erfüllt:

$$\boldsymbol{y}^{\square} \in TM_{eff} \quad \Longleftrightarrow \quad \boldsymbol{y}^{\square} \in TM_{eff}^{\overline{\boldsymbol{x}}^{\square}}. \wedge \boldsymbol{y}^{\square} \in TM_{eff}^{\overline{\overline{\boldsymbol{r}}}^{\square}} \tag{2.9}$$

Eine effiziente Produktion spannt unter diesen Vorgaben einen Dominanzkegel $Z_{Dom}(\boldsymbol{y}^{\square})$ auf (vgl. S. 88), der außer dem Scheitel keine zulässigen Produktionen enthält, weil anderenfalls eine Produktion $\boldsymbol{y}^{\square}$ nicht inputorientiert- bzw. outputorientiert-effizient wäre. Diese Art der Betrachtung stellt eine weitere Möglichkeit der Charakterisierung effizienter Produktionen bezüglich (VPM) dar und ergänzt die in Tabelle 2.1 (vgl. S. 88) aufgelisteten äquivalenten Darstellungen.

Beispiel B3: Wie die aufgezeigten Konzepte sich im eingeführten Beispiel B3 mit der nichtkonvexen Technologie TM_{NLT} (vgl. S. 82) auswir-

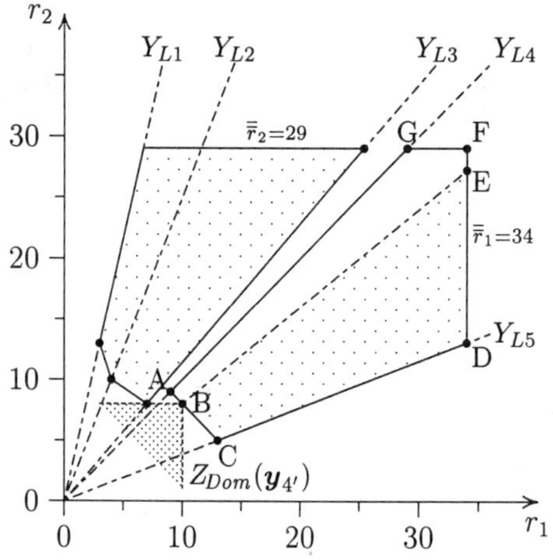

Abbildung 2.10: *Effiziente Produktionen bezüglich (VPM-B3$_{NLT}$)*

ken, soll in Abbildung 2.10 an der Produktion $\boldsymbol{y}_{4'}$ (Punkt B) einer Konvexkombination aus den beiden Basisproduktionen $\boldsymbol{y}_4$ und $\boldsymbol{y}_5$ (Punkte A und C)

$$\boldsymbol{y}_{4'} := \begin{pmatrix} -10 \\ -8 \\ +1 \end{pmatrix} = \frac{3}{4}\boldsymbol{y}_4 + \frac{1}{4}\boldsymbol{y}_5 = \frac{3}{4}\begin{pmatrix} -9 \\ -9 \\ +1 \end{pmatrix} + \frac{1}{4}\begin{pmatrix} -13 \\ -5 \\ +1 \end{pmatrix}$$

untersucht werden. Die Produktion B ist output-effizient bezüglich (VPM-B3$^{r^{\square}}_{NLT}$) im Hinblick auf den eigenen Input $\boldsymbol{r}^{\square} = (-10, -8)^{\mathsf{T}}$. Die Menge der zulässigen Lösungen von

$$(\textit{VPM-B3}^{\bar{\bar{r}}^{\square}}_{NLT}) \quad \max \left\{ x_1 \,\middle|\, r_1 \leqq 10;\ r_2 \leqq 8;\ \boldsymbol{y} \in TM_{NLT} \right\}$$

enthält neben dem Punkt B auch die Produktion $\boldsymbol{y}_3$, da aber beide die gleiche Outputquantität von 1 PE liefern, sind beide optimal bezüglich *des in diesem Fall skalaren Entscheidungsmodells und damit entsprechend outputorientiert-effizient. Dieses Ergebnis impliziert gemäß (2.8), dass Produktion B zur Menge der schwach effizienten Produktionen bezüglich (VPM-B3$_{NLT}$) zählt. Ob diese Produktion auch effizient ist, muss eine Überprüfung auf entsprechende inputorientierte Effizienz zeigen:*

$$(\text{VPM-B3}^{\overline{x}^{\square}}_{NLT}) \quad min \left\{ \begin{pmatrix} -r_1 \\ -r_2 \end{pmatrix} \middle| x_1 \geqq 1, \boldsymbol{y} \in TM_{NLT} \right\}.$$

Hierbei macht der Dominanzkegel von Produktion B deutlich, dass die zulässige Produktion $\boldsymbol{y}_3 \in TM_{NLT}$ vom ersten Faktor geringere sowie vom zweiten Faktor gleiche Quantitäten benötigt und damit die Produktion B nicht nur bezüglich (VPM-B3$^{\overline{x}^{\square}}_{NLT}$), sondern auch bezüglich (VPM-B3$_{NLT}$) dominiert, so dass B nicht effizient ist. Alle anderen Produktionen auf der Strecke AB – also mit Ausnahme von B – werden bezogen auf die jeweiligen eigenen Vorgaben sogar inputorientiert- und outputorientiert-dominiert von Produktionen des Prozesses Y_{L3}. Effizient bezüglich (VPM-B3$_{NLT}$) sind Produktionen auf der Strecke BC (ohne B) und deren nichtnegativen Vielfachen aus TM_{NLT}, da diese jeweils bezogen auf die individuellen Vorgaben inputorientiert- und outputorientiert-effizient sind. Zur Menge der effizienten Technologie TM_{NLTeff} zählen zudem alle effizienten Produktionen aus dem „linken Teil" (vgl. TM_{LT1} in Abb. 2.5, S. 82), d.h. zusätzlich die Kombinationen aus den Produktionen $\boldsymbol{y}_1$ mit $\boldsymbol{y}_2$ sowie $\boldsymbol{y}_2$ mit $\boldsymbol{y}_3$ und damit gilt:

$$TM_{NLTeff} = \bigcup_{(i,j) \in \mathcal{J}} \left\{ \boldsymbol{y} \in TM_{NLT} \middle| \begin{array}{l} \boldsymbol{y} = \lambda_i \boldsymbol{y}_i + \lambda_j \boldsymbol{y}_j \\ \lambda_i, \lambda_j \geqq 0 \end{array} \right\}$$

$$\text{mit } \mathcal{J} = \{(1,2),(2,3),(4',5)\} \text{ und } \lambda_{4'} > 0.$$

In Abbildung 2.10 gehören demnach alle Produktionen aus dem Bereich ABEFG nicht zur effizienten Technologie; diese Menge TM_{NLTeff} enthält nur Produktionen aus den gepunkteten Flächen.

Die hier vorgestellten Überlegungen lassen sich nicht nur für den Input bzw. Output als Ganzes beziehen, sondern gleichfalls auf bestimmte ausgewählte Bestandteile einer Produktion anwenden. Bei umweltorientierten Betrachtungen kommen auf diese Weise Abgrenzungen zwischen erwünschten und unerwünschten Nebenfaktoren und Nebenprodukten oder auch indifferenten Gütern zu Stande, aus denen Definitionen umwelt(orientiert)-effizienter Produktionen resultieren können.[29]

2.2.4 Wesentlich effiziente und nichtwesentlich effiziente Produktionen

Wie die Ausführungen zu den unterschiedlichen Technologien in Abschnitt 2.1.2 zeigen, können Kegeltechnologien und die daraus ableitbaren linearen Technologien den Anforderungen einer konvexen Menge genügen. Eine Unterscheidung in bezüglich (VPM) wesentlich und nichtwesentlich effiziente Alternativen ist für diese Technologien nicht notwendig, denn alle Produktionen sind bei konvexen Technologien zugleich wesentlich effizient. Die Erläuterungen deuten zudem an, dass in der betrieblichen Praxis vielfach Technologien anzutreffen sind, deren Produkte bzw. Faktoren nicht in beliebig teilbaren Quantitäten disponierbar oder deren Prozesse nicht beliebig kombinierbar sind. Für diese nichtkonvexen Technologien ist daher eine Differenzierung der bezüglich (VPM) effizienten Produktionen sinnvoll. Die folgende Definition überträgt die für allgemeine vektorielle Entscheidungsmodelle formulierten Definitionen 1.6 und 1.7 (vgl. S. 35f) wesentlich und nichtwesentlich effizienter Alternativen auf das eingeführte produktionstheoretische Konzept.[30]

Definition 2.4

a) *Eine **Produktion** $\boldsymbol{y}_{weff} \in TM$ heißt **wesentlich effizient** bezüglich (VPM), wenn sie effizient bezüglich der konvexen Hülle $\mathcal{H}(TM)$ der Technologie von (VPM) ist, d.h., es existiert kein $\boldsymbol{y}' \in \mathcal{H}(TM)$ mit: $\boldsymbol{y}' \geq \boldsymbol{y}_{weff}$.*

b) *Eine **Produktion** $\boldsymbol{y}_{nweff} \in TM_{eff}$ heißt **nichtwesentlich effizient** bezüglich (VPM), wenn mindestens ein $\boldsymbol{y}' \in \mathcal{H}(TM) \setminus TM$ existiert mit: $\boldsymbol{y}' \geq \boldsymbol{y}_{nweff}$.*

---

[29] Vgl. u.a. DYCKHOFF 1994, S. 65ff; DINKELBACH/ROSENBERG 2002, S. 45ff.

[30] Die produktionstheoretische Formulierung wesentlich effizienter Produktionen geht u.a. auf FRANK 1969, S. 43 zurück; vgl. u.a. auch DINKELBACH/KLEINE 2001, S. 61ff.

Alle bezüglich (VPM) wesentlich effizienten Produktionen enthält die Technologie:

$$TM_{weff} := \left\{ \boldsymbol{y}_{eff} \in TM \;\middle|\; \text{Es existiert kein } \boldsymbol{y}' \in \mathcal{H}(TM) \text{ mit: } \boldsymbol{y}' \geq \boldsymbol{y}_{weff} \right\}.$$

Die Menge aller nichtwesentlich effizienten Produktionen bezüglich (VPM) ergibt sich aus:

$$TM_{nweff} := TM_{eff} \setminus TM_{weff}.$$

Die Definition 2.4 charakterisiert wesentlich und nichtwesentlich effiziente Produktionen allgemein für eine Technologie TM. Unter Einbezug der im vorangehenden Abschnitt 2.2.3 spezifizierten Effizienzbetrachtungen, die in einer Technologiemenge bestimmte Vorgaben an Input- oder Outputquantitäten berücksichtigen, lassen sich ebenfalls (nicht)wesentlich input- bzw. output(orientiert)-effiziente Produktionen definieren. Auf eine explizite Auflistung dieser Varianten von Definition 2.4 sei an dieser Stelle verzichtet.

Für eine lineare Technologie TM_L oder eine LEONTIEF-Technologie TM_{LT} stimmt die Menge der effizienten Produktionen mit der Menge der wesentlich effizienten Produktionen überein, da die konvexe Hülle dieser Technologien keine „Einbuchtungen" überwinden muss. Alle Konvexkombinationen zulässiger Produktionen gehören zur Alternativenmenge, die mit dem Zielraum identisch ist. Diese Bedingung muss bei nichtkonvexen Technologien nicht erfüllt sein. Damit allerdings kein falscher Eindruck entsteht, sei nochmals – wie bereits allgemein für vektorielle Entscheidungsmodelle im Abschnitt 1.2.5 erläutert – darauf hingewiesen, dass bei einer nichtkonvexen Technologie die Menge der effizienten Produktionen von der Menge der wesentlich effizienten abweichen kann, aber nicht zwangsläufig muss. Bei einer Technologie vom „Typ" TM_{NLT} hängen möglicherweise auftretende Abweichungen von den Daten über die Quantitäten an Input und Output ab.

Für ein vektorielles Produktionsmodell mit der nichtkonvexen Technologie TM_{NLT} (vgl. S. 77) ist die konvexe Hülle dieser Technologiemenge mit einer entsprechend zugehörigen konvexen LEONTIEF-Technologie deckungsgleich. Eine bezüglich (VPM$_{NLT}$) wesentlich effiziente Produktion muss folglich einerseits Element der Menge effizienter Produktionen TM_{LTeff} und andererseits Element der nichtkonvexen Technologie TM_{NLT} sein, so dass für eine Menge $TM_{NLTweff}$ gilt:

$$TM_{NLTweff} = TM_{LTeff} \cap TM_{NLT}. \tag{2.10}$$

Beispiel B3: Für das eingeführte Beispiel B3 fallen aus der Menge der effizienten Produktionen TM_{NLTeff} alle durch Konvexkombinationen aus TM_{LT} dominierte Produktionen aus der Fläche BCDE mit Ausnahme der Strecke CD heraus (vgl. Abb. 2.10, S. 96). So wird etwa die bezüglich (VPM-B3$_{NLT}$) effiziente Herstellung von 3 PE mit einer Kombination aus den Basisproduktionen $\boldsymbol{y}_4$ und $\boldsymbol{y}_5$ (bzw. aus $\boldsymbol{y}_{4'}$ und $\boldsymbol{y}_5$) von einer Kombination aus den Basisproduktionen $\boldsymbol{y}_3$ und $\boldsymbol{y}_5$ im Hinblick auf (VPM-B3$_{LT}$) dominiert:

$$\begin{pmatrix} -34 \\ -20 \\ +3 \end{pmatrix} = \frac{5}{4}\boldsymbol{y}_4 + \frac{7}{4}\boldsymbol{y}_5 \leq \frac{5}{3}\boldsymbol{y}_3 + \frac{4}{3}\boldsymbol{y}_5 = \begin{pmatrix} -29 \\ -20 \\ +3 \end{pmatrix}.$$

Die Konvexkombination der letzten beiden Produktionen $\boldsymbol{y}_3$ und $\boldsymbol{y}_5$ gehört nicht zur Technologie TM_{NLT}, wohl aber zur konvexen Hülle dieser Technologie. Die Menge aller wesentlich effizienten Produktionen bezüglich (VPM-B3$_{NLT}$) lässt sich damit schreiben als:

$$TM_{NLTweff} = \bigcup_{(i,j)\in\mathcal{J}} \left\{ \boldsymbol{y} \in TM_{NLT} \;\middle|\; \begin{array}{l} \boldsymbol{y} = \lambda_i \boldsymbol{y}_i + \lambda_j \boldsymbol{y}_j \\ \lambda_i, \lambda_j \geqq 0 \end{array} \right\}$$

mit $\mathcal{J} = \{(1,2),(2,3),(0,5)\}$, *wobei* $\boldsymbol{y}_0 := \mathbf{o}$.

Folglich liegen in Abbildung 2.10 alle bezüglich (VPM-B3$_{NLT}$) nichtwesentlich effizienten Produktionen im Bereich BCDE, jedoch ohne die wesentlich effizienten Produktionen auf der Strecke CD und die ineffizienten Produktionen auf der Strecke BE:

$$TM_{NLTnweff} = \left\{ \boldsymbol{y} \in TM_{NLT} \;\middle|\; \begin{array}{l} \boldsymbol{y} = \lambda_{4'} \boldsymbol{y}_{4'} + \lambda_5 \boldsymbol{y}_5 \\ \lambda_{4'}, \lambda_5 > 0 \end{array} \right\}.$$

Selbstverständlich gilt: $TM_{NLTweff} \cup TM_{NLTnweff} = TM_{NLTeff}$.

Für die diskrete Technologie TM_{DLT} sollen vergleichbare Überlegungen mittels eines Testprogramms veranschaulicht werden.

2.2.5 Test auf effiziente Produktionen

Graphische Darstellungen wie in den Beispielen des vorangehenden Abschnittes visualisieren die Menge der effizienten und wesentlich effizienten Produktionen bezüglich eines vektoriellen Produktionsmodells unmittelbar. Für ein Mehrfaktor-Mehrprodukt-Produktionssystem oder für eine diskrete Technologie mit einer vergleichsweise „großen" Anzahl zulässiger Produktionen fällt eine Beurteilung, ob eine Produktion in Bezug auf die zur Verfügung stehende Technologie effizient ist, gewöhnlich nicht leicht. Ein Hilfsmittel stellen die im ersten Kapitel eingeführten Testprogramme zur Überprüfung der Effizienz von Alternativen vektorieller Entscheidungsmodelle dar (vgl. Abschnitt 1.2.6, S. 37ff), die an dieser Stelle eine Konkretisierung für produktionstheoretische Analysen erfahren.

Aus den Erläuterungen zum Programm (TEST) geht hervor, dass die Alternativenmenge eines Testprogramms dem Dominanzkegel einer Alternative entspricht und die Zielfunktion die Summe möglicher Abweichungen in das „Innere" (inkl. Rand) des Dominanzkegels maximiert. Der Dominanzkegel $Z_{Dom}(\boldsymbol{y}^\square)$ diente bereits zur Kennzeichnung einer bezüglich (VPM) effizienten Produktion $\boldsymbol{y}^\square$. Die Unterscheidung in einerseits zu minimierende Ziele und andererseits zu maximierende Ziele legt wie beim Goal Programming die Verwendung von unterschiedlichen Abweichungsvariablen zur Erfassung quantitativer Abweichungen nahe:

d_m^- Unterschreitung beim m-ten Input ($\forall\, m \in \mathsf{M}$),
mit $\boldsymbol{d}^- := (d_1^-, \ldots, d_M^-)^\mathsf{T}$,

d_n^+ Überschreitung beim n-ten Output ($\forall\, n \in \mathsf{N}$),
mit $\boldsymbol{d}^+ := (d_1^+, \ldots, d_N^+)^\mathsf{T}$.

Bei einem Test auf Effizienz einer Produktion $\boldsymbol{y}^\square \in TM$ ist zu überprüfen, ob es zulässige Produktionen aus der Technologie gibt, die bei mindestens einer Komponente des Inputs bzw. Outputs eine quantitative Verbesserung ermöglichen. Eine geeignete Testzielfunktion ist wiederum die zu maximierende Summe aller Abweichungen:

$$\text{(PTEST)}\quad \max\left\{ \mathbf{1}\cdot\boldsymbol{d}^- + \mathbf{1}\cdot\boldsymbol{d}^+ \;\middle|\; \begin{array}{l} \boldsymbol{r} + \boldsymbol{d}^- = \boldsymbol{r}^\square \\ \boldsymbol{x} - \boldsymbol{d}^+ = \boldsymbol{x}^\square \\ \boldsymbol{d}^-, \boldsymbol{d}^+ \geqq \mathbf{o} \\ \boldsymbol{y} \in TM \end{array} \right\}.$$

Gemäß Satz 1.8 (vgl. S. 40) ist eine Produktion $\boldsymbol{y}^\square$ genau dann effizient bezüglich (VPM), wenn der optimale Zielfunktionswert von (PTEST) den Wert null hat. In diesem Fall dominiert keine zulässige Produktion aus TM die zu überprüfende Produktion $\boldsymbol{y}^\square$. Sollte bei einem Test diese Produktion dominiert werden, dann zeigt das Programm (PTEST) diesen Sachverhalt durch einen positiven Zielfunktionswert an. Die resultierende Menge aller optimalen Produktionen von (PTEST) enthält ausschließlich effiziente Produktionen, die in Bezug auf ein vektorielles Produktionsmodell mit den $\boldsymbol{r}^\square$ und $\boldsymbol{x}^\square$ zusätzlichen Schranken wesentlich effizient sind.

Produktionen auf input- bzw. output(orientierte) Effizienz zu überprüfen, ist ebenfalls mit dem Programm (PTEST) möglich, in dem dann die Abweichungsvariablen in Zielfunktion und Alternativenmenge entsprechend anzupassen sind. Tabelle 2.2 zeigt die notwendigen Modifikationen für das Programm (PTEST) unter der Annahme, dass die von einer zu testenden Produktion resultierenden Quantitäten $\boldsymbol{x}^\square$ bzw. $\boldsymbol{r}^\square$ mit den Vorgaben der input- bzw. output(orientierten) Effizienz übereinstimmen. Bei input(orientiert)-effizienten Produktionen interessieren ausschließlich

Test, ob eine Produktion $\boldsymbol{y}^\square$	Zielfunktion	Abweichungsvariablen
input-effizient	$\mathbf{1} \cdot \boldsymbol{d}^-$	$\boldsymbol{d}^- \geqq \mathbf{o}, \quad \boldsymbol{d}^+ = \mathbf{o}$
inputorientiert-effizient	$\mathbf{1} \cdot \boldsymbol{d}^-$	$\boldsymbol{d}^- \geqq \mathbf{o}, \quad \boldsymbol{d}^+ \geqq \mathbf{o}$
output-effizient	$\mathbf{1} \cdot \boldsymbol{d}^+$	$\boldsymbol{d}^- = \mathbf{o}, \quad \boldsymbol{d}^+ \geqq \mathbf{o}$
outputorientiert-effizient	$\mathbf{1} \cdot \boldsymbol{d}^+$	$\boldsymbol{d}^- \geqq \mathbf{o}, \quad \boldsymbol{d}^+ \geqq \mathbf{o}$

Tabelle 2.2: Test auf input-/output(orientiert)-effiziente Produktionen

mögliche Unterschreitungen von den M vorgegebenen Inputquantitäten $\boldsymbol{r}^\square$ bzw. $\overline{\overline{\boldsymbol{r}}}^\square$, so dass in der Testzielfunktion die restlichen Abweichungsvariablen keine Beachtung finden. Eine Fixierung der Abweichungen von den Outputquantitäten $\boldsymbol{x}^\square$ auf den Wert null berücksichtigt die Anforderung an eine input-effiziente Produktion ein. Im Gegensatz dazu unterbleibt bei einem Test auf eine inputorientiert-effiziente Produktion diese zusätzliche Einschränkung für alle Abweichungsvariablen $\boldsymbol{d}^+$. Die Überlegungen für output- bzw. outputorientiert-effiziente Produktionen gelten analog.

Beispiel B3: Für die diskrete Technologie TM_{DLT} des vorgestellten Beispiels B3 repräsentieren die Punkte in Abbildung 2.4 (S. 81) alle zulässigen Produktionen ausgehend von den eingeführten fünf Basisproduktionen (vgl. S. 78). Effizient bezüglich (VPM-B3$_{DLT}$) sind in diesem Beispiel alle effizienten Produktionen in Bezug auf (VPM-B3$_{LT}$), die auch zulässige Elemente der Technologie TM_{DLT} darstellen. Dieser Anforderung genügen alle ganzzahligen und zulässigen Kombinationen aus der Menge TM_{LTeff} (vgl. S. 90), aus der damit in diesem Fall die Menge aller wesentlich effizienten Produktionen resultiert:

$$TM_{DLTweff} = \bigcup_{(i,j)\in\mathcal{J}} \left\{ \boldsymbol{y} \in TM_\iota \;\middle|\; \begin{array}{l} \boldsymbol{y} = \lambda_i \boldsymbol{y}_i + \lambda_j \boldsymbol{y}_j \\ \lambda_i, \lambda_j \in \mathbb{N}_0 \end{array} \right\}$$

$$\text{mit } \mathcal{J} = \{(1,2),(2,3),(3,5)\}.$$

Gibt es darüber hinaus nichtwesentlich effiziente Produktionen, die auf ganzzahligen Kombinationen der fünf Produktionen beruhen? Während offensichtlich eine Kombination aus den Produktionen $\boldsymbol{y}_2$ und $\boldsymbol{y}_5$ für eine lineare LEONTIEF*-Technologie TM_{LT} stets bezüglich (VPM-B3$_{LT}$) dominiert wird, ist dies bei der Zulässigkeit von diskreten Prozessen und deren Kombinationen nicht direkt erkennbar. So wird eine Produktion mit $\lambda_2 = 2$ und $\lambda_5 = 1$ (Punkt N in Abb. 2.11), die vom ersten Faktor 21 FE_1 und vom zweiten 25 FE_2 zur Herstellung von 3 PE benötigt, von einer Produktion aus dem diskreten Prozess Y_{D3} mit $\lambda_3 = 3$ dominiert, weil:*

$$2\,\boldsymbol{y}_2 + 1\,\boldsymbol{y}_5 = \begin{pmatrix} -21 \\ -25 \\ +3 \end{pmatrix} \leq \begin{pmatrix} -21 \\ -24 \\ +3 \end{pmatrix} = 3 \begin{pmatrix} -7 \\ -8 \\ +1 \end{pmatrix}.$$

Allerdings erweist sich umgekehrt eine Produktion mit $\lambda_2 = 1$ und $\lambda_5 = 2$ zur Erzeugung von 3 PE unter Einsatz von 30 FE_1 und 20 FE_2 als effizient bezüglich (VPM-B3$_{DLT}$), wie das Testprogramm

$$\max \left\{ d_1^- + d_2^- + d_1^+ \;\middle|\; \begin{array}{rcr} r_1 + d_1^- & = & 30 \\ r_2 + d_2^- & = & 20 \\ x_1 - d_1^+ & = & 3 \\ \boldsymbol{y} \in TM_{DLT} & & \\ d_1^-, d_2^-, d_1^+ & \geqq & 0 \end{array} \right\}$$

mit der optimalen Lösung $d_1^{-*} = d_2^{-*} = d_1^{*+} = 0$ *verdeutlicht. Dieses Ergebnis bestätigt ein Blick auf Abbildung 2.11, in der alle effizienten Produktionen – wie der gerade analysierte Punkt L – durch fette Punkte • symbolisiert sind, im Unterschied zu den durch ∘ dargestellten dominierten Produktionen. Da gleichfalls die Herstellung zweier Produkt-*

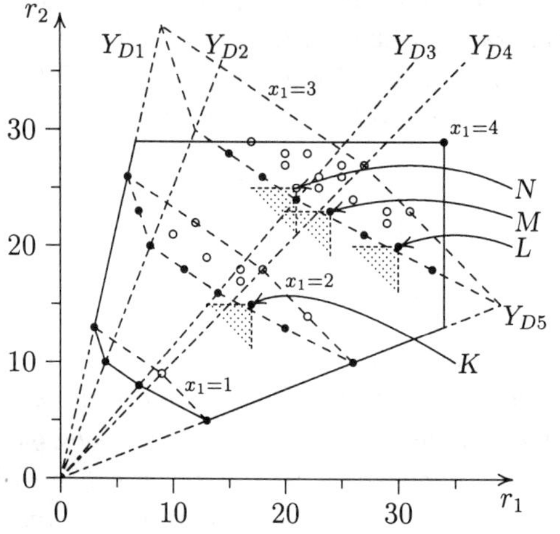

Abbildung 2.11: *Effiziente Produktionen bezüglich (VPM-B3$_{DLT}$)*

einheiten simultan mit $\boldsymbol{y}_2$ *und* $\boldsymbol{y}_5$ *(Punkt K mit* $\lambda_2 = \lambda_5 = 1$*) bzw. dreier PE mit* $\boldsymbol{y}_2$, $\boldsymbol{y}_3$ *und* $\boldsymbol{y}_5$ *(Punkt M mit* $\lambda_2 = \lambda_3 = \lambda_5 = 1$*) nicht dominiert werden, resultiert als Menge nichtwesentlich effizienter Produktionen:*

$$TM_{DLTnweff} = \left\{ \begin{pmatrix} -17 \\ -15 \\ +2 \end{pmatrix}, \begin{pmatrix} -30 \\ -20 \\ +3 \end{pmatrix}, \begin{pmatrix} -24 \\ -23 \\ +3 \end{pmatrix} \right\},$$

und es ergibt sich entsprechend die Menge der bezüglich (VPM-B3$_{DLT}$) effizienten Produktionen:

$$TM_{DLTeff} = TM_{DLTweff} \cup TM_{DLTnweff}.$$

Abschließend an dieser Stelle noch der Hinweis, dass die hier für das *Beispiel B3* hergeleiteten numerischen Ergebnisse sich für eine diskrete Technologie nicht sämtlich generalisieren lassen. So müssen beispielsweise nicht alle ganzzahligen Vielfachen von bezüglich (VPM_E) effizienten Produktionen auch zwangsläufig effizient bzw. wesentlich effizient in Bezug auf eine entsprechend diskrete Variante (VPM_{DLT}) sein.[31]

2.3 Erfolgsorientierte Produktionsplanung

Die bisherigen Effizienzüberlegungen für Produktionen einer Technologie basieren auf den Quantitäten der einzusetzenden Faktoren und der herzustellenden Produkte. Bei dieser komponentenweisen Analyse eines Input-Output-Vektors steht jedes der M Inputs und jedes der N Outputs für ein Ziel von (VPM). Die Frage, für welche der bezüglich (VPM) effizienten Produktion sich ein Produzent auf der Grundlage dieser Untersuchungen entscheiden soll, bleibt damit meist unbeantwortet.

Die im Abschnitt 1.3.1 vorgestellten Kompromissmodelle liefern mindestens eine effiziente Alternative als Lösungsvorschlag und könnten genauso für vektorielle Produktionsmodelle als „Generatoren" zur Erzeugung effizienter Produktionen dienen. In der Produktionstheorie begründen sich Kompromissvorschläge allerdings in der Regel auf mit Preisen bewerteten bzw. gewichteten Faktoren und Produkten. Die Preise werden hier als bekannt vorausgesetzt.

2.3.1 Erfolg, Zielgewichtung und Effizienz

Die zusätzliche Berücksichtigung von Preisen beinhaltet einen Übergang von Dimensionen wie den jeweiligen Faktoreinheiten (FE_m) und Produkteinheiten (PE_n) auf eine monetäre Größe, den Geldeinheiten (GE). Die mit den jeweiligen Faktorpreisen p_m^{I} (in GE/FE_m, $m \in \mathsf{M}$) bewerteten Inputquantitäten entsprechen den Kosten $K(r_m)$ und die mit den jeweiligen Produktpreisen p_n^{O} (in GE/PE_n, $n \in \mathsf{N}$) bewerteten Outputquantitäten den Erlösen $E(x_n)$. Der (Zeilen)Vektor aller Preise

$$\boldsymbol{p} := \left(p_1^{\text{I}}, \ldots, p_M^{\text{I}}, p_1^{\text{O}}, \ldots, p_N^{\text{O}}\right)$$

setzt sich aus den Faktorpreisen $\boldsymbol{p}^{\text{I}} := \left(p_1^{\text{I}}, \ldots, p_M^{\text{I}}\right)$ und den Produktpreisen $\boldsymbol{p}^{\text{O}} := \left(p_1^{\text{O}}, \ldots, p_N^{\text{O}}\right)$ zusammen. Die folgenden monetären Betrachtungen beschränken die Analyse auf positive Faktor- und Produktpreise,

[31]Vgl. u.a. Dinkelbach/Kleine 2001, S. 62ff.

wodurch sich der Charakter eines Inputs bzw. Outputs bei den hier unterstellten einfachen Produktionssystemen – unter Vernachlässigung von Nebenfaktoren und Nebenprodukten – nicht verändern kann.

Annahme 2.5

Die von den Quantitäten unabhängigen Preise aller M Faktoren und N Produkte seien positiv: $\boldsymbol{p} > \mathbf{o}$.

Auf die explizite Wiederholung dieser Annahme wird in den folgenden Ausführungen verzichtet, es sei denn, die Überlegungen weichen von dieser Annahme ab.

Aus entscheidungstheoretischer Sicht resultiert aus einer monetären Bewertung aller In- und Outputquantitäten in einem ersten Schritt ein vektorielles Produktionsmodell, in dem über einer Technologiemenge die mit den jeweiligen Faktorpreisen gewichteten Inputquantitäten (variable Kosten) zu minimieren und die mit den jeweiligen Produktpreisen gewichteten Outputquantitäten (Erlöse) zu maximieren sind. Ein entsprechendes monetäres vektorielles Produktionsmodell lautet:

$$(\mathrm{VPM}^{\boldsymbol{p}}) \quad max \left\{ \left(\begin{array}{c} -p_1^{\mathrm{I}} \cdot r_1 \\ \vdots \\ -p_M^{\mathrm{I}} \cdot r_N \\ +p_1^{\mathrm{O}} \cdot x_1 \\ \vdots \\ +p_M^{\mathrm{O}} \cdot x_N \end{array} \right) \middle| \left(\begin{array}{c} -r_1 \\ \vdots \\ -r_M \\ +x_1 \\ \vdots \\ +x_N \end{array} \right) \in TM \right\}.$$

Diese Modellformulierung beinhaltet unter Effizienzaspekten – unabhängig von der unterstellten Technologie – keine neuen Erkenntnisse, denn eine Produktion $\boldsymbol{y}_{eff}$ ist genau dann effizient bezüglich $(\mathrm{VPM}^{\boldsymbol{p}})$, wenn $\boldsymbol{y}_{eff}$ effizient bezüglich (VPM) ist. Eine Bewertung der Input- bzw. Outputquantitäten mit positiven Preisen entspricht einer streng monotonen Transformation, die keinen Einfluss auf die Menge der effizienten Produktionen hat. Graphisch kommt diese Bewertung einer veränderten Skalierung der Achsen eines Koordinatensystems gleich, die alle Produktionen einer Technologie in gleicher Weise betrifft und damit zwar die absolute Lage eines Dominanzkegels verändert, aber nicht die relative Lage in Bezug auf die restlichen Produktionen.[32]

Würden die Betrachtungen auf nichtnegative Preise ausgedehnt ($p \geq 0$), ließe sich eine vergleichbare Aussage auf der Basis schwach effizienter Produktionen machen: jede bezüglich (VPM) schwach effiziente Produktion ist auch bezüglich ($\text{VPM}^{\boldsymbol{p}}$) schwach effizient und umgekehrt. Die jeweiligen Mengen der effizienten Produktionen können folglich unter dieser schwächeren Voraussetzung divergieren.

Diese - mehr aus didaktischen Gründen – voran gestellte Analyse eines monetären vektoriellen Produktionsmodells ($\text{VPM}^{\boldsymbol{p}}$) zeigt, dass eine Integration und Erfassung der Preise zur Beschreibung effizienter Produktionen entbehrlich ist. Allerdings vernachlässigt diese Betrachtungsweise eine mögliche Aggregation aller Kosten und Erlöse, die nun in einem zweiten Schritt erfolgt. Im Unterschied zum Modell (VPM) weisen alle Komponenten des Modells ($\text{VPM}^{\boldsymbol{p}}$) die gleiche Dimension (Geldeinheiten) auf. Eine üblicherweise vorzunehmende Zusammenfassung aller monetären Größen kommt in diesem Fall einer Maximierung der Summe aller Produkterlöse abzüglich der Summe aller (variablen) Faktorkosten gleich, d.h. der Maximierung eines Deckungsbeitrages D:

$$\text{(DPM)} \quad \max\left\{D(\boldsymbol{y}) \;\middle|\; \boldsymbol{y} \in TM\right\}$$

$$\text{mit} \quad D(\boldsymbol{y}) := \boldsymbol{p} \cdot \boldsymbol{y} = \sum_{n=1}^{N} E(x_m) - \sum_{m=1}^{M} K(r_m).$$

Die skalare Zielfunktion D in (DPM) entspricht der Kompromisszielfunktion ψ bei einer Zielgewichtung (KM_{ZG}) (vgl. Tab. 1.2, S. 46). Die positiven Preise der Faktoren und Produkte spiegeln in diesem Anwendungsfall die positiven Zielgewichte der $M + N$ Ziele wider. Eine erfolgsorientierte Betrachtungsweise unter Einbeziehung des Deckungsbeitrages vereinfacht die Analyse effizienter Produktionen, denn gemäß Korollar 1.12 (vgl. S. 53) ist unter der Voraussetzung positiver Zielgewichte jede optimale Lösung eines Zielgewichtungsmodells effizient bezüglich des zugrundeliegenden vektoriellen Entscheidungsmodells.

[32] Formal gilt unter Verwendung einer Diagonalmatrix $\boldsymbol{P}$, deren Hauptdiagonale alle positiven Preise der Faktoren und Produkte enthält, für Produktionen $\boldsymbol{y}_{\mathit{eff}}$:
$$\nexists \boldsymbol{y}' \in TM\colon\ \boldsymbol{y}' \geq \boldsymbol{y}_{\mathit{eff}} \iff \nexists \boldsymbol{y}' \in TM\colon\ \boldsymbol{P} \cdot (\boldsymbol{y}' - \boldsymbol{y}_{\mathit{eff}}) \geq \mathbf{o}.$$

Nach diesem – in der Produktionstheorie als Preistheorem bekannten – Zusammenhang resultieren aus einer Maximierung eines Deckungsbeitrages bei positiven Preisen für Faktoren und Produkte folglich stets effiziente Produktionen bezüglich (VPM).[33] Ein Test, ob die gefundene optimale Lösung effizient ist, erübrigt sich bei diesem Vorgehen. Eine deckungsbeitragsmaximale Produktion $\boldsymbol{y}^* \in TM$ ist nach Korollar 1.12 nicht nur effizient, sondern ebenfalls wesentlich effizient bezüglich (VPM). Nichtwesentlich effiziente Produktionen bezüglich (VPM), d.h. effiziente Produktionen, die nicht effizient bezüglich der konvexen Hülle des betrachteten Produktionsmodells sind, fallen aus der Liste der möglichen Kandidaten für eine optimale Lösung des Deckungsbeitragsmodells heraus.

Unter der Voraussetzung, dass alle wesentlich effizienten Produktionen auch eigentlich effizient sind, lässt sich gemäß Korollar A.5 (vgl. im Anhang S. 228) eine bezüglich (VPM) wesentlich effiziente Produktion somit äquivalent zu Definition 2.4 (vgl. S. 98) beschreiben als

eine Produktion $\boldsymbol{y}_{weff} \in TM$, für die bei mindestens einem $\boldsymbol{p} > \mathbf{o}$ kein $\boldsymbol{y}' \in TM$ existiert mit: $D(\boldsymbol{y}') > D(\boldsymbol{y}_{weff})$.

Im Unterschied zur Charakterisierung wesentlich effizienter Produktionen mittels einer konvexen Hülle verdeutlicht diese Umschreibung unmittelbar die ökonomische Bedeutung wesentlich effizienter Produktionen bei einer erfolgsorientierten Planung: Nur bezüglich (VPM) wesentlich effiziente Produktionen können bei einer Deckungsbeitragsmaximierung optimal sein. Unter obiger Voraussetzung entspricht die Menge aller bezüglich (VPM) wesentlich effizienten Produktionen daher:

$$TM_{weff} = \left\{ \boldsymbol{y}_{weff} \in TM \;\middle|\; \begin{array}{l} \text{Es existiert für mindestens ein } \boldsymbol{p} > \mathbf{o} \\ \text{kein } \boldsymbol{y}' \in TM \text{ mit: } D(\boldsymbol{y}') > D(\boldsymbol{y}_{weff}) \end{array} \right\}.$$

Durch eine parametrische Variation aller Preise ($\boldsymbol{p} > \mathbf{o}$) besteht die Möglichkeit, wesentlich effiziente Produktionen bezüglich (VPM) zu erzeugen. Für lineare Technologien können etwa die bekannten Verfahren der parametrischen linearen Programmierung mit Parametern in der Zielfunktion zur Anwendung kommen, um wesentlich effiziente Produktionen zu

[33] Vgl. u.a. Koopmans 1951, S. 85ff; Gale 1960, S. 306ff; Schönfeld 1964, S. 132ff; Kistner 1993a, S. 85 u. 119; Dyckhoff 2000, S. 210ff.

erzeugen.[34] Aus einer derartigen parametrischen Variation der Preise resultieren gemäß obiger Voraussetzung nach Korollar A.5 alle wesentlich effizienten Produktionen, wenn diese Produktionen alle eigentlich effizient bezüglich (VPM) sind. Eine Übereinstimmung zwischen der Menge der effizienten und eigentlich effizienten Produktionen liegt z.B. bei den zuvor betrachteten konvexen Technologien oder endlichen Technologien vor. Bei nichtkonvexen Technologien vom Typ TM_{NLT} ist ebenfalls jede bezüglich (VPM$_{NLT}$) effiziente Produktion eigentlich effizient, wenn es sich – wie hier unterstellt (vgl. S. 77) – um eine (endliche) Vereinigung linearer Technologien handelt.

Die Beschränkung der erfolgsorientierten Analyse auf positive Preise hat also zur Folge, dass sich zum einen wesentlich effiziente Produktionen und sich zum anderen gemäß Korollar A.5 eigentlich effiziente Produktionen bezüglich (VPM) als optimale Produktionen ergeben.[35] Technologien mit wesentlich effizienten Produktionen, bei denen die Grenzrate der Substitution (soweit definiert) zwischen zwei Komponenten des Input-Output-Vektors unendlich groß ist, können keine optimale Lösung von (DPM) sein. Eine erweiterte parametrische Variation aller nichtnegativen Preise erlaubt zwar die Bestimmung nicht eigentlich effizienter und damit aller wesentlich effizienter Produktionen, aber diese Modifikation birgt die Gefahr, auch dominierte, d.h. schwach effiziente, Produktionen bezüglich (VPM) zu erhalten.[36]

Die in diesem Abschnitt hergeleiteten Eigenschaften optimaler Lösungen einer erfolgsorientierten Produktionsplanung wenden lediglich die im ersten Kapitel dargestellten Ergebnisse der Vektoroptimierung an. Diese und weitere Ergebnisse lassen sich ebenfalls mittels der Dualitätstheorie herleiten, die für konvexe Technologien die Menge zulässiger Produktionen in eine äquivalente duale Menge mit entsprechenden Facetten überträgt.[37] Diese Untersuchungen konzentrieren sich aus Sicht der bisherigen Betrachtungen auf die konvexe Hülle einer Technologie.

Beispiel B3: Bei nichtkonvexen Technologien, wie im Beispiel B3 in den Varianten einer diskreten Technologie TM_{DLT} oder einer nichtkonvexen

[34] Überblick zur parametrischen Programmierung vgl. u.a. GAL/GREENBERG 1997.

[35] Vgl. u.a. DYCKHOFF 1994, S.126f.

[36] Vgl. u.a. DYCKHOFF 1982, S.158ff.

[37] Vgl. u.a. KOOPMANS 1951, S. 63ff; HILDENBRAND 1966; WITTMANN 1968, S. 127ff; TURETSCHEK 1981, S. 105ff; VARIAN 1992, S. 81ff.

LEONTIEF-*Technologie* TM_{NLT} *vorgeführt, können effiziente Produktionen, die nichtwesentlich effizient sind, keine deckungsbeitragsmaximalen Produktionen sein. Diese Besonderheit gilt etwa für die bezüglich (VPM-*$B3_{DLT}$*) effizienten Produktionen K, L und M in Abbildung 2.11 (vgl. S. 104) oder für die bezüglich (VPM-*$B3_{NLT}$*) effizienten Produktionen auf der Strecke BC (mit Ausnahme von C) in Abbildung 2.10 (vgl. S. 96).*

Verantwortlich für diese restriktive Beschränkung auf die Menge wesentlich effizienter Produktionen ist bei einer Deckungsbeitragsmaximierung unter anderem die in Annahme 2.5 unterstellte Konstanz der Preise. Danach werden unabhängig von den gekauften Faktorquantitäten bzw. hergestellten und veräußerten Produktquantitäten die Preise als in der Höhe konstant angenommen. Wie die bisherigen Ausführungen verdeutlichen, haben allerdings positive lineare Transformationen der Preise keinen Einfluss auf die optimale Lösung, d.h. durch eine Multiplikation der einzelnen Preise mit einem jeweils positiven Skalar ändern sich die Mengen optimaler Produktionen bei einer Deckungsbeitragsmaximierung nicht. Die Berücksichtigung von z.B. einer konstanten Inflationsrate über alle Inputs und Outputs würde sich somit auf eine erfolgsorientierte Produktionsentscheidungen unter den hier getroffenen Annahmen nicht auswirken. Konsequenzen auf Produktionsentscheidungen können jedoch strukturell differenzierte Preise haben, wie der folgende Abschnitt zeigt.

2.3.2 Preisdifferenzierung

Die mit den Input- bzw. Outputquantitäten gewichteten Preise müssen nicht notwendigerweise – wie in Annahme 2.5 (S. 106) vorausgesetzt – konstant sein, denn die Preise und die resultierenden Deckungsbeiträge können möglicherweise von den Quantitäten abhängen.[38] Soweit die Kosten bzw. Erlöse mit zunehmenden Input- bzw. Outputquantitäten steigen, handelt es sich bei der Deckungsbeitragsfunktion im Sinne von Satz 1.11 (vgl. S. 52) um eine streng monoton steigende Kompromisszielfunktion. Alle kompromissoptimalen Lösungen einer solchen erfolgsorientierten Produktionsplanung sind bei positiven Preisen damit auch effizient bezüglich (VPM). Die Kompromisszielfunktion genügt bei dieser

[38] Vgl. u.a. GUTENBERG 1984, S. 351f; TACKE 1989, S. 8ff; DILLER 2000, S. 291ff; DYCKHOFF 2000, S. 198ff u. 250ff; DINKELBACH/KLEINE 2001, S. 70ff.

erfolgsorientierten Betrachtung mit einer Preisdifferenzierung nicht mehr den Voraussetzungen des bisher betrachteten Zielgewichtungsmodells, so dass Korollar 1.12 (vgl. S. 53) an Gültigkeit verliert. Durch eine Gewichtung der Input- und Outputquantitäten unterschiedlicher Produktionen mit differenzierten Preisen kann der Effekt auftreten, dass nichtwesentlich effiziente Produktionen bezüglich (VPM) als erfolgsoptimale Produktionen resultieren können. Die Erklärung für diese mögliche Besonderheit beruht unter anderem auf der Tatsache, dass durch die angedeutete Modifikation der Preise effiziente Produktionen, die bezüglich (VPM) nichtwesentlich effizient sind, in Bezug auf die Erlöse und Kosten gemäß (VPM^p) effizient und wesentlich effizient sein müssen.

Für die folgende Formulierung eines Deckungsbeitragsmodells wird unterstellt, dass der Preis $p_m^{\mathrm{I}s}$ eines m-ten Faktors jeweils bis zu einer s-ten Intervallgrenze $\hat{r}_m^s$ konstant ist. Bei einer Überschreitung dieser Grenze $\hat{r}_m^s$ ergibt sich für die zusätzlichen Quantitäten dieses Faktors bis zu einer Grenze $\hat{r}_m^{s+1}$ ein Preis von $p_m^{\mathrm{I}s+1}$. Die abschnittsweise lineare (stetige) Kostenfunktion $\hat{K}(r_m)$ weist unter diesen Annahmen für einen m-ten Input $S_m - 1$ „Knickstellen“, aber keine Sprünge auf. Für alle $m \in \mathsf{M}$ lauten die Kostenfunktionen:

$$\hat{K}(r_m) = \begin{cases} p_m^{\mathrm{I}1}\, r_m & \text{für} \quad 0 \leqq r_m \leqq \hat{r}_m^1 \\ p_m^{\mathrm{I}2}\big(r_m - \hat{r}_m^1\big) + p_m^{\mathrm{I}1}\big(\hat{r}_m^1 - \hat{r}_m^0\big) & \text{für} \quad \hat{r}_m^1 \leqq r_m \leqq \hat{r}_m^2 \\ \qquad \vdots & \qquad \vdots \\ p_m^{\mathrm{I}S_m}\big(r_m - \hat{r}_m^{S_m-1}\big) + \sum\limits_{s=1}^{S_m-1} p_m^{\mathrm{I}s}\big(\hat{r}_m^s - \hat{r}_m^{s-1}\big) & \text{für } \hat{r}_m^{S_m-1} \leqq r_m \leqq \hat{r}_m^{S_m} \end{cases}$$

$$\text{mit} \quad 0 = \hat{r}_m^0 < \hat{r}_m^1 < \hat{r}_m^2 < \ldots < \hat{r}_m^{S_m}$$

$$\text{und} \quad \sum_{s=1}^{s'} p_m^{\mathrm{I}s}\big(\hat{r}_m^s - \hat{r}_m^{s-1}\big) > 0 \quad (\text{für } m = 1, \ldots, M;\ s' = 1, \ldots, S_m).$$

Die letzte Bedingung, die positive Kosten an jeder Intervallgrenze verlangt, garantiert für positive Inputquantitäten jeweils positive Kosten und damit einen positiven Preis für alle aggregierten Quantitäten. Damit müssen nicht alle $p_m^{\mathrm{I}s}$ auch notwendigerweise positiv sein. Falls die Kostenfunktion durch keine obere Schranke begrenzt wird ($\hat{r}_m^{S_m} = \infty$), ist entsprechend ein positives $p_m^{\mathrm{I}S_m}$ erforderlich.

Die Erlöse $\hat{E}(x_n)$ seien ebenfalls von den Quantitäten des jeweiligen Outputs abhängig, so dass unter vergleichbaren Annahmen eine abschnittsweise lineare (stetige) Erlösfunktion für ein n-tes Produkt lautet ($\forall n \in$ N):

$$\hat{E}(x_n) = \begin{cases} p_n^{\mathrm{O}1}\, x_n & \text{für} \quad 0 \leqq x_n \leqq \hat{x}_n^1 \\ p_n^{\mathrm{O}2}\big(x_n - \hat{x}_n^1\big) + p_n^{\mathrm{O}1}\big(\hat{x}_n^1 - \hat{x}_n^0\big) & \text{für} \quad \hat{x}_n^1 \leqq x_n \leqq \hat{x}_n^2 \\ \vdots & \qquad\quad \vdots \\ p_n^{\mathrm{O}S_n}\big(x_n - \hat{x}_n^{S_n-1}\big) + \sum\limits_{s=1}^{S_n-1} p_n^{\mathrm{O}s}\big(\hat{x}_n^s - \hat{x}_n^{s-1}\big) & \text{für } \hat{x}_n^{S_n-1} \leqq x_n \leqq \hat{x}_n^{S_n} \end{cases}$$

$$\text{mit} \quad 0 = \hat{x}_n^0 < \hat{x}_n^1 < \hat{x}_n^2 < \ldots < \hat{x}_n^{S_n}$$

$$\text{und} \quad \sum_{s=1}^{s'} p_n^{\mathrm{O}s}\big(\hat{x}_n^s - \hat{x}_n^{s-1}\big) > 0 \quad (\text{für } n = 1, \ldots, N;\ s' = 1, \ldots, S_n).$$

In diesen Erlösfunktionen kommt zum Ausdruck, dass ein Produzent für die Quantitäten eines n-ten Produktes, die eine Grenze $\hat{x}_n^s$ überschreiten, einen von $p_n^{\mathrm{O}s}$ abweichenden Preis $p_n^{\mathrm{O}s+1}$ verlangt. Dieser Preis ist bis zu einer Schranke $\hat{x}_n^{s+1}$ gültig. Wie bereits zur Kostenfunktion angemerkt, können auf bestimmten Intervallen die Preise $p_n^{\mathrm{O}s}$ durchaus negativ sein, allerdings sind negative Erlöse ausgeschlossen. Sinkende Erlöse, die somit möglich sind, kommen z.B. bei einem Monopolisten vor, der auf Grundlage einer linear fallenden Preisabsatzfunktion mit Hilfe einer diskretisierten Erlösfunktion $\hat{E}$ die erfolgsoptimale Produktion kalkuliert.

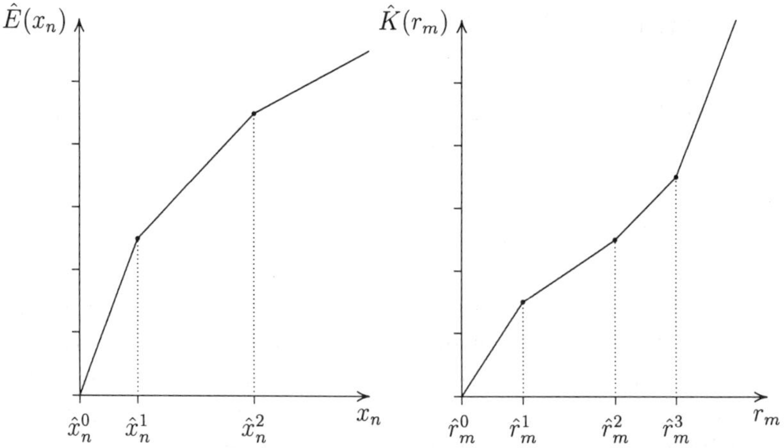

Abbildung 2.12: Abschnittsweise lineare Erlös- und Kostenfunktionen

Einen möglichen Verlauf abschnittsweiser linearer Erlös- und Kostenfunktionen skizziert Abbildung 2.12. Während die im rechten Teil dargestellte

Kostenfunktion weder konvex noch konkav ist, zeichnet sich die im linken Teil dargestellte Erlösfunktion durch einen konkaven Verlauf aus, der auf die mit steigenden Outputquantitäten monoton fallenden Preise zurückzuführen ist. Falls es nur ein Intervall mit konstanten Preisen gibt ($S_m = 1$ bzw. $S_n = 1$), liegen lineare Funktionen vor. Die bisher gemäß Annahme 2.5 unterstellten linearen Kosten- und Erlösfunktionen sind daher Spezialfälle der hier betrachteten nichtlinearen Kosten- und Erlösfunktionen.

Von besonderem Interesse ist wiederum das Verhältnis zwischen bezüglich (VPM) effizienten Produktionen und bezüglich (DPM) deckungsbeitragsmaximalen bzw. kompromissoptimalen Produktionen. Um eine deckungsbeitragsmaximale Produktion unter diesen veränderten Bedingungen bestimmen zu können, sind in der Deckungsbeitragsfunktion D im Modell (DPM) (vgl. S. 107) die Erlös- und Kostenfunktionen durch obige Funktionen auszutauschen:

$$D(\boldsymbol{y}) = \sum_{n=1}^{N} \hat{E}(x_n) - \sum_{m=1}^{M} \hat{K}(r_m).$$

Da es sich bei dieser abschnittsweise linearen Deckungsbeitragsfunktion bei positiven Preisen nach wie vor um eine positive Gewichtung aller Erlöse und Kosten handelt, sind die resultierenden erfolgsoptimalen Produktionen nach Korollar 1.12 wesentlich effizient bezüglich (VPM$^{\boldsymbol{p}}$). Deckungsbeitragsmaximale Produktionen erweisen sich bei streng monoton steigenden Funktionen D nach Satz 1.11 als effizient bezüglich (VPM).[39] Ein mögliches Preissystem, das dieser Voraussetzung genügt, steht in den folgenden Betrachtungen zur Diskussion.

Unter der zusätzlichen Annahme konkaver Erlösfunktionen und konvexer Kostenfunktionen – wie $\hat{E}$ im linken Teil der Abbildung 2.12, aber nicht $\hat{K}$ im rechten Teil der Abbildung –, d.h. für

$$\begin{array}{lllllllll} p_n^{\mathrm{O1}} & \geqq & p_n^{\mathrm{O2}} & \geqq & \dots & \geqq & p_n^{\mathrm{O}S_n} & (n = 1, \dots, N) \\ p_m^{\mathrm{I1}} & \leqq & p_m^{\mathrm{I2}} & \leqq & \dots & \leqq & p_m^{\mathrm{I}S_m} & (m = 1, \dots, M) \end{array} \qquad (2.11)$$

[39] Vgl. u.a. für eine nicht streng monoton steigende Funktion D das Beispiel in BOGASCHEWSKY/STEINMETZ 1999, S. 16f.

lässt sich das Deckungsbeitragsmodell durch Aufspaltung der Output- und Inputvariablen wie folgt konkretisieren:[40]

(DPM)

$$\max \sum_{n=1}^{N} \sum_{s=1}^{S_n} p_n^{\mathrm{O}s}\, x_n^s - \sum_{m=1}^{M} \sum_{s=1}^{S_m} p_m^{\mathrm{I}s}\, r_n^s$$

u.d.N.

$$\begin{array}{lll}
(1) & r_m = \sum_{s=1}^{S_m} r_m^s & (m = 1, \ldots, M) \\
(2) & x_n = \sum_{s=1}^{S_n} x_n^s & (n = 1, \ldots, N) \\
(3) & 0 \leqq r_m^s \leqq \hat{r}_m^s - \hat{r}_m^{s-1} & (m = 1, \ldots, M;\ s = 1, \ldots, S_m) \\
(4) & 0 \leqq x_n^s \leqq \hat{x}_n^s - \hat{x}_n^{s-1} & (n = 1, \ldots, N;\ \ s = 1, \ldots, S_n) \\
(5) & \begin{pmatrix} -\boldsymbol{r} \\ +\boldsymbol{x} \end{pmatrix} \in TM. &
\end{array}$$

Bei dieser Formulierung ist für die einzelnen Intervalle mit den individuellen Preisen nur die jeweils obere Begrenzung eines Intervalls von Bedeutung, da die Preise in den Intervallen mit höheren Quantitäten zu geringeren Erlösen bzw. zu höheren Kosten führen. Die Verletzung der unteren Schranke eines Intervalls ist bei einer optimalen Lösung ausgeschlossen. In diesem Fall würde es eine andere zulässige Lösung (Produktion) geben, die den günstigeren Preis des zugehörigen Intervalls ausnutzt und damit einen höheren Deckungsbeitrag ermöglicht; dies steht im Widerspruch zur Optimalität der betrachteten Lösung.

Deckungsbeitragsmaximale Produktionen des obigen Modells können neben bezüglich (VPM) wesentlich effizienten Produktionen auch nichtwesentlich effiziente Produktionen sein, wie aus dem folgenden Satz hervorgeht.[41]

Satz 2.6

Gegeben sei eine Technologie $TM \subseteq \mathbb{R}_{-+}^{M+N}$ und abschnittsweise lineare Erlös- und Kostenfunktionen $\hat{E}$ bzw. $\hat{K}$. Ist eine Produktion $\boldsymbol{y}_{\mathit{eff}} \in$

[40] Zu entsprechenden konvexen, abschnittsweise linearen Zielfunktionen vgl. u.a. Charnes/Lemke 1954.

[41] Für eine spezielle diskrete Technologie vgl. Frank 1969, S. 82ff, Theorem 5.5.1; zu nichtlinearen Preissystemen vgl. u.a. Laffont 1988, S. 61.

TM effizient bezüglich (VPM), dann existiert für $\hat{E}$ und $\hat{K}$ ein Bedingung (2.11) genügendes Preissystem, so dass $\boldsymbol{y}_{\mathit{eff}}$ deckungsbeitragsmaximale Produktion ist.

Beweis: Es ist zu zeigen, dass mindestens eine abschnittsweise lineare Deckungsbeitragsfunktion existiert, für die jedes $\boldsymbol{y}_{\mathit{eff}} \in TM_{\mathit{eff}}$ optimal ist. Ausgangspunkt der Betrachtung sind die beiden folgenden – die Bedingung (2.11) berücksichtigenden – Funktionen mit einer hinreichend großen Konstante $C > 0$ ($\forall m \in \mathsf{M}$ und $\forall n \in \mathsf{N}$):

$$\hat{K}(r_m) = \begin{cases} p_m^{\mathrm{I1}} \cdot r_m & \text{für } r_m \leqq r_{m,\mathit{eff}} \\ \left(p_m^{\mathrm{I1}} + C\right) r_m - C \cdot r_{m,\mathit{eff}} & \text{für } r_m \geqq r_{m,\mathit{eff}} \end{cases}$$

$$\hat{E}(x_n) = \begin{cases} \left(p_n^{\mathrm{O1}} + C\right) x_n & \text{für } x_n \leqq x_{n,\mathit{eff}} \\ p_n^{\mathrm{O1}} \cdot x_n + C \cdot x_{n,\mathit{eff}} & \text{für } x_n \geqq x_{n,\mathit{eff}} \end{cases}$$

Jede von $\boldsymbol{y}_{\mathit{eff}}$ dominierte Produktion führt offensichtlich zu einem geringeren Deckungsbeitrag, so dass sich die Analyse auf alle $\boldsymbol{y} \in TM_{\mathit{eff}}$ ($\boldsymbol{y} \neq \boldsymbol{y}_{\mathit{eff}}$) beschränken kann. Jedes dieser $\boldsymbol{y}$ lässt sich – gegebenenfalls nach Sortierung der Indices – mit $\boldsymbol{y}_{\mathit{eff}}$ wie folgt vergleichen:

$$\begin{array}{lll} r_m \leqq r_{m,\mathit{eff}} & \text{für } \forall m \in \mathsf{M}' = \{1, \ldots, M'\} & (M' \leqq M) \\ r_m > r_{m,\mathit{eff}} & \text{für } \forall m \in \mathsf{M}'' = \{M'+1, \ldots, M\} & (M' = M\colon\ \mathsf{M}'' := \emptyset) \\ x_n \geqq x_{n,\mathit{eff}} & \text{für } \forall n \in \mathsf{N}' = \{1, \ldots, N'\} & (N' \leqq N) \\ x_n < x_{n,\mathit{eff}} & \text{für } \forall n \in \mathsf{N}'' = \{N'+1, \ldots, N\} & (N' = N\colon\ \mathsf{N}'' := \emptyset), \end{array}$$

wobei $M' < M$ ($\mathsf{M}'' \neq \emptyset$) oder (und) $N' < N$ ($\mathsf{N}'' \neq \emptyset$) ist, anderenfalls wäre $\boldsymbol{y}_{\mathit{eff}}$ nicht effizient. Ein Vergleich der Erlöse und Kosten sowie Deckungsbeiträge der beiden Produktionen $\boldsymbol{y}_{\mathit{eff}}$ und $\boldsymbol{y}$ führt zu:

$$\begin{aligned} \hat{E}(\boldsymbol{x}_{\mathit{eff}} - \boldsymbol{x}) &= \sum_{n=1}^{N'} p_n^{\mathrm{O1}} \left(x_{n,\mathit{eff}} - x_n\right) + \sum_{n=N'+1}^{N} \left(p_n^{\mathrm{O1}} + C\right)\left(x_{n,\mathit{eff}} - x_n\right) \\ &= \underbrace{\sum_{n=1}^{N} p_n^{\mathrm{O1}} \left(x_{n,\mathit{eff}} - x_n\right)} + \sum_{n=N'+1}^{N} C \left(x_{n,\mathit{eff}} - x_n\right) \\ &= \qquad \Delta\hat{E} \qquad + C \sum_{n=N'+1}^{N} \left(x_{n,\mathit{eff}} - x_n\right) \end{aligned}$$

$$\begin{aligned}
\hat{K}(\boldsymbol{r}_{\mathit{eff}} - \boldsymbol{r}) &= \sum_{m=1}^{M'} p_m^{\mathrm{I1}}\left(r_{m,\mathit{eff}} - r_m\right) + \sum_{m=M'+1}^{M} \left(p_m^{\mathrm{I1}} + C\right)\left(r_{m,\mathit{eff}} - r_m\right) \\
&= \underbrace{\sum_{m=1}^{M} p_m^{\mathrm{I1}}\left(r_{m,\mathit{eff}} - r_m\right)} + \sum_{m=M'+1}^{M} C\left(r_{m,\mathit{eff}} - r_m\right) \\
&= \Delta\hat{K} + C \sum_{m=M'+1}^{M} \left(r_{m,\mathit{eff}} - r_m\right) \\
D(\boldsymbol{y}_{\mathit{eff}} - \boldsymbol{y}) &= \hat{E}(\boldsymbol{x}_{\mathit{eff}} - \boldsymbol{x}) - \hat{K}(\boldsymbol{r}_{\mathit{eff}} - \boldsymbol{r}) \\
&= \underbrace{\Delta\hat{E} - \Delta\hat{K}}_{\in \mathbb{R}} + \underbrace{C\Big(\sum_{n=N'+1}^{N} \underbrace{\left(x_{n,\mathit{eff}} - x_n\right)}_{\text{für} N'<N:\,>0} - \sum_{m=M'+1}^{M} \underbrace{\left(r_{m,\mathit{eff}} - r_m\right)}_{\text{für} M'<M:\,<0} \Big)}_{>0} > 0.
\end{aligned}$$

Die Produktion $\boldsymbol{y}_{\mathit{eff}}$ ist somit für ein hinreichend großes C optimal bezüglich (DPM). □

Gemäß Satz 2.6 können bei einer Deckungsbeitragsmaximierung mit abschnittsweise linearen Erlös- und Kostenfunktionen sowohl bezüglich (VPM) wesentlich effiziente als auch nichtwesentlich effiziente Produktionen optimal bezüglich (DPM) sein. Die im obigen Beweis verwendeten Erlös- und Kostenfunktionen entsprechen für $C = 0$ genau einer linearen Deckungsbeitragsfunktion, d.h. der Kompromisszielfunktion einer Zielgewichtung.

Für ein Einprodukt-Einfaktor-Produktionssystem mit drei zulässigen und effizienten Produktionen ($TM = \{\boldsymbol{y}_1, \boldsymbol{y}_2, \boldsymbol{y}_3\} = TM_{\mathit{eff}}$) deutet Abbildung 2.13 den Verlauf der Isoquanten einer entsprechend definierten Deckungsbeitragsfunktion an. Der Verlauf dieser Isoquanten für die Produktion $\boldsymbol{y}_2$ zeigt deutliche Parallelen zu den Isoquanten bei einer Abstandsminimierung auf Grundlage einer korrigierten TSCHEBYCHEFF-Norm auf (vgl. Abb. 1.8, S. 60). Dies gilt jedoch nur für die betrachtete Produktion $\boldsymbol{y}_2$, weil die Intervallgrenzen der jeweiligen Erlös- und Kostenfunktionen genau durch die Quantitäten dieser Produktion determiniert werden. Die Isoquanten von $\boldsymbol{y}_1$ und $\boldsymbol{y}_3$ unterscheiden sich allerdings von den entsprechenden bei einer Abstandsminimierung.[42] Die Steigung der abschnittsweise definierten Isoquanten von $\boldsymbol{y}_2$ hängt von der Konstante C ab; geht C gegen unendlich, bilden die beiden Geradenstücke einen rechten Winkel.

[42]Vgl. u.a. Verlauf auch mit Skalarisierungsfunktionen WIERZBICKI 1977; WIERZBICKI 1980.

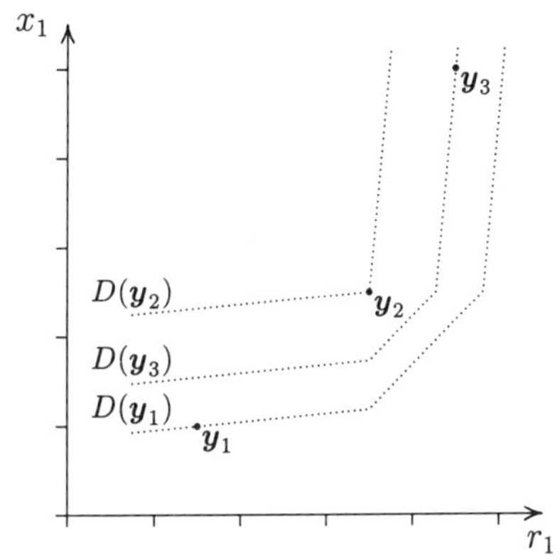

Abbildung 2.13: Deckungsbeitragsisoquanten bei Preisdifferenzierung

Damit lässt sich zusammenfassend feststellen, dass nichtwesentlich effiziente Produktionen bezüglich (VPM) bei einer ökonomische Analyse von Bedeutung seien können, wenn

- nichtkonvexe Technologien vorliegen und
- erfolgsoptimale bzw. kompromissoptimale Lösungen auf einer streng monoton steigenden Erfolgs- bzw. Kompromisszielfunktion basieren, die nichtlinear sind.

Neben den hier angedeuteten und im Beweis zu Satz 2.6 verwendeten Erlös- und Kostenfunktionen sind zahlreiche weitere Funktionsverläufe denkbar, die ebenfalls zu nichtwesentlich effizienten Produktionen als optimale Lösungen führen.

Beispiel B3: Die Auswirkungen abschnittsweise definierter Erlös- und Kostenfunktionen auf eine Deckungsbeitragsmaximierung seien ergänzend am Beispiel B3 für die nichtkonvexe Technologie TM_{NLT} erläutert. Es wird angenommen, dass die Grenzkosten bzw. Grenzerlöse aufgrund einer Preisdifferenzierung für den zweiten Faktor bzw. das Produkt nicht konstant sind. So gilt für die variablen Kosten des ersten und zweiten Faktors:[43]

[43]Im Unterschied zum Beweis von Satz 2.6 mit einer für alle Funktionen gleichen Konstante C divergiert diese Größe im Beispiel für $\hat{E}$ und $\hat{K}$.

$$\hat{K}(r_1) = 1 \cdot r_1 \quad \text{für } r_1 \geqq 0$$

sowie

$$\hat{K}(r_2) = \begin{cases} 1 \cdot r_2 & \text{für } r_2 \leqq 12 \\ 3 \cdot r_2 - 24 & \text{für } r_2 \geqq 12 \end{cases}$$

und für die Erlöse des Produktes:

$$\hat{E}(x_1) = \begin{cases} 28 \cdot x_1 & \text{für } x_1 \leqq 2 \\ 17 \cdot x_1 + 22 & \text{für } x_1 \geqq 2. \end{cases}$$

Bei diesen Annahmen erhöhen sich die Stückkosten des zweiten Faktors nur für die Quantitäten, die 12 FE_2 überschreiten, von 1 GE/FE_2 auf 3 GE/FE_2. Eine derartige Kostensteigerung kann sich beispielsweise in steigenden Lohnkosten begründen, die durch eine Inanspruchnahme zusätzlicher Überstunden bei Überschreiten der kritischen Grenze verursacht werden. Beim Produkt erzielt der Produzent bei einer Abnahme von mehr als 2 PE für jede zusätzliche Produkteinheit einen Preis von 17 GE/PE im Unterschied zu den 28 GE/PE bei Quantitäten von zwei oder weniger Produkteinheiten. Ein derartiger Preisnachlass kann sich beispielsweise in einem Mengenrabatt begründen, den der Produzent gewährt.

Das Programm zur Bestimmung einer deckungsbeitragsmaximalen Produktionen lautet unter diesen Annahmen:

$$\max \left\{ 28x_1^1 + 17x_1^2 - r_1 - r_2^1 - 3r_2^2 \;\middle|\; \begin{array}{l} r_2 = r_2^1 + r_2^2 \\ x_1 = x_1^1 + x_1^2 \\ r_2^1 \leqq 12;\; x_1^1 \leqq 2 \\ r_2^1, r_2^2, x_1^1, x_1^2 \geqq 0 \\ \boldsymbol{y} \in TM_{NLT} \end{array} \right\}.$$

Bei den Variablen zur Erfassung der Quantitäten des zweiten Faktors bzw. des Produktes symbolisiert der jeweils hochgestellte Index 1, dass die Quantitäten die jeweils kritische Grenze noch nicht überschritten haben und der Index 2 die überschreitenden Quantitäten. Die steigenden Kosten beim zweiten Faktor und die sinkenden Erlöse beim Endprodukt gewährleisten eine Inanspruchnahme des jeweils ersten Intervalls vor dem zweiten. Eine der mehreren optimalen Lösungen dieses gemischt ganzzahligen linearen Programms lautet:

$$r_2^{1*} = 12 \quad r_2^{2*} = 0 \quad x_1^{1*} = 2 \quad x_1^{2*} = 0$$
$$r_1^* = 24 \quad r_2^* = 12 \quad x_1^* = 2 \quad \lambda'^* = 1$$

mit einem optimalen Deckungsbeitrag von 20 GE (vgl. Punkt S in Abb. 2.14). Diese deckungsbeitragsmaximale Produktion $\boldsymbol{y}^*$ ist effizient, aber nichtwesentlich effizient bezüglich (VPM). So gibt es mindestens eine Konvexkombination mit Produktionen aus den linearen Prozessen Y_{L3} und Y_{L5}, die diese optimale Produktion dominieren:

$$\frac{2}{3}\boldsymbol{y}_3 + \frac{4}{3}\boldsymbol{y}_5 = \begin{pmatrix} -22 \\ -12 \\ +2 \end{pmatrix} \geq \begin{pmatrix} -24 \\ -12 \\ +2 \end{pmatrix} = \boldsymbol{y}^*.$$

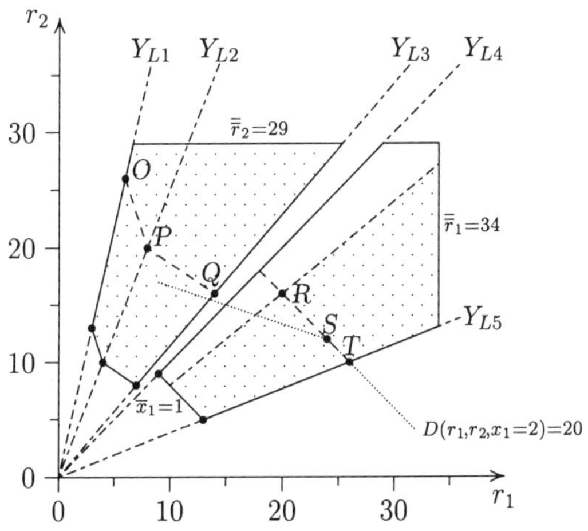

Abbildung 2.14: *Deckungsbeitragsmaximale Produktion bei Preisdifferenzierung*

Die dominierende Konvexkombination aus den beiden Produktionen $\boldsymbol{y}_3$ und $\boldsymbol{y}_5$, d.h aus der konvexen Hülle $\mathcal{H}(TM_{NLT})$, ist kein zulässiges Element der Technologie TM_{NLT}. Die erfolgsoptimale Produktion $\boldsymbol{y}^*$ erweist sich somit als nichtwesentlich effizient bezüglich (VPM-B3$_{NLT}$). Abbildung 2.14 zeigt, dass für $x_1 = 2$ PE die Deckungsbeitragsisoquante stückweise linear verläuft und damit aufgrund der unterschiedlichen Preise zur

Optimalität von nichtwesentlich effizienten Produktionen beiträgt. Diese Deckungsbeitragsisoquante macht zudem deutlich, dass die Menge aller deckungsbeitragsmaximalen Lösungen auf der Strecke ST liegt, diese effizienten und bis auf den Punkt T nichtwesentlich effizienten Produktionen bezüglich (VPM-B3) führen alle zu einem Deckungsbeitrag von 20 GE. Inputorientiert-effiziente Produktionen für $\overline{x}_1^{\square} = 2$ *PE befinden sich auf den Abschnitten OPQ und RST (ohne R).*

Die in Abbildung 2.15 dargestellte Technologie auf der Grundlage der Kosten für die beiden Faktoren $\hat{K}(r_1)$ *bzw.* $\hat{K}(r_2)$ *verdeutlicht, dass bei einer Produktquantität von 2 PE die ermittelte erfolgsoptimale Produktion im Punkt S auch wesentlich effizient bezüglich (VPM-B3*^{p}*) ist. Auf*

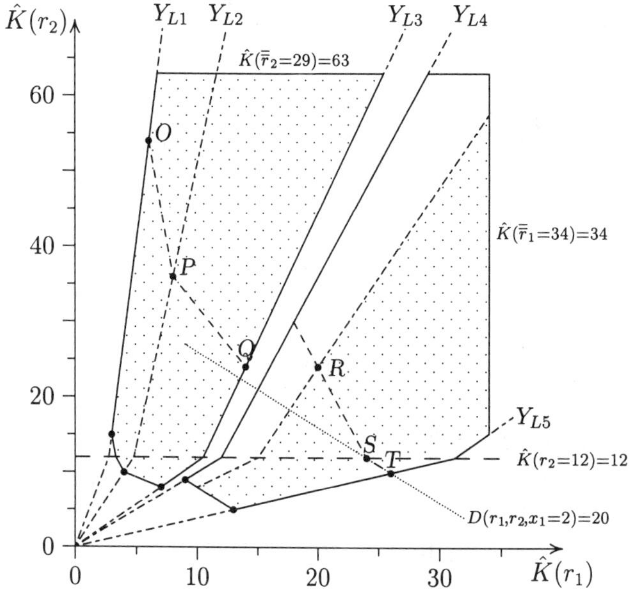

Abbildung 2.15: *Wesentlich effiziente Produktionen bei Preisdifferenzierung*

einem Niveau von $r_2 = 12$ *FE*$_2$ *bzw.* $\hat{K}(r_2 = 12) = 12$ *GE kommt es bei allen linearen Prozessen und den Produktisoquanten zu einem Knick, dessen Ursache in der stückweise linear definierten Kostenfunktion* ($\hat{K}(r_2)$) *des zweiten Faktors liegt. Durch diese Art der Preisdifferenzierung entstehen neue Ecken bzw. Kanten im Zulässigkeitsbereich, von denen sich bei einer Deckungsbeitragsmaximierung gemäß den unterstellten Annahmen die zur Strecke ST korrespondierenden Produktionen als optimal erwiesen. Dieses Beispiel zeigt auch, dass als deckungsbeitragsmaximale Produktionen nichtwesentlich effiziente Produktionen bezüglich (VPM-B3) resultieren können, deren Quantitäten nicht mit allen Intervallgrenzen der nichtlinearen Kosten- und Erlösfunktion übereinstimmen, wie z.B. bei einer optimalen Produktion mit* $r_1 = 25$, $r_2 = 11$ *und* $x_1 = 2$. *Würde der positive Grenzkostensatz mit zunehmenden Quantitäten sinken und nicht steigen, käme es übrigens in Abbildung 2.15 zu einem Knick mit einer Verschiebung in die „andere" Richtung, so dass nicht wesentlich effiziente Produktionen bezüglich (VPM-B3) nach wie vor keine optimalen Lösungen einer Deckungsbeitragsmaximierung sein könnten.*

Damit lässt sich aus entscheidungstheoretischer Sicht feststellen, dass die hier vorgestellte Zielgewichtung mit – von den Input- und Outputquantitäten abhängigen – variablen Zielgewichten eine Ermittlung effizienter Alternativen erlaubt. Vorausgesetzt, die Kompromisszielfunktion, d.h. Deckungsbeitragsfunktion, steigt im Sinne von Satz 1.11 streng monoton, so resultieren als kompromissoptimale Alternativen ausschließlich bezüglich (VPM) effiziente Produktionen, wesentlich oder nichtwesentlich effiziente Produktionen. Eine parametrische Variation der Intervallgrenzen erlaubt gemäß Satz 2.6 eine Bestimmung aller dieser bezüglich (VPM) effizienten Produktionen. Eine Fokussierung auf ausschließlich wesentlich effiziente Produktionen ist folglich nur bei Preissystemen gerechtfertigt, bei denen die Preise für alle Input- bzw. Outputquantitäten konstant sind. Sind differenzierte Preise möglich, so können auch nicht nichtwesentlich effiziente Produktionen deckungsbeitragsmaximal sein.

Eine streng monoton steigende Deckungsbeitragsfunktion muss dabei nicht zwangsläufig die Eigenschaften (2.11) einer konkaven Erlös- und konvexen Kostenfunktionen $\hat{E}$ und $\hat{K}$ erfüllen. So kann etwa auch eine streng monoton steigende Kompromisszielfunktion mit Sprüngen existieren, weil etwa ab einer bestimmten Inputquantität einmalig zusätzliche Kosten anfallen. Auch die im rechten Teil der Abbildung 2.12 (vgl. S. 112) skizzierte weder konvexe noch konkave Kostenfunktion genügt zwar nicht der Bedingung (2.11) (vgl. S. 113), resultiert aber dennoch in einer streng monoton steigenden Deckungsbeitragsfunktion mit einer erfolgsoptimalen Produktion als Ergebnis, die wesentlich oder nichtwesentlich effizient bezüglich (VPM) ist. Das auf Seite 114 vorgestellte Deckungsbeitragsmodell (DPM) ist in diesem letztgenannten Fall unter Einbeziehung von zusätzlichen Binärvariablen zu formulieren. Diese Binärvariablen stellen sicher, dass die auf den jeweiligen Intervallen gültigen Preise nur für bestimmte Input- bzw. Outputquantitäten gelten.[44] Die Nebenbedingungen (3) und (4) sind dann durch folgende Restriktionen (3a) bis (3c) bzw. (4a) bis (4c) zu ersetzen:

$$\left.\begin{array}{ll} (3a) & r_m^s \leqq (\hat{r}_m^s - \hat{r}_m^{s-1})\delta_m^{\mathrm{I}s-1} \\ (3b) & r_m^s \geqq (\hat{r}_m^s - \hat{r}_m^{s-1})\delta_m^{\mathrm{I}s} \\ (3c) & \delta_m^{\mathrm{I}s} \in \mathbb{B} \end{array}\right\} \quad (m = 1, \ldots, M;\ s = 1, \ldots, S_m)$$

$$\left.\begin{array}{ll} (4a) & x_n^s \leqq (\hat{x}_n^s - \hat{x}_n^{s-1})\delta_n^{\mathrm{O}s-1} \\ (4b) & x_n^s \geqq (\hat{x}_n^s - \hat{x}_n^{s-1})\delta_n^{\mathrm{O}s} \\ (4c) & \delta_n^{\mathrm{O}s} \in \mathbb{B} \end{array}\right\} \quad (n = 1, \ldots, N;\ s = 1, \ldots, S_n)$$

$$\text{wobei} \quad \delta_m^{\mathrm{I}0} = 1;\ \delta_m^{\mathrm{I}S_m} = 0 \qquad (m = 1, \ldots, M)$$

$$\delta_n^{\mathrm{O}0} = 1;\ \delta_n^{\mathrm{O}S_n} = 0 \qquad (n = 1, \ldots, N).$$

Soweit es sich bei einer Deckungsbeitragsfunktion um keine streng monoton steigende Funktion handelt, sind die resultierenden erfolgsmaximalen Produktionen nicht mehr notwendigerweise effizient bezüglich (VPM), jedoch stets effizient und wesentlich effizient bezüglich eines entsprechenden vektoriellen Produktionsmodells auf der Grundlage von Erlösen und Kosten, d.h. bezüglich ($\mathrm{VPM}^{\boldsymbol{p}}$). Effizienzüberlegungen sollten dann auf dem monetären vektoriellen Produktionsmodell ($\mathrm{VPM}^{\boldsymbol{p}}$) basieren.

Exkurs: Technologieabhängige Kosten

Abschließend noch eine Anmerkung zur Behandlung von technologieabhängigen Kosten im Unterschied zu fixen Kosten. Bei fixen Kosten, die über alle Prozesse einer Technologiemenge unabhängig von den Input- und Outputquantitäten in gleicher Höhe anfallen, vermindert sich der Erfolg (Gewinn) eines Produzenten um genau diesen fixen Betrag. Auf die bisher analysierte Produktionsentscheidung über die Input- bzw. Outputquantitäten haben diese fixen Kosten keinen Einfluss; sie sind nicht

[44] Vgl. u.a. MARKOWITZ/MANNE 1957, S. 86f; DANTZIG 1963, S. 540ff; bei Sprüngen sind zusätzliche Modifikation der Zielfunktion erforderlich.

entscheidungsrelevant.[45] Im Unterschied dazu können bei einer nichtkonvexen Technologie TM_{NLT}, die einer Vereinigung von mehreren Technologien entspricht, unter Umständen für jede dieser J Technologien unterschiedliche („fixe") Kosten anfallen. Die Höhe dieser technologieabhängigen Kosten K_{TM_j} ist nur davon abhängig, ob die j-te Technologie in Anspruch genommen wird. Diese Kosten sind entscheidungsrelevant, da ein Produzent durch die Wahl der Technologien die Höhe der anfallenden technologieabhängigen Kosten beeinflussen kann. Einer erfolgsorientierten Produktionsplanung liegt unter diesen Annahmen folgendes skalare Produktionsmodell zugrunde:

$$\text{(DPM}'\text{)} \quad \left\{ D(\boldsymbol{y}) - \sum_{j=1}^{J} \delta_j \cdot K_{TM_j} \;\middle|\; \boldsymbol{y} \in TM_{NLT} \right\}.$$

Die Binärvariablen δ_j steuern, welche der J-Technologien zum Einsatz kommt (vgl. Definition der Binärvariablen von TM_{NLT}, S. 76). Da bei einem Variablenwert von eins die Entscheidung auf die j-te Technologie fällt, sind die technologieabhängigen Kosten K_{TM_j} mit der Binärvariablen zu multiplizieren.

Effizienzüberlegungen – als vorgeschaltete Stufe zur Filterung von Produktionsalternativen – sollten in dieser Situation ebenfalls auf einem monetären vektoriellen Produktionsmodell basieren und nicht auf den Input- und Outputquantitäten. Im Unterschied zu den oben analysierten preisdifferenzierenden Systemen ist bei dieser Betrachtungsweise der Vektor der monetären Einflussgrößen um eine Komponente, den technologieabhängigen Kosten K_{TM_j}, zu erweitern. In Anlehnung an das monetäre vektorielle Produktionsmodell (VPM$^{\boldsymbol{p}}$) lautet ein entsprechend erweitertes Modell:

$$\text{(VPM}^{\boldsymbol{p}'}\text{)} \quad \left\{ \begin{pmatrix} -K(r_1) \\ \vdots \\ -K(r_m) \\ +Er(x_1) \\ \vdots \\ +Er(x_N) \\ -\sum_{j=1}^{J} \delta_j \cdot K_{TM_j} \end{pmatrix} \;\middle|\; \boldsymbol{y} \in TM_{NLT} \right\}.$$

[45] Zu fixen oder auflagefixen Kosten vgl. u.a. KILGER 1980, S. 34ff.

Kandidaten für eine erfolgsoptimale Produktion bezüglich (DPM$'$) können ausschließlich wesentlich effiziente Produktionen bezüglich (VPM$^{p'}$) sein. Diese Betrachtungsweise lässt sich entsprechend auf konvexe oder diskrete Technologien anwenden, wenn es prozessabhängige Kosten zu berücksichtigen gilt, die mit Inanspruchnahme eines i-ten linearen oder diskreten Prozesses anfallen.

3 Effiziente Organisationen und Data Envelopment Analysis

Die im zweiten Kapitel dargestellten Untersuchungen zu effizienten Produktionen gehen implizit von Produktionsentscheidungen aus, die ein Produzent zu einem zukünftigen Entscheidungszeitpunkt zu treffen hat. In Bezug auf die zur Auswahl stehenden Produktionsalternativen – wie möglichen Produktionsprogrammen – interessieren einen Produzenten effiziente Produktionen und bei einer erfolgsorientierten Planung insbesondere gewinn- bzw. deckungsbeitragsmaximale Produktionen. In diesem dritten Kapitel wird angenommen, dass unterschiedliche Organisationseinheiten in der Vergangenheit bereits Entscheidungen getroffen haben. Der eingesetzte Input hat zu einem bestimmten Output geführt. Im Sinne der Kontrolle einer Entscheidung stellt sich nun ex post die Frage: Welche Organisationen haben im Vergleich zu anderen Organisationen effiziente Produktionsentscheidungen getroffen? Gemäß dem in dieser Arbeit verwendeten Effizienzbegriff resultieren aus einer derartigen Betrachtung einerseits eine Menge effizienter Organisationen und andererseits eine Menge ineffizienter Organisationen. Wie speziell unter diesem Aspekt sich letztgenannte Organisationen genauer klassifizieren lassen, ist unter anderem ein Ziel der Data Envelopment Analysis (DEA).

In diesem dritten Kapitel werden unter Verwendung der entscheidungs- bzw. produktionstheoretischen Terminologie der ersten beiden Kapitel ausgewählte Konzepte der DEA analysiert. Der erste Abschnitt 3.1 stellt zunächst einige elementare Begriffe der DEA vor und beschäftigt sich überwiegend mit der Menge der möglichen Produktionen von Organisationen (Alternativenmenge, Technologie). Im Anschluss daran folgt im

Abschnitt 3.2 eine Definition effizienter Organisationen und entsprechende Möglichkeiten zur Überprüfung der Effizienz. An diese Betrachtung schließt sich die Klassifikation von ineffizienten Organisationen und deren entscheidungstheoretische Interpretation in Anlehnung an die vorgestellten Kompromissmodelle an (Abschnitt 3.3).

3.1 Produktionen von Organisationen

3.1.1 Data Envelopment Analysis und Produktionstheorie

Aufgabe einer betriebswirtschaftlichen Entscheidungstheorie ist – wie im Abschnitt 1.1.2 erläutert (vgl. S. 11ff) – Entscheidungsträgern die Implikationen einer Entscheidung unter Berücksichtigung gegebener modelltheoretischer Annahmen zu verdeutlichen. Die produktionstheoretischen Darstellungen im zweiten Kapitel zeigen einem Produzenten Möglichkeiten zur Charakterisierung und Identifikation effizienter Produktionen auf. Hat ein Produzent „Entscheidungsfreiheiten", d.h., einem Entscheidungsträger stehen mehrere Alternativen zur Auswahl, und die Wahl wird nicht extern vorgeschrieben, so stellt sich vielfach ex post für (externe) Beobachter bzw. Analysten die Frage, ob die Entscheidungen der Entscheidungsträger einer Organisation im Vergleich zu anderen Organisationen effizient waren oder nicht. Eine derartige Beurteilung streben Untersuchungen auf Grundlage der DEA an.[1]

Unter einer Organisation wird hier eine Institution verstanden, wie z.B. eine Unternehmung, eine Verwaltung oder auch ein Verein. Der Organisationsbegriff ist in dieser Arbeit somit im institutionellen und nicht im instrumentalen Sinne zu interpretieren.[2] Die Untersuchungen der DEA beschränken sich nicht auf Organisationen aus dem privatwirtschaftlichen Sektor, sondern beziehen besonders auch Organisationen aus dem Non-Profit-Sektor ein.

Im Unterschied zu den bisherigen produktionstheoretischen Überlegungen basieren Aussagen über die Effizienz nicht auf den Planungsdaten,

[1]Zu den Grundlagen der DEA vgl. u.a. CHARNES et al. 1994; COELLI et al. 1999; SEIFORD 1999; COOPER et al. 2000b; THANASSOULIS 2001.

[2]Vgl. u.a. HILL et al. 1981, S.17ff.

sondern auf beobachtbaren Daten von zu vergleichenden Organisationen (Organisationseinheiten, Entscheidungseinheiten, Decision Making Units, kurz DMUs). Ausgangspunkt dieser Effizienzüberlegungen stellen also nicht die Daten, die einem Entscheidungsträger einer DMU vor der Entscheidung (ex ante) zur Verfügung standen, sondern die ex post beobachteten Daten dar. Die Entscheidungssituation wird demnach nicht „rekonstruiert", stattdessen erfolgt ein Vergleich mit anderen (ähnlichen) Organisationen, die vergleichbare Entscheidungen zu treffen hatten. Dieser wichtige Unterschied darf bei den im Folgenden dargestellten – in erster Linie – formalen Parallelen zu den produktionstheoretischen Darstellungen des zweiten Kapitels nicht übersehen werden.

Zahlreiche Untersuchungen der DEA konzentrieren sich insbesondere auf Organisationen aus dem Non-Profit-Sektor – wie Gerichte, Universitäten, Krankenhäuser oder Museen.[3] Diese Non-Profit-Organisationen weisen in der Regel keinen monetären Erfolg (Gewinn) aus, oder deren Wertentwicklung lässt sich nicht unmittelbar an Kursen auf Aktienmärkten ablesen, so dass nach einem geeigneten transparenten Kriterium zum Vergleich dieser Organisationen gesucht wird. Wenn im Laufe der Zeit Untersuchungen der DEA ebenso auf privatwirtschaftliche Unternehmungen bzw. Teile von Unternehmen – wie etwa bei Banken[4] – Anwendung fanden, dann u.a. auch deshalb, weil *eine* monetäre Größe in der Regel keine ausreichende Aussage über die Qualität einer Organisationseinheit erlaubt. Aus entscheidungstheoretischer Sicht sollte nicht nur *ein* Kriterium zur Beurteilung einer Organisation herangezogen werden, sondern eine *Vielzahl* von Kriterien. Es gibt folglich wie bei den betrachteten vektoriellen Entscheidungsmodellen mehrere Ziele, die zur Beurteilung einer Alternative, hier einer Organisation, heranzuziehen sind.

Kriterien zur Beurteilung der Performance einer Organisation sind wie bei den im zweiten Kapitel skizzierten Input-Output-Systemen einerseits der zur Verfügung stehende Input und andererseits der erwirtschaftbare Output, die wiederum jeweils Kriterien (Ziele) zur Beurteilung der Effizienz einer Organisation repräsentieren. Die Annahmen über die Menge

[3]Zum Überblick vgl. SCHEFCZYK 1996, S. 177, Tab. 2, und z.B. LEWIN et al. 1982; BACKES-GELLNER/ZANDERS 1989; BÜRKLE 1997; KUNTZ/SCHOLTES 1999; MAIRESSE/EECKAUT 1999; zur Analyse von Untersuchungsmethoden im Gesundheitswesen vgl. u.a. GEISSINGER 2000.

[4]Vgl. u.a. CHARNES et al. 1990; TULKENS 1993; POREMBSKI 2000.

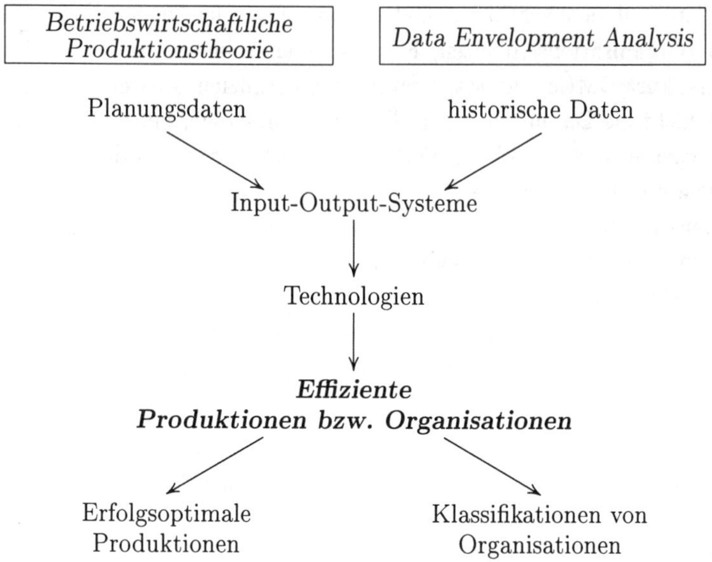

Abbildung 3.1: Produktionstheorie versus Data Envelopment Analysis

der als möglich und zulässig erachteten Produktionen können dabei divergieren. Von diesen Annahmen hängt die Anzahl der bezüglich dieses Input-Output-Systems effizienten Organisationen ab. Urteile und Vergleiche über insbesondere als ineffizient eingestufte Organisationen basieren auf aggregierten (reellwertigen) Größen, wie sie von Kompromissmodellen mit reellwertigen Kompromisszielfunktionen bekannt sind. Ein direkter Vergleich auf der Grundlage des mit Preisen bewerteten Inputs und Outputs, d.h. eine erfolgsorientierte Beurteilung, bietet sich bei den zu beurteilenden DMUs häufig nicht an, da alle Preise in der Regel nicht bekannt bzw. nur schwer abzuschätzen sind. Wie soll etwa der Output einer Universität – z.B. die Anzahl der examinierten Studierenden oder die Anzahl und Qualität von Publikationen – monetär bewertet werden? Bei der DEA dienen aus diesem Grund vielfach abstandsbasierte Konzepte zur Klassifikation von insbesondere ineffizienten Organisationen, die auf eine direkte monetäre Bewertung verzichten. Daher bietet sich beispielsweise auch die Beurteilung von umweltorientierten Produktionssystemen auf Grundlage der DEA an.[5] Die Abbildung 3.1 fasst die unterschiedlichen und gemeinsamen Aspekte zwischen Produktionstheorie und DEA im Überblick zusammen.[6]

3.1.2 Ausgewählte DEA-Technologien

Wie bereits angedeutet, sind bei der DEA ebenfalls Input-Output-Systeme Ausgangspunkt für eine Beurteilung der Effizienz von Organisationen. Die zu analysierenden Organisationseinheiten benötigen zur Bereitstellung eines Outputs einen bestimmten Input. Bei einer Untersuchung der Effizienz von Museen könnte beispielsweise als Input das zur Verfügung stehende Budget für Ausstellungen sowie die Anzahl der angestellten Mitarbeiter und als Output die Anzahl der Besucher usw. dienen. Diese Daten sind dann für eine zu vergleichende Anzahl von Museen zu erheben.[7] Die DEA analysiert somit den Prozess der Transformation, d.h. die Umwandlung von Input zu Output, an verifizierbaren und quantifizierbaren Daten, die in den „Transformator" einfließen bzw. ihn verlassen, und nicht an den im Allgemeinen nur für einen Insider zugänglichen „Regeln des Transformators", d.h. an internen Organisationsabläufen.

Bei den Daten zur Beurteilung einer i-ten Organisationseinheit (DMU$_i$) handelt es sich formal um einen Vektor mit M Inputquantitäten $\boldsymbol{r}_i$ und N Outputquantitäten $\boldsymbol{x}_i$. Für diese aus der Aktivitätsanalyse bekannten Produktionen $\boldsymbol{y}_i$ gilt für alle $i \in \mathsf{I} := \{1, \dots, I\}$:[8]

$$\boldsymbol{y}_i = \begin{pmatrix} -\boldsymbol{r}_i \\ +\boldsymbol{x}_i \end{pmatrix} = \begin{pmatrix} -r_{1,i} \\ \vdots \\ -r_{Mi} \\ +x_{1,i} \\ \vdots \\ +x_{N,i} \end{pmatrix} \in \mathbb{R}^{M+N}_{-+}.$$

[5] Vgl. u.a. ALLEN 1999; LUPTACIK 2000; DYCKHOFF/ALLEN 2001.

[6] In Anlehnung an KLEINE 2001, Abb. 1, S, 224.

[7] Vgl. u.a. MAIRESSE/EECKAUT 1999.

[8] Vgl. u.a. CHARNES et al. 1991, S.201ff; DYCKHOFF/ALLEN 1999, S.423ff; in der DEA-Literatur bezeichnet üblicherweise $\boldsymbol{x}$ den Input und $\boldsymbol{y}$ den Output, worauf aus Gründen der Konsistenz zu Kapitel 2 verzichtet wird.

Sowohl Input als auch Output können wie in der Produktionstheorie materieller oder immaterieller Art sein. Voraussetzung für eine Berücksichtigung ist eine geeignete Möglichkeit, alle relevanten Inputs bzw. Outputs als quantifizierbare Größen zu messen.

Ausgehend von diesen beobachteten I Produktionen sind Annahmen über alle weiteren – als realisierbar anzusehenden – Produktionen zu treffen. Grundsätzlich enthält eine Technologie TM zulässige Produktionen, die zu einem Vergleich mit den I erfassten Produktionen herangezogen werden können (vgl. (2.1), S. 70):

$$TM = \left\{ \boldsymbol{y} \in \mathbb{R}_{-+}^{M+N} \,\middle|\, \boldsymbol{y} \text{ ist realisierbar} \right\}.$$

Die Elemente einer Technologie, d.h. die Produktionen, werden im Folgenden auch als Referenzen bezeichnet. Die Annahmen über die als zulässig erachteten Referenzen zur Bewertung von DMUs divergieren in den unterschiedlichen DEA-Ansätzen. Unstrittig ist in der Regel, dass die Produktionen der I DMUs zu einer Technologie gehören.[9] Durch Multiplikation dieser Produktionen $\boldsymbol{y}_i$ mit nichtnegativen Linearfaktoren (Skalarfaktoren, Skalenniveaus) λ_i lassen sich analog zu den aus der Produktionstheorie bekannten linearen und diskreten Technologien weitere mögliche Produktionen generieren:

$$TM_\iota := \left\{ \boldsymbol{y} \in \mathbb{R}_{-+}^{M+N} \,\middle|\, \boldsymbol{y} = \sum_{i=1}^{I} \lambda_i \cdot \boldsymbol{y}_i;\ \boldsymbol{\lambda} \in \Lambda_\iota \subseteq \mathbb{R}_{+}^{I} \right\}$$
$$\text{mit } \iota \in \{CRS, NDRS, NIRS, VRS, FDH, FRH\}$$

Die Tabelle 3.1 fasst einige aus der DEA-Literatur bekannte elementare Anforderungen an die Menge der Linearfaktoren Λ im Überblick zusammen.[10] Die erstgenannten Formulierungen orientieren sich an unterschiedlichen Skalenerträgen. Bei Technologien mit konstanten Skalenerträgen (Constant Returns to Scale) gehören alle nichtnegativen Vielfachen und deren Kombinationen zur Menge TM_{CRS} der zulässigen Produktionen

[9] Einige Ansätze eliminieren eine zu untersuchende DMU aus TM bei der Effizienzmessung, vgl. u.a. ANDERSEN/PETERSEN 1993; PUYENBROECK 1998.

[10] Vgl. u.a. PETERSEN 1990, S. 306; BOGETOFT 1996, S. 458; SEIFORD/ZHU 1999, S. 3; vgl. hierzu auch exemplarische Darstellungen zu Technologien des Beispiels B3 im Kapitel 2, S. 84.

Bezeichnung	Menge Λ_ι
Constant Returns to Scale	$\Lambda_{CRS} = \left\{\boldsymbol{\lambda} \in \mathbb{R}_+^I\right\}$
Non-Decreasing Returns to Scale	$\Lambda_{NDRS} = \left\{\boldsymbol{\lambda} \in \mathbb{R}_+^I \,\middle\|\, \sum_{i=1}^{I} \lambda_i \geqq 1\right\}$
Non-Increasing Returns to Scale	$\Lambda_{NIRS} = \left\{\boldsymbol{\lambda} \in \mathbb{R}_+^I \,\middle\|\, \sum_{i=1}^{I} \lambda_i \leqq 1\right\}$
Variable Returns to Scale	$\Lambda_{VRS} = \left\{\boldsymbol{\lambda} \in \mathbb{R}_+^I \,\middle\|\, \sum_{i=1}^{I} \lambda_i = 1\right\}$
Free Disposal Hull	$\Lambda_{FDH} = \left\{\boldsymbol{\lambda} \in \mathbb{B}^I \,\middle\|\, \sum_{i=1}^{I} \lambda_i = 1\right\}$
Free Replicability Hull	$\Lambda_{FRH} = \left\{\boldsymbol{\lambda} \in \mathbb{N}_0^I\right\}$

Tabelle 3.1: Mengen von Linearfaktoren

bzw. Referenzen. Diese Technologie entspricht genau einer linearen Technologie ($TM_L = TM_{CRS}$), d.h. die Technologie genügt den Anforderungen an einen Kegel (vgl. (2.2), S. 72):

$$\boldsymbol{y} \in TM_{CRS} \implies \lambda\, \boldsymbol{y} \in TM_{CRS} \quad (\forall\, \lambda \in \mathbb{R}_+) \tag{3.1}$$

und erfüllt zudem speziell die Bedingungen für konvexe Kegel (vgl. (2.3), S. 72), denn Konvexkombinationen zulässiger Produktionen sind definitionsgemäß ebenfalls Elemente dieser Technologie.

Beispiel B5: Für ein Beispiel B5, das zur Illustration der folgenden Darstellungen dient und auf einem Input-Output-System mit einem Input und einem Output ($M = N = 1$) basiert,[11] *enthält Tabelle 3.2 die angenommenen Quantitäten der Produktionen von sieben zu analysierenden Organisationseinheiten. Bei den DMUs kann es sich etwa um zu vergleichende Museen handeln, wobei vereinfachend als Input das in Geldeinheiten gemessene Budget und als Output die Anzahl der (Tausend) Besucher dient.*

Die sieben Produktionen $\boldsymbol{y}_1$ bis $\boldsymbol{y}_7$ der DMUs erzeugen den konvexen Kegel der Technologie TM_{CRS}. In diesem Beispiel sind allerdings nur die

[11] Vgl. auch KLEINE 2001, S. 230ff.

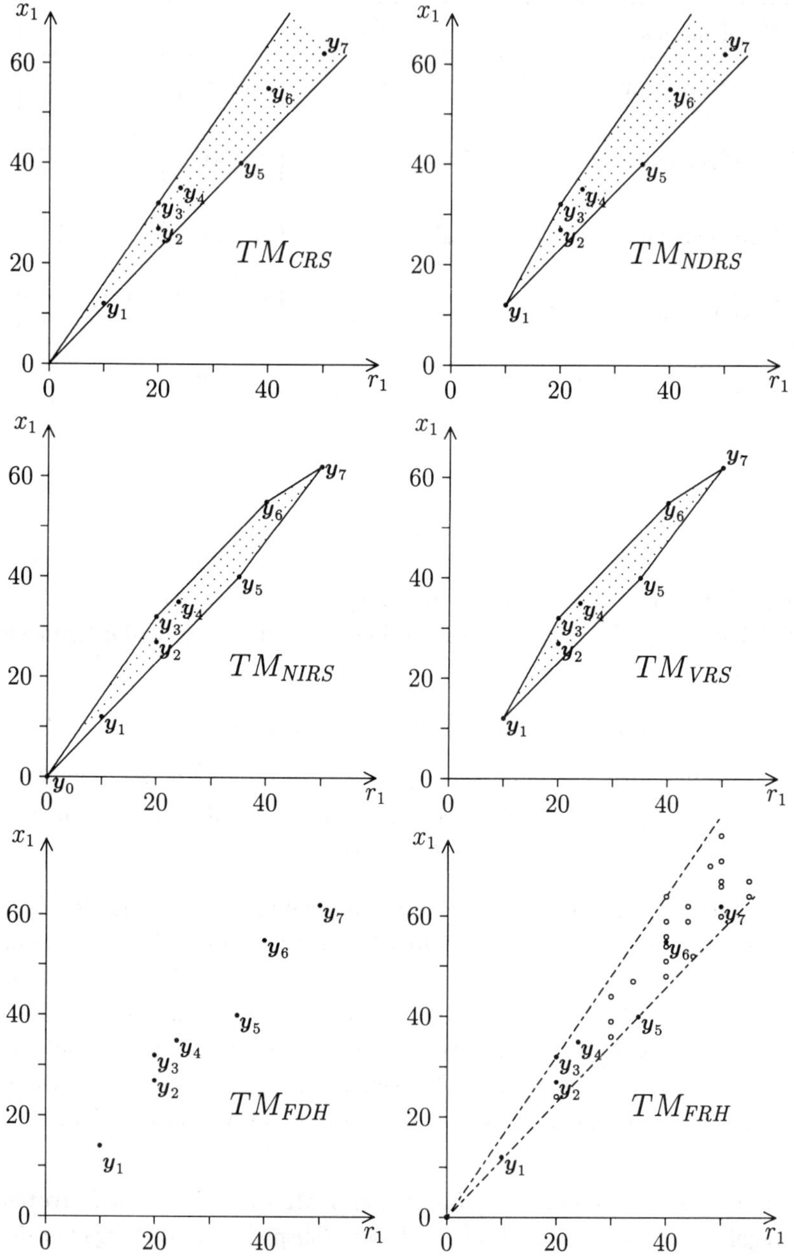

Abbildung 3.2: Ausgewählte DEA-Technologien für Beispiel B5

DMU_i	DMU_1	DMU_2	DMU_3	DMU_4	DMU_5	DMU_6	DMU_7
$\boldsymbol{y}_i$	$\boldsymbol{y}_1$	$\boldsymbol{y}_2$	$\boldsymbol{y}_3$	$\boldsymbol{y}_4$	$\boldsymbol{y}_5$	$\boldsymbol{y}_6$	$\boldsymbol{y}_7$
$r_{1,i}$	10	20	20	24	35	40	50
$x_{1,i}$	12	27	32	35	40	55	62

Tabelle 3.2: Input- und Outputquantitäten der sieben DMUs für B5

beiden Produktionen $\boldsymbol{y}_3$ und $\boldsymbol{y}_5$ zur Generierung des Kegels erforderlich (vgl. Abb. 3.2[12]*). Die in der Abbildung 3.2 dargestellten Technologien veranschaulichen darüber hinaus die weiteren in der Tabelle 3.1 aufgelisteten Varianten.*

Bei einer Technologie TM_{NDRS} mit nicht abnehmenden Skalenerträgen (Non-Decreasing Returns to Scale) ist die Summe der Linearfaktoren auf einen Wert von mindestens eins beschränkt.[13] Die Menge aller zulässigen Produktionen zur Beurteilung einer DMU enthält ausschließlich solche Referenzen, die folgender Anforderung genügen:

$$\boldsymbol{y} \in TM_{NDRS} \Longrightarrow \lambda \boldsymbol{y} \in TM_{NDRS} \quad (\forall \lambda \geqq 1). \tag{3.2}$$

Durch die zusätzliche Beschränkung der Linearfaktoren verbleibt bei dieser (nicht größendegressiven) Technologie TM_{NDRS} lediglich eine Teilmenge der Produktionen aus einer Kegeltechnologie TM_{CRS} als zulässig. Während der Kegel von TM_{CRS} bei einer Technologie TM_{NDRS} nach unten „gestutzt" wird, begrenzt diesen Kegel bei einer Technologie TM_{NIRS} mit nicht zunehmenden Skalenerträgen (Non-Increasing Returns to Scale) eine obere Schranke (vgl. *Abb. 3.2 für Beispiel B5*). Technologien mit nicht abnehmenden bzw. nicht zunehmenden Skalenerträgen bezeichnen übrigens einige Autoren der DEA-Literatur vereinfachend als Technologien mit steigenden Skalenerträgen (Increasing Returns to Scale) bzw. fallenden Skalenerträgen (Decreasing Returns to Scale).[14] Diese Bezeichnungen charakterisieren jedoch häufig auch einzelne DMUs einer Techno-

[12] Vgl. u.a. zu diesen Abbildungen auch DYCKHOFF 2000, S. 182.

[13] Zu NIRS, NDRS und VRS vgl. u.a. BANKER 1984; BANKER et al. 1984 und zu entsprechenden Darstellungen größenprogressiver bzw. größendegressiver Technologien vgl. u.a. WITTMANN 1968, S. 7ff; DYCKHOFF 2000, S. 56ff.

[14] Vgl. u.a. BOGETOFT 1996, S. 458; COOPER et al. 2000b, S. 134f.

logie und nicht die Menge aller zulässigen Produktionen (Referenzen),[15] so dass diese Notation hier nicht verwendet wird.

Bei einer Technologie vom Typ TM_{NIRS} ist die Summe der Linearfaktoren auf einen Wert von maximal eins beschränkt, so dass für alle Produktionen dieser (größendegressiven) Technologie TM_{NIRS} gilt:

$$\boldsymbol{y} \in TM_{NIRS} \implies \lambda \boldsymbol{y} \in TM_{NIRS} \quad (\forall \lambda \in [0,1]). \tag{3.3}$$

Bei der Beurteilung einer DMU sind ausgehend von einer beliebigen Produktion aus dieser Technologie TM_{NIRS} ausschließlich Senkungen des Skalenniveaus λ erlaubt. Diese Technologie TM_{NIRS} lässt sich gleichfalls als Konvexkombination aller beobachteten Produktionen $\boldsymbol{y}_i$, jedoch inklusive des Ursprungs (Nullpunkt $\boldsymbol{y}_0 := \mathbf{o}$), äquivalent darstellen:

$$TM_{NIRS} = \left\{ \boldsymbol{y} \in \mathbb{R}^{M+N}_{-+} \;\middle|\; \boldsymbol{y} = \sum_{i=0}^{I} \lambda_i \cdot \boldsymbol{y}_i;\ \sum_{i=0}^{I} \lambda_i = 1;\ \boldsymbol{\lambda} \geqq 0 \right\}.$$

Bei dieser Formulierung ist der Linearfaktor λ_0 mit einer Schlupfvariablen vergleichbar, dessen positive Werte ohne Einfluß auf eine Produktion dieser Technologie bleiben. Diese Formulierung von TM_{NIRS} verdeutlicht unmittelbar den Unterschied zu einer Technologie TM_{VRS} mit variablen Skalenerträgen (Variable Returns to Scale), bei der der Ursprung $\boldsymbol{y}_0$ keinen zulässigen Referenzpunkt darstellt. Diese Technologie TM_{VRS} setzt sich aus Konvexkombinationen der I beobachteten Produktionen zusammen. Alle Produktionen aus einer Technologie TM_{VRS} genügen den Bedingungen (3.2) *und* (3.3), d.h.:[16]

$$TM_{VRS} = TM_{NDRS} \cap TM_{NIRS}, \tag{3.4}$$

während alle Produktionen einer Technologie TM_{CRS} mit konstanten Skalenerträgen die Bedingung (3.2) *oder* (3.3) erfüllen:

$$TM_{CRS} = TM_{NDRS} \cup TM_{NIRS}. \tag{3.5}$$

Im Gegensatz zu den Technologien TM_{CRS}, TM_{NIRS}, TM_{NDRS} und TM_{VRS}, die sich durch eine konvexe Alternativenmenge auszeichnen, handelt es sich bei den beiden Technologien TM_{FDH} und TM_{FRH} um

[15] Vgl. u.a. BANKER/THRALL 1992; SEIFORD/ZHU 1999.
[16] Vgl. u.a. KERSTENS/EECKAUT 1999, S. 211.

nichtkonvexe, diskrete Technologien.[17] Bei einer so genannten Free Disposal Hull-Technologie TM_{FDH} kommen als Referenzen für effiziente DMUs ausschließlich die beobachteten Produktionen in Frage. Diese Technologie gleicht unter dieser Voraussetzung einer endlichen Technologie (TM_E=TM_{FDH}, vgl. S. 75):

$$TM_{FDH} = \{\boldsymbol{y}_1, \ldots, \boldsymbol{y}_i, \ldots, \boldsymbol{y}_I\}.$$

Eine Free Replicability Hull-Technologie TM_{FRH} stimmt dagegen mit einer diskreten Technologie überein (TM_D=TM_{FRH}, vgl. S. 75). Bei dieser Technologie erzeugen die I Produktionen $\boldsymbol{y}_i$ der DMUs einen diskreten Kegel, der alle ganzzahligen Vielfachen der $\boldsymbol{y}_i$ und deren Kombinationen als zulässige Referenzen enthält (vgl. zu diskreten Prozessen (2.4) und diskreten Technologien (2.5), S. 75):

$$\boldsymbol{y} \in TM_{FRH} \implies \lambda \boldsymbol{y} \in TM_{FRH} \quad (\forall \lambda \in \mathbb{N}_0). \tag{3.6}$$

Aus Abbildung 3.2 ist bereits ersichtlich, dass im Vergleich zur endlichen Technologie TM_{FDH} alle zusätzlich zulässigen Produktionen der diskreten Technologie TM_{FRH} Elemente des konvexen Kegels der zugehörigen linearen Technologie TM_{CRS} sind.

Aus den in Tabelle 3.1 vorgestellten Formulierungen der Mengen zulässiger Linearfaktoren geht des Weiteren unmittelbar hervor, dass ausgehend von einer Technologie mit konstanten Skalenerträgen für eine Technologie mit nicht zunehmenden und eine Technologie mit variablen Skalenerträgen die Anforderungen an die Menge Λ sukzessive steigen, bis bei einer Technologie vom Typ TM_{FDH} ausschließlich die betrachteten DMUs verbleiben. So gilt u.a. für diese Technologien:

$$TM_{CRS} \supseteq TM_{NIRS} \supseteq TM_{VRS} \supseteq TM_{FDH}. \tag{3.7}$$

3.1.3 FDH-Technologien

3.1.3.1 Erweiterte FDH-Technologien

Eine endliche Technologie TM_{FDH} lässt sich in Ergänzung zu den bisherigen Betrachtungen mit unterschiedlichen Annahmen über die Skalen-

[17] Vgl. u.a. DEPRINS et al. 1984; TULKENS 1993.

erträge kombinieren.[18] In diesen Fällen repräsentieren neben den Produktionen der DMUs zusätzlich deren nichtnegativen Vielfachen Referenzen für die Menge der zulässigen Produktionen, nicht aber Kombinationen aus Produktionen unterschiedlicher DMUs. Demnach sind bei diesen Technologien bestimmte Annahmen über die Skalenerträge der Produktion einer einzelnen DMU möglich. Welche Werte die Linearfaktoren λ_i einer Produktion $\boldsymbol{y}_i$ annehmen können, hängt wiederum von den konkret unterstellten Skalenerträgen ab. Bei konstanten Skalenerträgen enthält der resultierende Kegel einer Technologie TM_{FCRS} die zu den beobachteten I Produktionen korrespondierenden linearen Prozesse (vgl. (2.2), S. 72). Bei nicht zunehmenden bzw. nicht abnehmenden Skalenerträgen sind die Linearfaktoren λ_i einer beobachteten Produktion $\boldsymbol{y}_i$ entsprechend auf $\lambda_i \leqq 1$ bzw. $\lambda_i \geqq 1$ für alle $i \in \mathsf{I}$ beschränkt.

Um diese Erweiterungen einer *FDH*-Technologie als gemischt ganzzahlige lineare Programme zu modellieren, bietet sich erneut die Einführung von Binärvariablen für alle $i \in \mathsf{I}$ an:

$$\delta_i := \begin{cases} 1, & \text{falls Produktion } \boldsymbol{y}_i \text{ der DMU}_i \text{ als Referenz dient,} \\ 0, & \text{sonst.} \end{cases}$$

Unter Verwendung dieser Binärvariablen ergibt sich unter Berücksichtigung entsprechender Skalenerträge folgende Formulierung von nichtkonvexen DEA-Technologien:[19]

$$TM_{F\iota} := \left\{ \boldsymbol{y} \in \mathbb{R}^{M+N}_{-+} \;\middle|\; \begin{array}{l} \boldsymbol{y} = \sum\limits_{i=1}^{I} \lambda_i \cdot \boldsymbol{y}_i \\ \boldsymbol{\lambda} \in \Lambda_{F\iota} \end{array} \right\},$$

$$\text{wobei } \Lambda_{F\iota} = \left\{ \boldsymbol{\lambda} \in \Lambda_\iota \;\middle|\; \begin{array}{l} \lambda_i \leqq M \cdot \delta_i \quad (i = 1, \ldots, I) \\ \sum\limits_{i=1}^{I} \delta_i = 1 \\ \delta_1, \ldots, \delta_I \in \mathbb{B} \end{array} \right\}$$

mit $\iota \in \{CRS, NDRS, NIRS\}$

und einer hinreichend großen Zahl M.

[18] Zu Kombinationen von FDH mit CRS, NDRS oder NIRS und äquivalenten nichtlinearen Formulierungen einer Technologie vgl. u.a. KERSTENS/EECKAUT 1999.

[19] Vgl. zur Big M-Methode auch Fußnote 23, S. 76.

Nimmt eine der Binärvariablen δ_i den Wert eins an, so liegen die zulässigen Produktionen im Bereich des zugehörigen (begrenzten) linearen Prozesses der DMU$_i$. Eine Beschränkung der Summe der Binärvariablen auf einen Wert von genau eins garantiert, dass ein Prozess und nicht mehrere Prozesse simultan zum Einsatz kommen.

Die obige Darstellung nichtkonvexer DEA-Technologien orientiert sich an der Formulierung der nichtkonvexen Technologie TM_{NLT}, die sich aus unterschiedlichen LEONTIEF-Technologien zusammensetzt (vgl. S. 76f). Da Beschränkungen der Input- bzw. Outputquantitäten bei der DEA in der Regel keine Bedeutung haben (vgl. auch Erläuterungen zu Abb. 3.8, S. 144), kommen die Restriktionen der Technologie TM_{NLT} bei obigen DEA-Technologien nicht zum Tragen.

Für die unterschiedlichen Kombinationen aus einer *FDH*-Technologie mit konstanten, nicht abnehmenden und nicht zunehmenden Skalenerträgen ist die Menge der Linearfaktoren gemäß den Angaben der Tabelle 3.1 zu beschränken. So sind für eine Technologie TM_{FCRS} mit konstanten Ska-

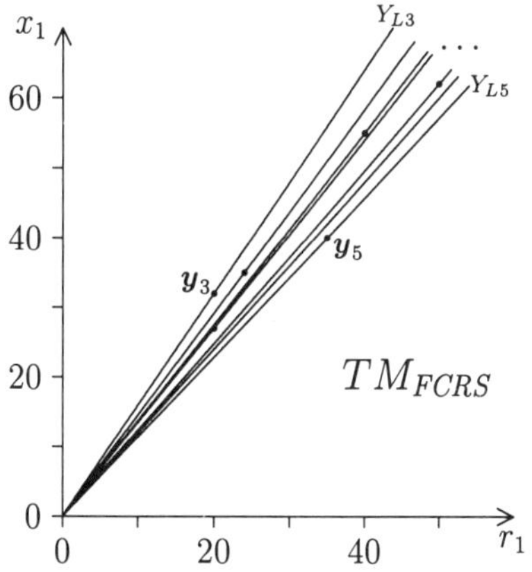

Abbildung 3.3: *FDH*-Technologie bei *CRS*

lenerträgen alle nichtnegativen Vielfachen ($\lambda_i \geqq 0$) einer i-ten Produktionen zulässig (vgl. (3.1), S. 131, sowie Abb. 3.3 für *B5*), für TM_{FNDRS} mit nicht abnehmenden Skalenerträge nur Erhöhungen des Skalenniveaus ($\lambda_i \geqq 1$) und für TM_{FNIRS} mit nicht steigenden Skalenerträgen lediglich Senkungen des Skalenniveaus ($\lambda_i \leqq 1$) einer i-ten Produktion möglich (vgl. (3.2) u. (3.3), S. 133, sowie Abb 3.4 für $B5$). Die nichtkonvexen Technologien TM_{FCRS}, TM_{FNDRS} und TM_{FNIRS} unterscheiden sich da-

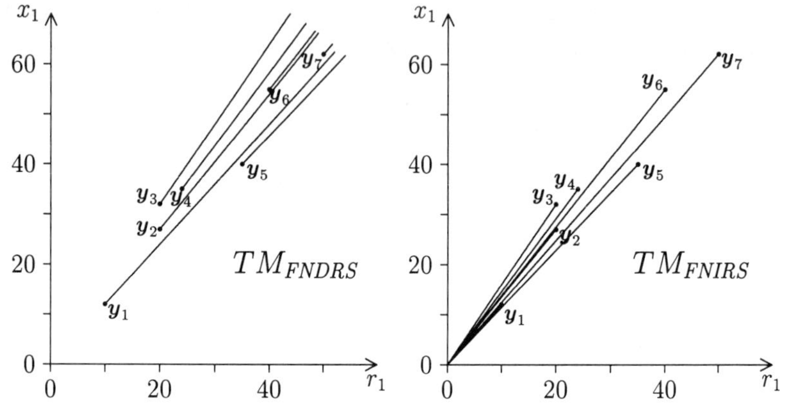

Abbildung 3.4: *FDH*-Technologie bei *NDRS* bzw. *NIRS*

her von den konvexen Technologien TM_{CRS}, TM_{NDRS} und TM_{NIRS} durch die ausschließliche Fokussierung auf die zu den Produktionen $\boldsymbol{y}_i$ $(i \in \mathsf{I})$ gehörenden linearen Prozesse bzw. deren Teilbereiche, d.h. beispielsweise:

$$TM_{FCRS} = \bigcup_{i=1}^{I} Y_{Li} \tag{3.8}$$

$$\text{mit } Y_{Li} = \left\{ \boldsymbol{y} \in \mathbb{R}^{M+N}_{-+} \;\middle|\; \boldsymbol{y} = \lambda \cdot \boldsymbol{y}_i \quad (\lambda \in \mathbb{R}_+) \right\} \qquad (\forall i \in \mathsf{I}).$$

Aus einer Vereinigung der beiden Mengen TM_{FNDRS} und TM_{FNIRS} resultiert wiederum eine entsprechende Technologie TM_{FCRS} mit konstanten Skalenerträgen und aus dem Durchschnitt der beiden Mengen eine Technologie mit variablen Skalenerträgen (vgl. analog (3.5) und (3.4)), die genau einer Technologie TM_{FDH} entspricht und daher auch äquivalent mit TM_{FVRS} bezeichnet werden kann:

$$TM_{FCRS} = TM_{FNDRS} \cup TM_{FNIRS} \quad \text{und} \tag{3.9}$$

$$TM_{FDH} = TM_{FNDRS} \cap TM_{FNIRS} =: TM_{FVRS}. \tag{3.10}$$

3.1.3.2 Anmerkungen zum Free Disposal Postulat

An dieser Stelle folgen noch einige ergänzende Ausführungen zum Begriff der „Free Disposal Hull", der möglicherweise aufgrund der bisherigen Erläuterungen wenig plausibel erscheint, da die oben beschriebene *FDH*-Technologie sich lediglich aus den I beobachteten Produktionen bzw. den Vielfachen aus jeweils einer dieser Produktionen zusammensetzt. Gemäß TULKENS, auf den unter anderem diese Technologie in der DEA zurückgeht,[20] gehören neben den I Produktionen alle dominierten Produktionen zur Menge der möglichen Referenzen. Es wird hierbei implizit unterstellt, dass eine kostenlose Gütervernichtung möglich sei.

In Ergänzung zu den beobachteten Produktionen $\boldsymbol{y}_i$ sind ferner nun alle Produktionen zulässig, die ausgehend von $\boldsymbol{y}_i$ bei gleichen oder geringeren Outputquantitäten höhere Inputquantitäten für mindestens einen der M Faktoren erfordern bzw. bei gleichen oder höheren Inputquantitäten für mindestens einen der N Outputs geringere Quantitäten ermöglichen. Bei dieser Betrachtungsweise werden alle von den beobachteten DMUs dominierte Produktionen – bezüglich eines entsprechenden vektoriellen Produktionsmodells – ebenfalls als zulässige Referenzen erachtet. Die dominierten Produktionen sind nach dieser Beschreibung in eine erweiterte Technologie TM'_{FDH} zu integrieren.[21] Alle von einer Produktion $\boldsymbol{y}_i$ dominierten Produktionen aus dem $\mathbb{R}^{M+N}_{-+}$ liegen in folgendem Kegel:

$$Z'_{Dom}(\boldsymbol{y}_i) = \left\{ \boldsymbol{y} \in \mathbb{R}^{M+N}_{-+} \;\middle|\; \begin{array}{ccc} \boldsymbol{r} & \geqq & \boldsymbol{r}_i \\ \boldsymbol{x} & \leqq & \boldsymbol{x}_i \end{array} \right\} \qquad (\forall\, i \in \mathsf{I}).$$

Im Unterschied zu den bisher betrachteten Dominanzkegeln enthalten die Kegel $Z'_{Dom}(\boldsymbol{y}_i)$ neben $\boldsymbol{y}_i$ nicht die Produktionen, die eine betrachtete DMU$_i$ dominieren, sondern alle Produktionen, die von DMU$_i$ dominiert

[20] Vgl. in der DEA DEPRINS et al. 1984, S. 245 u. 250; TULKENS 1993, S. 185, insb. „free disposal postulate"; TULKENS/EECKAUT 1995, S. 475f; und auch BANKER et al. 1984, S. 1081, zu „Inefficiency Postulate" sowie in der Produktionstheorie DEBREU 1959, S. 42; SHEPHARD 1970, S. 13ff.

[21] Vgl. u.a. BOGETOFT et al. 2000, S. 860, zur Konstruktion dieser Kegel bezüglich Input- und Outputkorrespondenzen.

werden. Aus einer Vereinigung aller I Dominanzkegel Z'_{Dom} resultiert eine nichtkonvexe Technologie:

$$TM'_{FDH} := \bigcup_{i=1}^{I} Z'_{Dom}(\boldsymbol{y}_i) = \left\{ \boldsymbol{y} \in \mathbb{R}_{-+}^{M+N} \;\middle|\; \begin{array}{l} \boldsymbol{r} \geqq \sum\limits_{i=1}^{I} \lambda_i \cdot \boldsymbol{r}_i \\ \boldsymbol{x} \leqq \sum\limits_{i=1}^{I} \lambda_i \cdot \boldsymbol{x}_i \\ \boldsymbol{\lambda} \in \Lambda_{FDH} \end{array} \right\}.$$

Beispiel B5: Die Abbildung 3.5 veranschaulicht für das Beispiel B5, dass

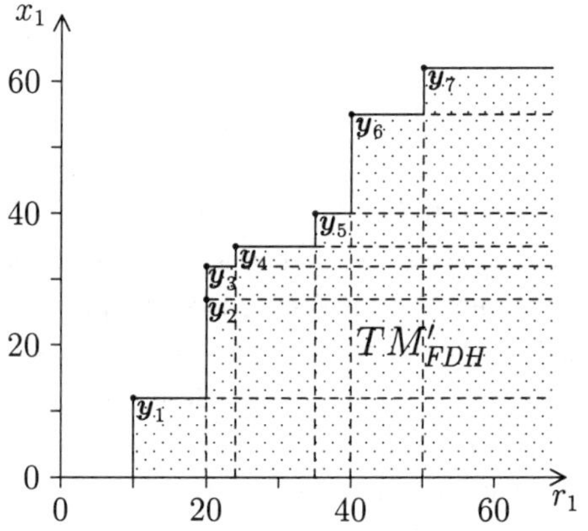

Abbildung 3.5: Erweiterte FDH-Technologie

nicht zwangsläufig alle beobachteten Produktionen zur Formulierung der Technologie TM'_{FDH} notwendig sind. So erweist sich die Einführung eines entsprechenden Kegels für die dominierte Produktion $\boldsymbol{y}_2$ als nicht notwendig, da diese Menge von Referenzen bereits die dominierende Produktion $\boldsymbol{y}_3$ abdeckt.

Diese erweiterte Darstellung einer Technologie TM'_{FDH} lässt sich auf die erläuterten konvexen und nichtkonvexen Technologien mit konstanten, nicht steigenden, nicht fallenden oder variablen Skalenerträgen analog übertragen. Diese Technologien unterscheiden sich nur in den Annahmen über die Skalenerträge und Kombinierbarkeit von Produktionen unterschiedlicher DMUs, so dass unter Berücksichtigung der bekannten Formulierungen generell auch gilt:

$$TM'_\iota := \left\{ \boldsymbol{y} \in \mathbb{R}^{M+N}_{-+} \;\middle|\; \begin{array}{l} \boldsymbol{y} \leqq \sum_{i=1}^{I} \lambda_i \cdot \boldsymbol{y}_i \\ \boldsymbol{\lambda} \in \Lambda_\iota \end{array} \right\}$$

$$\text{mit } \iota \in \{CRS, NDRS, NIRS, VRS, FDH, FRH, FCRS, FNDRS, FNIRS\}.$$

Beispiel B5: Abbildung 3.6 zeigt exemplarisch die nichtkonvexen Tech-

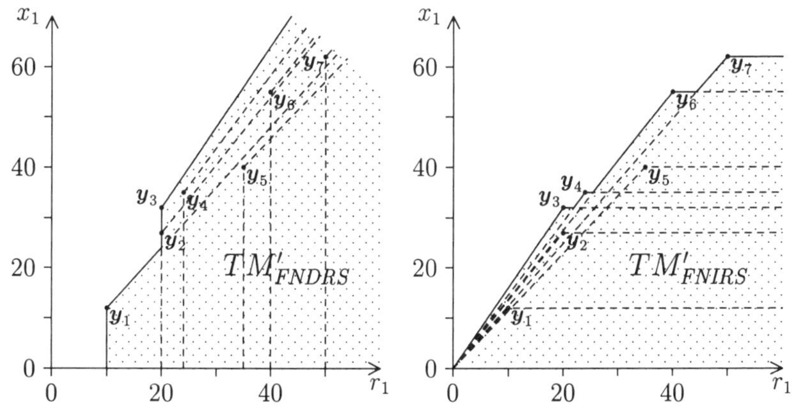

Abbildung 3.6: Erweiterte Technologien bei FNDRS bzw. FNIRS

nologien TM'_{FNDRS} und TM'_{FNIRS} für das bekannte Beispiel B5.[22] *Während sich die „Grenze" der Technologie in nordwestlicher Richtung bei TM'_{FNDRS} durch jeweils Vielfache der beiden Produktionen $\boldsymbol{y}_1$ und $\boldsymbol{y}_3$ ergibt, resultiert diese Grenze bei der Technologie TM'_{FNIRS} aus jeweils Vielfachen der vier Produktionen $\boldsymbol{y}_3$, $\boldsymbol{y}_4$, $\boldsymbol{y}_6$ und $\boldsymbol{y}_7$. Die gestrichelten Linien deuten wie in Abbildung 3.5 für die jeweiligen DMUs die aus den entsprechenden Kegeln $Z'_{Dom}(\boldsymbol{y}_i)$ abgeleiteten Mengen zulässiger Produktionen an. Die Vereinigung dieser Mengen über alle DMUs führt zu den entsprechenden Technologiemengen. Sind Konvexkombinationen zwischen den unterschiedlichen Produktionen der jeweiligen Kegel*

[22] Zu Darstellungen dieser Art vgl. u.a. auch CHANG 1999, S. 499ff.

Z'_{Dom} *zulässig, so liegen die konvexen Hüllen dieser Technologien vor, d.h.* TM'_{NDRS} *bzw.* TM'_{NIRS}*, die die „Einbuchtungen" der nichtkonvexen Technologien überwinden.*

Beispiel B3: Im vorangehenden Beispiel B5 fallen die beiden Technologien TM'_{CRS} *und* TM'_{FCRS} *bei jeweils konstanten Skalenerträgen zusammen. Diese im Einfaktor-Einprodukt-Produktionssystem begründete Übereinstimmung hat jedoch keine generelle Gültigkeit, wie etwa Beispiel B3 des zweiten Kapitels zeigt (vgl. S. 78). Interpretiert man die fünf Basisproduktionen aus dem Beispiel B3 als beobachtete Produktionen von fünf DMUs, so zeigt Abbildung 3.7 für dieses Zweifaktor-Einprodukt-Produktionssystem die beiden Technologien* TM'_{CRS} *und* TM'_{FCRS} *in einem* (r_1, r_2)*-Diagramm. Zur Vereinfachung sind die (dominierte) Produktion* $\boldsymbol{y}_4$ *und der zugehörige lineare Prozess in der Abbildung 3.7 nicht dargestellt. Für drei ausgewählte Skalenniveaus* ($\lambda_i = 1, 2, 3$ *für* $i = 1, 2, 3, 5$) *werden die unterschiedlichen Konturen an der – zu minimierenden –* (r_1, r_2)*-Oberfläche der beiden Kegel angedeutet, wobei es sich nur bei* TM'_{CRS} *um einen konvexen Kegel handelt und nicht bei* TM'_{FCRS}*. Während die lineare Technologie* TM'_{CRS} *(vgl. auch Abb. 2.2, S. 79) Li-*

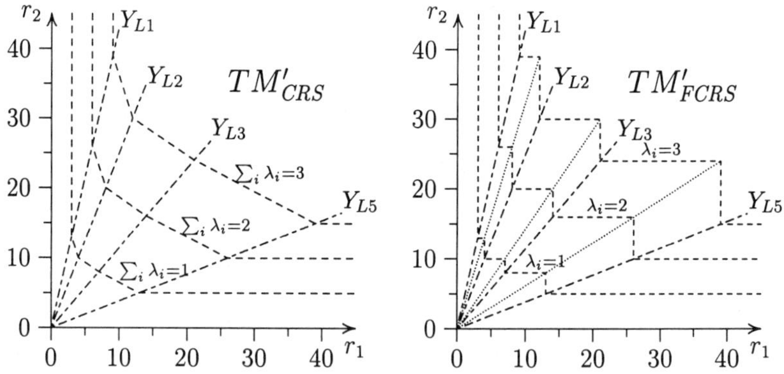

Abbildung 3.7: Technologien bei CRS für Beispiel B3

nearkombinationen zwischen Produktionen zweier DMUs erlaubt, entfallen diese Kombinationsmöglichkeiten bei einer nichtkonvexen Technologie TM'_{FCRS}*. Dadurch ergeben sich bei* TM'_{FCRS} *zusätzliche Kanten (Einbuchtungen), auf die die gepunkteten Strecken im rechten Teil der*

Abbildung 3.7 hinweisen. Die Oberfläche zwischen den vier dargestellten linearen Prozessen ähnelt bei der Technologie TM'_{FCRS} einem „Fächer".

Die betrachtete Erweiterung von DEA-Technologien TM' durch die Berücksichtigung dominierter Produktionen spielt in der Regel bei den Effizienzbetrachtungen kaum eine Rolle. Bezugspunkte zur Klassifikation der DMUs sind in erster Linie die nicht dominierten Produktionen, wie sie die entsprechende Technologie TM enthält, und nicht alle Produktionen der „Free Disposal Hull" wie in TM' ($TM_\iota \subseteq TM'_\iota$ für die unterschiedlichen $\iota \in \{CRS, \ldots, FNIRS\}$). Der im Index der Technologien $TM_{FCRS}, \ldots, TM_{FNIRS}$ verwendete Buchstabe „F" soll daher weniger auf den gemäß der „Free Disposal Hull" unterstellte Einbezug aller dominierten Produktionen hinweisen. Die Notation soll vielmehr anzeigen, dass einzig die Produktionen einer jeweils festzulegenden DMU unter Beachtung der entsprechenden Skalenerträge Referenzen für andere Produktionen sein können.

Ferner ist eine unbegrenzte Verfügbarkeit von Inputs (Verschwendbarkeit), d.h. eine kostenlose Gütervernichtung, aus ökonomischer und ökologischer Sicht eine fragwürdige Annahme. Durch eine Einführung oberer Schranken lässt sich dieses Problem jedoch unmittelbar beheben. Diese Begrenzungen könnten etwa beim jeweiligen Input durch die über alle DMUs jeweils maximal verbrauchte Inputquantität hervorgehen. Auf analoge Weise können auch bei den jeweiligen Outputs mindestens herzustellende Quantitäten $\overline{\boldsymbol{x}}$ in die Analyse einfließen:

$$\begin{aligned} \overline{\overline{\boldsymbol{r}}} &= (\overline{\overline{r}}_1, \ldots, \overline{\overline{r}}_M)^\mathsf{T} \quad \text{mit} \quad \overline{\overline{r}}_m := \max\{\, r_{m,i} \,|\, i \in \mathsf{I}\} \quad (\forall\, m \in \mathsf{M}), \\ \overline{\boldsymbol{x}} &= (\overline{x}_1, \ldots, \overline{x}_N)^\mathsf{T} \quad \text{mit} \quad \overline{x}_n := \min\{\, x_{n,i} \,|\, i \in \mathsf{I}\} \quad (\forall\, n \in \mathsf{N}), \end{aligned}$$

was zu folgender beschränkten Technologie führt:

$$TM''_\iota := \left\{ \boldsymbol{y} \in \mathbb{R}^{M+N}_{-\,+} \;\middle|\; \begin{array}{l} \sum\limits_{i=1}^{I} \lambda_i \cdot \boldsymbol{r}_i \leqq \boldsymbol{r} \leqq \overline{\overline{\boldsymbol{r}}} \\ \sum\limits_{i=1}^{I} \lambda_i \cdot \boldsymbol{x}_i \geqq \boldsymbol{x} \geqq \overline{\boldsymbol{x}} \\ \boldsymbol{\lambda} \in \Lambda_\iota \end{array} \right\}$$

mit $\iota \in \{CRS, \ldots, FNIRS\}$.

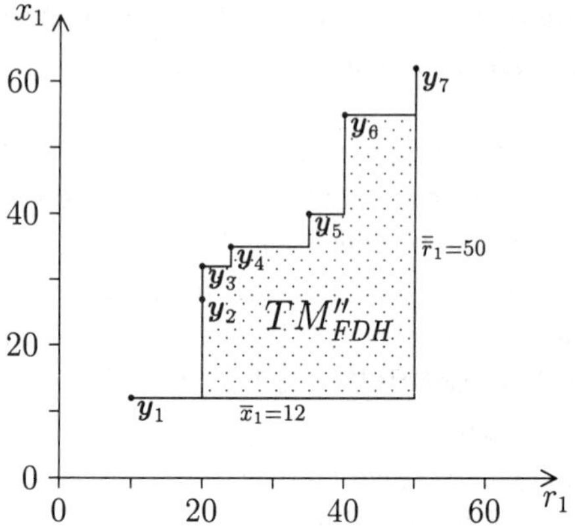

Abbildung 3.8: Beschränkte FDH-Technologie

Beispiel B5: Für eine FDH-Technologie veranschaulicht Abbildung 3.8 am Beispiel B5 die zusätzlichen Restriktionen. Die zunächst unbeschränkte Technologie TM'_{FDH} erhält durch dieses Vorgehen in der Menge TM''_{FDH} zusätzliche – im Hinblick auf die folgenden Effizienzanalysen redundante – Beschränkungen bezüglich der Input- und Outputquantitäten. Diese Beschränkungen lassen sich ebenso in die im Abschnitt 3.1.2 vorgestellten Technologien einbeziehen, die auf die Integration dominierter Produktionen verzichten.

Obige Formulierung macht deutlich, dass eine Technologie TM_{CRS} mit konstanten Skalenerträgen auch als eine LEONTIEF-Technologie TM_{LT} interpretierbar ist (vgl. S. 74). Auswirkungen auf die im Abschnitt 3.2 folgenden Untersuchungen effizienter Organisationen haben diese redundanten Beschränkungen nicht, denn effiziente Produktionen sind in erster Linie Referenzen zur Ermittlung von Effizienzkennzahlen zur Beurteilung dominierter Produktionen (DMUs). Die zusätzlichen Restriktionen sollen somit einerseits die Beziehungen zu „klassischen" Technologien der Produktionstheorie hervorheben und andererseits insbesondere der beschränkten Verfügbarkeit von Ressourcen Rechnung tragen, wie sie die „Free Disposal Hull" ursprünglich nicht vorsieht.

In die folgenden Betrachtungen fließen die möglichen Erweiterungen von Technologien – durch den Einbezug dominierter Produktionen – und die möglichen Beschränkungen – durch den Einbezug redundanter Schranken – in der Regel nicht ein.

3.1.4 Eine verallgemeinerte DEA-Technologie

Die eingeführten (grundlegenden) DEA-Technologien des Abschnitts 3.1.2 und die erweiterten FDH-Technologien des Abschnitts 3.1.3.1 lassen sich in einer gemeinsamen Formulierung zusammenfassen. Diese Darstellung einer Technologie vereinigt die vorgestellten Varianten in einer durch mehrere Parameter charakterisierten Technologiemenge. Welche – bekannten und neue – Varianten von Technologien aus den unterschiedlichen Vorgaben der Parameter resultieren können, ist Gegenstand dieses Abschnitts. Die folgenden Ausführungen vermitteln daher einen Eindruck, wie die Menge der zulässigen Referenzen zur Beurteilung von DMUs durch die Variation unterschiedlicher Parameter beeinflussbar ist.

In einer Technologie TM_{GRS} mit Generalized Returns to Scale:[23]

$$TM_{GRS} := \left\{ \boldsymbol{y} \in \mathbb{R}_{-\,+}^{M+N} \;\middle|\; \boldsymbol{y} = \sum_{i=1}^{I} \lambda_i \cdot \boldsymbol{y}_i;\; \boldsymbol{\lambda} \in \Lambda_{GRS} \right\}$$

kommen die unterschiedlichen Annahmen über die möglichen „Generatoren“, die aus den Produktionen der DMUs alle zulässigen Referenzen erzeugen, wiederum in einer Menge von Linearfaktoren, der Menge Λ_{GRS}, zum Tragen. Diese Menge der zulässigen Linearfaktoren Λ_{GRS} enthält mehrere Parameter.

Die unterschiedlichen Anforderungen in Bezug auf die Skalenerträge erfassen hierbei die beiden Parameter $\overline{\lambda}$ bzw. $\overline{\overline{\lambda}}$ ($0 \leqq \overline{\lambda} \leqq 1 \leqq \overline{\overline{\lambda}}$), die die Summe über alle Linearfaktoren ($\sum_i \lambda_i$) nach unten und oben beschränken. Eine zusätzliche Berücksichtigung der unterschiedlichen *FDH*-Technologien erlauben die beiden Parameter $\overline{\delta}$ bzw. $\overline{\overline{\delta}}$ ($0 \leqq \overline{\delta} \leqq 1 \leqq \overline{\overline{\delta}}$). Diese beiden Werte $\overline{\delta}$ bzw. $\overline{\overline{\delta}}$ stellen eine untere bzw. obere Schranke für die Summe der Binärvariablen ($\sum_i \delta_i$) dar. Diese Binärvariablen sind wie für die erweiterten *FDH*-Technologien definiert (vgl. S. 136), d.h., bei einem Wert von eins dient die Produktion der zugehörigen DMU als Referenz,

[23] Zu einer Verallgemeinerung bezüglich der Skalenerträge bei konvexen Technologien vgl. u.a. Yu et al. 1996.

gegebenenfalls nach Multiplikation mit dem korrespondierenden Aktivitätsniveau. Unter Einbeziehung des entsprechenden Wertebereichs für die Linearfaktoren und eventuell weiterer Nebenbedingungen (NBNB) ergibt sich:

$$\Lambda_{GRS} := \left\{ \boldsymbol{\lambda} \in \mathbb{R}_+^I \;\middle|\; \begin{array}{lll} \overline{\lambda} \leqq & \sum_{i=1}^{I} \lambda_i & \leqq \overline{\overline{\lambda}} \\ \overline{\delta} \leqq & \sum_{i=1}^{I} \delta_i & \leqq \overline{\overline{\delta}} \\ \lambda_i \leqq & M \cdot \delta_i & (i = 1, \ldots, I) \\ \multicolumn{3}{l}{\delta_1, \ldots, \delta_I \in \mathbb{B}} \\ \multicolumn{3}{l}{\text{evtl. NBNB}} \end{array} \right\}.$$

Die Tabelle 3.3 gibt einen Überblick über die wesentlichen Merkmale der bisher betrachteten Technologien. Für die auf der linken Hälfte der in die-

Technologien		$\overline{\lambda}$	$\overline{\overline{\lambda}}$	mit
TM_{CRS}	TM_{FCRS}	0	∞	$\boldsymbol{\lambda} \in \mathbb{R}_+^I$
TM_{NDRS}	TM_{FNDRS}	1	∞	$\boldsymbol{\lambda} \in \mathbb{R}_+^I$
TM_{NIRS}	TM_{FNIRS}	0	1	$\boldsymbol{\lambda} \in \mathbb{R}_+^I$
TM_{VRS}	TM_{FDH}	1	1	$\boldsymbol{\lambda} \in \mathbb{R}_+^I$
TM_{FRH}	$\cdots$	0	∞	$\boldsymbol{\lambda} \in \mathbb{N}_0^I$
1	1	$\overline{\delta}$		
I	1	$\overline{\overline{\delta}}$		

Tabelle 3.3: Parameter für *GRS*-Technologie

ser Tabelle aufgelisteten konvexen Technologien ($TM_{CRS}, \ldots, TM_{VRS}$) und die diskrete Technologie (TM_{FRH}) haben die Binärvariablen keine Bedeutung, denn eine obere Schranke mit $\overline{\overline{\delta}} = I$ erlaubt nichtnegative Werte für alle I Linearfaktoren. Durch diese Vorgabe des Parameters $\overline{\overline{\delta}}$ erweist sich die Begrenzung der Summe aller Binärvariablen als wirkungslos, d.h., die zugehörigen drei Bedingungen aus der Menge Λ_{GRS} könnten für diese Technologien entfallen. Nur für die nichtkonvexen *FDH*-Technologien ($TM_{FCRS}, \ldots, TM_{FDH}$) spielen diese Bedingungen eine wichtige Rolle. Durch die Wahl von $\overline{\overline{\delta}} = 1 = \overline{\delta}$ ist die Summe der Binärvariablen auf den Wert eins fixiert. Bei diesen *FDH*-Technologien resultieren zulässige Referenzen aus den Produktionen jeweils *einer* DMU_i, d.h., den Produktionen, die sich aus $\boldsymbol{y}_i$ gemäß den jeweils unterstellten Skalenerträgen mit dem zugehörigen Linearfaktor λ_i erzeugen lassen. Die Vereinigung dieser Referenzen über alle DMUs ergibt die entsprechenden *FDH*-Technologien.

Für die Technologie TM_{FDH} ist gemäß der letzten Spalte der Tabelle 3.3 der Wertebereich der Linearfaktoren auf die Menge der nichtnegativen reellen Zahlen ($\boldsymbol{\lambda} \in \mathbb{R}_+^I$) beschränkt, eine Annahme, die möglicherweise auf den ersten Blick überrascht. Bei dieser Art der Charakterisierung der Technologie TM_{FDH} ist allerdings zu beachten, dass durch die Festlegung der Summe der Linearfaktoren ($\overline{\lambda} = \overline{\overline{\lambda}} = 1$) und der Summe der Binärvariablen ($\overline{\delta} = \overline{\overline{\delta}} = 1$) auf einen Wert von jeweils genau eins die einzelnen Linearfaktoren in der Konsequenz ebenfalls nur die binären Werte ($\lambda_i \in \mathbb{B}$, $\forall\, i \in \mathsf{I}$) annehmen können. Damit ist diese Darstellung von TM_{FDH} mit der in Tabelle 3.1 (vgl. S. 131) äquivalent. Die Auflistung der Technologien TM_{FDH} und TM_{VRS} in einer Zeile der Tabelle 3.3 soll nochmals speziell darauf hinweisen, dass TM_{FDH} eine diskrete Ausprägung einer Technologie mit variablen Skalenerträgen darstellt ($TM_{FDH} = TM_{FVRS}$, vgl. (3.10), S. 138).

Die diskrete Technologie TM_{FRH} mit einer Free Replicability Hull zeichnet sich im Unterschied zu TM_{FDH} durch konstante Skalenerträge aus, denn die Summe der Linearfaktoren ist nicht nach oben unbeschränkt ($\overline{\lambda} = 0 < \infty = \overline{\overline{\lambda}}$). Durch diese Erweiterung von TM_{FDH} gehören alle ganzzahligen Vielfachen der Produktionen von DMUs und deren ganzzahlige Kombinationen zur Technologie TM_{FRH}. Die drei Punkte in der Zeile von TM_{FRH} in Tabelle 3.3 deuten bereits eine weitere Formulierung einer Technologie an. Diese explizit und einige implizit angedeuteten Varianten sind Gegenstand der folgenden Überlegungen.

3.1.4.1 Ganzzahlige Linearfaktoren

Die zu TM_{FRH} korrespondierende angedeutete Technologie in der Tabelle 3.3 weist einerseits die für konstante Skalenerträge ($\overline{\lambda} = 0$, $\overline{\overline{\lambda}} = \infty$) und anderseits die für *FDH*-Technologien typischen Eigenschaften auf ($\overline{\delta} = \overline{\overline{\delta}} = 1$). Diese Technologie unterscheidet sich von TM_{FCRS} durch die ausschließlich nichtnegativen ganzzahligen Linearfaktoren ($\boldsymbol{\lambda} \in \mathbb{N}_0^I$), d.h., zulässige Produktionen bilden lediglich ganzzahlige Vielfache der Produktionen einzelner DMUs. Diese Technologie ergibt sich somit aus der Vereinigung der zu den Produktionen der DMUs korrespondierenden diskreten Prozesse. Ganzzahlige Kombinationen zwischen den Produktionen dieser diskreten Prozesse sind – wie bei der Technologie TM_{FRH} – nicht zulässig. Zulässige Produktionen dieser im weiteren Verlauf mit TM_{FFRH} bezeichneten Technologie resultieren somit aus der Schnittmenge der beiden Technologien TM_{FRH} und TM_{FCRS} (vgl. auch (3.8), S. 138):

$$TM_{FFRH} = TM_{FRH} \cap TM_{FCRS} = \bigcup_{i=1}^{I} Y_{Di} \tag{3.11}$$

$$\text{mit } Y_{Di} = \left\{ \boldsymbol{y} \in \mathbb{R}_{-+}^{M+N} \;\middle|\; \boldsymbol{y} = \lambda \cdot \boldsymbol{y}_i \quad (\lambda \in \mathbb{N}_0) \right\} \qquad (\forall\, i \in \mathsf{I}).$$

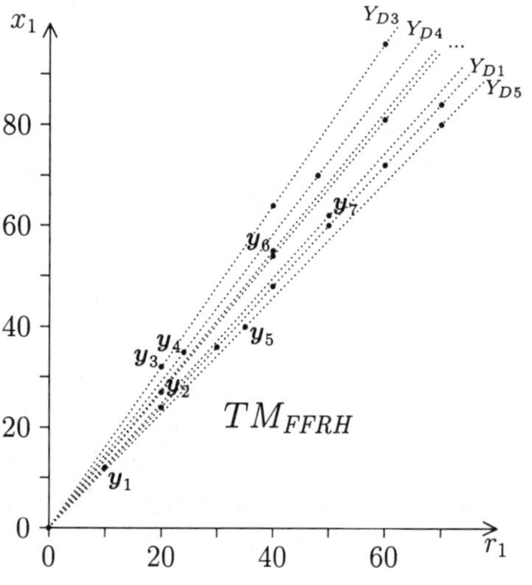

Abbildung 3.9: *FDH*-Technologie mit ganzzahligen Linearfaktoren

Die ganzzahligen Vielfachen von Produktionen der DMUs zeigt Abbildung 3.9 für *Beispiel B5*. Für die – im Abschnitt 3.2 folgende – Untersuchung zur Effizienz von Organisationen können bei dieser Technologie insbesondere DMUs mit vergleichsweise geringen Input- und Outputquantitäten von Bedeutung sein, da deren zugehörige ganzzahligen Vielfachen als Referenzen für andere „größere" DMUs in Frage kommen können.

Im Gegensatz zu dieser in Tabelle 3.3 angedeuteten Technologie mit konstanten Skalenerträgen divergiert eine entsprechende Technologien bei nicht abnehmenden Skalenerträgen ($\overline{\lambda} = 1 < \infty = \overline{\overline{\lambda}}$) lediglich in Bezug auf die Zulässigkeit des Ursprungs, der unter dieser Annahme unzulässig ist. Bei nicht zunehmenden Skalenerträgen unterscheidet sich diese Technologie von einer Technologie TM_{FDH} gerade durch die Zulässigkeit des Ursprungs. Eine detaillierte Analyse der Varianten dieser Technologien ist bei unterschiedlichen Annahmen über die Skalenerträge daher nicht notwendig.

3.1.4.2 Beschränkte Summe der Linearfaktoren

Die Technologie TM_{GRS} bietet ergänzend die Option, die Parameter für die unteren und oberen Schranken der Summe der Linearfaktoren ($\overline{\lambda}$ u. $\overline{\overline{\lambda}}$) abweichend von den klassischen Vorgaben der Tabelle 3.3 festzulegen.[24] Diese zusätzliche Möglichkeit trägt der Tatsache Rechnung, dass sowohl eine unbeschränkte Erhöhung als auch vollständige Senkung von Skalenniveaus häufig nicht plausibel erscheint, aber eine Variation in bestimmten Bereichen durchaus sinnvoll sein kann. Formal führt eine begrenzte Zulassung von steigenden und/oder fallenden Skalenerträgen zu einer Erweiterung der Technologie TM_{VRS}, ohne direkt die gesamte Bandbreite einer TM_{NDRS} oder TM_{NIRS} auszunutzen. Dies gilt analog für die korrespondierenden *FDH*-Technologien, die bei Ausschöpfung dieser Möglichkeiten zu einer Mischung aus den Technologien TM_{FNDRS} und TM_{FNIRS} führen können. Die entsprechenden konvexen Technologien und nichtkonvexen *FDH*-Technologien seien mit $TM_{GRS\lambda}$ bzw. $TM_{FGRS\lambda}$ bezeichnet.

Beispiel B5: Für das Beispiel B5 zeigt die Abbildung 3.10 diese beiden Technologien für:

$$\overline{\lambda} = 0{,}75 \leqq \sum_{i=1}^{7} \lambda_i \leqq 1{,}25 = \overline{\overline{\lambda}}.$$

Die gestrichelte Linie im linken Teil der Abbildung deutet die zugehörige Technologie TM_{VRS} bei variablen Skalenerträgen an, die eine echte Teil-

[24] Vgl. u.a. Cooper et al. 2000b, S. 135f und auch Maindiratta 1990, der die Summe der Linearfaktoren gleich einer ganzzahligen Variablen setzt, um Aussagen über das Skalenniveau zu erhalten.

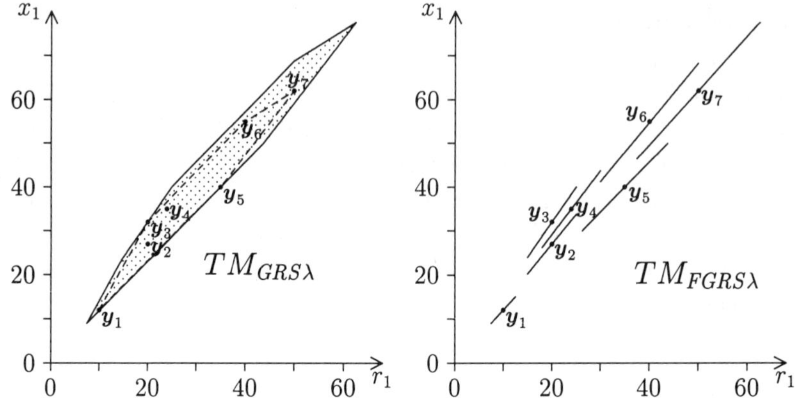

Abbildung 3.10: GRS-Technologien mit beschränkter Summe der Linearfaktoren

menge der „aufgeblähten“ Technologie TM_{GRS} darstellt; es gilt analog für die nichtkonvexen Varianten: $TM_{FDH} \subseteq TM_{FGRS\lambda}$.

3.1.4.3 Beschränkte Summe der Binärvariablen

Eine ebenfalls mögliche Variation der beiden Parameter $\overline{\delta}$ und $\overline{\overline{\delta}}$ weist zwar formale Ähnlichkeiten zu den zuvor betrachteten Beschränkungen der Linearfaktoren auf, ist allerdings inhaltlich anders zu interpretieren. Eine Veränderung der Schranken $\overline{\delta}$ und $\overline{\overline{\delta}}$ beeinflusst die Anzahl der DMUs, die zur „Generierung“ einer jeweils zulässigen Produktion zur Verfügung stehen. Insofern ermöglichen diese Parameter eine Erweiterung der im Abschnitt 3.1.3.1 betrachteten *FDH*-Technologien. Da die Binärvariablen nur die Werte null oder eins annehmen können, sollten die Parameter $\overline{\delta}$ und $\overline{\overline{\delta}}$ auf (nichtnegative) ganzzahlige Werte festgesetzt werden. Eine Verringerung der unteren Schranke auf $\overline{\delta} = 0$ bewirkt dabei lediglich die Zulässigkeit des Ursprungs, so dass vorwiegend Veränderungen der oberen Schranke $\overline{\overline{\delta}}$ Konsequenzen auf die Analysen haben. Eine Erhöhung von $\overline{\overline{\delta}}$ etwa auf den Wert zwei beinhaltet, dass alle zulässigen Produktionen aus Konvexkombinationen der Produktionen zweier DMUs resultieren, bis schließlich aus einer Erhöhung dieses Parameters auf $\overline{\overline{\delta}} = I$ die korrespondierende konvexe Technologie resultiert.

Eine geeignete Wahl dieses Parameters hängt folglich von der Anzahl der DMUs (I) ab, aber auch von der Anzahl der Inputs und Outputs ($M+N$) und den unterstellten Skalenerträgen. Bereits für Werte von $\overline{\overline{\delta}} < I$ kann eine Generierung aller Produktionen der zugehörigen konvexen Technologien möglich sein.[25]

Beispiel B5: In diesem Beispiel bewirkt eine Festlegung von $\overline{\overline{\delta}} = 3$ für $TM_{F\iota}$ eine Übereinstimmung mit den konvexen Technologien TM_ι ($\iota \in \{NDRS, NIRS, VRS\}$). Bei einer Einbeziehung der dominierten Produktionen hat bereits $\overline{\overline{\delta}} = 2$ eine entsprechende Äquivalenz der Technologien ($TM'_{F\iota} = TM'_\iota$) zur Folge.

3.1.4.4 Individuell beschränkte Linearfaktoren

Neben der pauschalen Begrenzung der Summe aller Linearfaktoren ist auch eine individuelle Beschränkung der I Linearfaktoren vorstellbar. So kann eine stetige Anpassung des Skalenniveaus für eine DMU_i durchaus bis zu einer Grenze $\overline{\overline{\lambda}}$ vertretbar sein, bei einer anderen $\text{DMU}_{i'}$ ist diese Obergrenzen jedoch möglicherweise nicht plausibel, dafür aber eine andere Obergrenze und unter Umständen zusätzlich eine individuelle Untergrenze ($i, i' \in \mathsf{I}$). Diese individuellen Schranken stellen die bisher in der Regel unterstellte beliebige (stetige) Anpassungsfähigkeit von DMUs in Frage. So kann es durchaus DMUs geben, die bei Erreichen eines bestimmten individuellen Skalenniveaus zusätzliche einmalige „Anstrengungen, Investitionen" oder ähnliches erfordern, die sich in diskreten „Sprüngen" der Produktionen ausdrücken und für die eine stetige Anpassung des Skalenniveaus ausscheidet. Eventuell unterscheiden sich größere oder kleinere DMUs genau durch diese Sprünge, da sie die einmaligen besonderen „Anstrengungen" geleistet oder nicht geleistet haben.[26]

---

[25] Die Anzahl der DMUs sowie die Summe aus der Anzahl von Inputs und Outputs bestimmen den Rang der Matrix ($Y = (\boldsymbol{y}_1, \ldots, \boldsymbol{y}_I)$) aller Input- und Outputdaten bei konstanten Skalenerträgen: $Rg(Y) \leqq \min\{I, M+N\}$; bei nicht konstanten Skalenerträgen verändert sich der Rang durch eine zusätzliche Restriktion: $Rg(Y) \leqq \min\{I, M+N+1\}$ und damit die maximale Anzahl von Basisvariablen im Vektor $\boldsymbol{\lambda}$.

[26] Vergleichbar mit Auswirkungen einer quantitativen Anpassung, vgl. u.a. GUTENBERG 1983, S. 379ff.

In diesen Fällen sind zusätzliche untere bzw. obere Schranken $\overline{\lambda}_{i'}$ bzw. $\overline{\overline{\lambda}}_{i'}$ für bestimmte DMU$_{i'}$ in die Analyse zu integrieren:

$$\lambda_{i'} \in \left\{\lambda \in \mathbb{R} \,\middle|\, \overline{\lambda}_{i'} \leqq \lambda \leqq \overline{\overline{\lambda}}_{i'}\right\} \cup \{0\} \qquad (\forall\, i' \in \mathsf{I}' \subseteq \mathsf{I}),$$
$$\text{wobei } 0 \leqq \overline{\lambda}_{i'} \leqq 1 \leqq \overline{\overline{\lambda}}_{i'} \leqq \overline{\overline{\lambda}}.$$

Ein individuell beschränkter Linearfaktor soll zusätzlich einen Wert von null annehmen können, denn in der Menge der zulässigen Produktionen (Referenzen) soll eine Vernachlässigung von Produktionen einzelner DMUs stets möglich sein. Die Berücksichtigung dieser DMU-spezifischen Beschränkungen in den mit $TM_{GRS\lambda i}$ bzw. $TM_{FGRS\lambda i}$ bezeichneten Technologien erfordert die Konkretisierung der zusätzlichen Nebenbedingungen (NBNB), in denen die eingeführten Binärvariablen nun in beiden Varianten Verwendung finden:

$$\overline{\lambda}_{i'} \cdot \delta_{i'} \leqq \lambda_{i'} \leqq \overline{\overline{\lambda}}_{i'} \cdot \delta_{i'} \qquad (\forall\, i' \in \mathsf{I}'). \tag{3.12}$$

Beispiel B5: Ein Eindruck über die möglichen Auswirkungen von Beschränkungen dieser Art lässt sich anhand des Beispiel B5 vermitteln. Ausgehend von der in der Abbildung 3.10 dargestellten Technologie (mit $0,75 \leqq \sum_i \lambda_i \leqq 1,25$*) wäre etwa denkbar, dass für* DMU_3 *und* DMU_7 *eine Erhöhung des Skalenniveaus ausgeschlossen ist (*λ_3, $\lambda_7 \leqq 1$*), für* DMU_4 *eine Verringerung des Skalenniveaus (*$\lambda_4 \geqq 1$ *oder* $\lambda_4 = 0$*) und für* DMU_6 *jegliche Variation des Skalenniveaus (*$\lambda_6 \in \{0, 1\}$*). Zudem sei ein Absinken des Skalenniveaus bei* DMU_7 *unter den Wert* $\overline{\lambda} = \overline{\lambda}_7 = 0,75$ *nicht möglich. Die Menge der zulässigen Linearfaktoren lautet unter diesen Annahmen vereinfacht:*

$$\Lambda_{GRS\lambda i} = \left\{ \boldsymbol{\lambda} \in \mathbb{R}^7_+ \,\middle|\, \begin{array}{l} 0{,}75 \leqq \sum_{i=1}^{7} \lambda_i \leqq 1{,}25 \\ \lambda_3 \leqq 1 \\ \delta_4 \leqq \lambda_4 \leqq 1,25 \cdot \delta_4 \\ \lambda_6 = \delta_6 \\ 0{,}75 \cdot \delta_7 \leqq \lambda_7 \leqq \delta_7 \\ \delta_4, \delta_6, \delta_7 \in \mathbb{B} \end{array} \right\}.$$

Nach den obigen Angaben ist für den Linearfaktor λ_3 *nur eine obere Schranke* $\overline{\overline{\lambda}}_3 = 1 < \overline{\overline{\lambda}}$ *zusätzlich zu berücksichtigen. In diesem speziellen*

Fall ist die in (3.12) vorgeschlagene Verknüpfung mit der Binärvariablen δ_3 verzichtbar, weil keine zusätzliche untere Schranke in die Betrachtung eingeht. Das Skalenniveau der Produktion $\boldsymbol{y}_3$ lässt sich in diesem Beispiel bis auf einen Wert von null absenken. Hierin liegt der wesentliche Unterschied zu den drei anderen individuell beschränkten Skalenniveaus λ_4, λ_6 und λ_7, die sich jeweils zusätzlich durch eine – von null abweichende – untere Schranke auszeichnen. Da untere und obere Schranke bei der Produktion $\boldsymbol{y}_6$ zusammenfallen, nimmt der Linearfaktor λ_6 die gleichen Werte wie die Binärvariable δ_6 an. Eine individuelle obere Schranke für die Produktion $\boldsymbol{y}_4$ wird nicht gefordert, so dass dieser Wert mit der generell zu berücksichtigenden Schranke $\overline{\overline{\lambda}} = 1{,}25$ übereinstimmt. Alle weiteren in Λ_{GRS} formulierten Restriktionen in Verbindung mit den Binärvariablen δ_i sind bei der hier betrachteten Technologie verzichtbar.

Die Abbildung 3.11 visualisiert die Auswirkungen dieser zusätzlichen Beschränkungen graphisch: im linken Teil für den Fall, dass alle Binärvariablen den Wert eins annehmen können ($TM_{GRS\lambda_i}$), im rechten Teil für eine FDH-Technologie ($TM_{FGRS\lambda i}$) bei der immer nur eine DMU als Referenz dient und die obige Menge Λ_{GRS} um die entsprechenden die Binärvariablen betreffenden Restriktionen zu ergänzen ist. Die Veränderungen

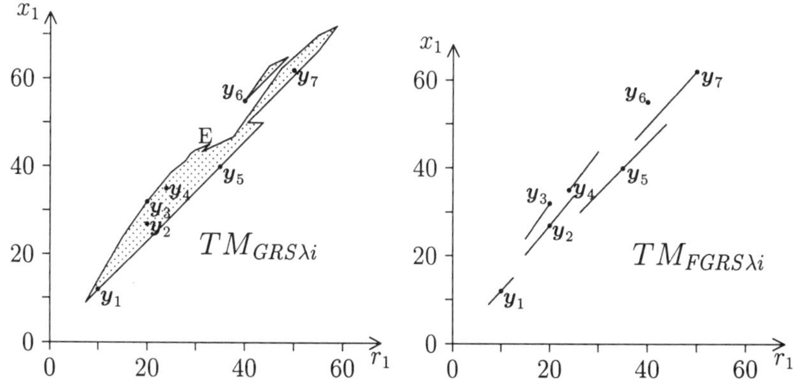

Abbildung 3.11: Individuell beschränkte GRS-Technologien

von $TM_{FGRS\lambda i}$ zu der im rechten Teil der Abbildung 3.10 dargestellten Technologie $TM_{FGRS\lambda}$ beschränken sich auf die durch die zusätzlichen Anforderungen verkürzten Prozessstrahlen. Für die DMU_6 verbleibt wie bei TM_{FDH} einzig die Produktion $\boldsymbol{y}_6$, während etwa der lineare Prozess *von DMU_4 erst in $\boldsymbol{y}_4$ beginnt und der von DMU_3 bereits in $\boldsymbol{y}_3$ endet (vgl. analog DMU_7).*

Im Gegensatz zu diesen unmittelbar einsichtigen Veränderungen der Technologie $TM_{FGRS\lambda i}$ weist die im linken Teil der Abbildung 3.11 illustrierte Technologie $TM_{GRS\lambda i}$ weitere Besonderheiten auf. Es ist zu erkennen, dass die Technologie $TM_{GRS\lambda i}$ unter dem Einbezug individueller Schranken aufgrund der Binärvariablen nicht mehr die Anforderungen an eine konvexe Menge erfüllt. Dies hat zur Folge, dass sich etwa um die Produktion der DMU_6 eine Teilmenge von zulässigen Produktionen „bildet“, weil der zugehörige Linearfaktor nur die beiden Werte null und eins annehmen kann. Aufgrund der Möglichkeit, das Skalenniveau insgesamt auf 1,25 anzuheben, resultieren aus Kombinationen von z.B. $\boldsymbol{y}_6$ und $\boldsymbol{y}_3$ weitere zulässige Produktionen in der Umgebung der DMU_6. Die Abbildung zeigt ebenfalls eine „Einbuchtung“ am Punkt E, die in diesem kleinen Demonstrationsbeispiel auf der zusätzlichen Beschränkung des Linearfaktors λ_4 beruht. Ein Absinken von λ_4 auf einen Wert kleiner eins ist mit Ausnahme auf den Verzicht ($\lambda_4 = 0$) dieser Produktion nicht möglich, so dass für einen bestimmten Bereich keine „gleichwertigen“ Substitutionsmöglichkeiten existieren.[27]

3.1.4.5 Diskrete Inputs und Outputs

Eine weitere Möglichkeit zur Beeinflussung der Menge zulässiger Produktionen basiert auf einer direkten Modifikation der Menge TM_{GRS}. Im Hinblick auf die betrachteten Inputs und Outputs stellt sich auch die Frage, ob die in der Menge TM_{GRS} unterstellte beliebige Teilbarkeit eine geeignete Annahme ist? Oftmals lassen sich die zugrunde liegenden Input- bzw. Outputquantitäten nicht in reellwertigen Werten sinnvoll interpretieren. In diesen Fällen ist in den mit $TM_{GRS\mathbb{N}}$ bezeichneten Technologien zusätzlich zu berücksichtigen, dass für die nicht beliebig teilbaren M' Inputs $r_{m'}$ bzw. N' Outputs $x_{n'}$ zusätzlich gilt:

$$\begin{aligned} r_{m'} &\in \mathbb{N}_0 \qquad (\text{für alle } m' = 1, \ldots, M' \leqq M), \\ x_{n'} &\in \mathbb{N}_0 \qquad (\text{für alle } n' = 1, \ldots, N' \leqq N). \end{aligned}$$

[27] Die nordwestliche Grenze vor der Einbuchtung resultiert aus Konvexkombinationen von $\boldsymbol{y}_4$ und $\boldsymbol{y}_5$ mit $\lambda_4 + \lambda_5$ =1,25; um diese Kombinationen fortsetzen zu können, wäre $\lambda_4 < 1$ erforderlich, was annahmegemäß ausgeschlossen ist.

Gemäß dieser Notation sind die $M - M'$ Inputs bzw. $N - N'$ Outputs als beliebig teilbare Güter anzusehen, so dass eine simultane Erfassung für beide Kategorien – teilbare und nicht beliebig teilbare – Inputs bzw. Outputs möglich ist.

Diese in den Eigenschaften der Inputs bzw. Outputs begründeten Annahmen modifizierter Technologien $TM_{GRS\mathbb{N}}$ bzw. $TM_{FGRS\mathbb{N}}$ sind von den diskreten Technologien TM_{FRH} bzw. TM_{FFRH} mit ganzzahligen Linearfaktoren zu unterscheiden (vgl. Erläuterungen S. 147f). Selbstverständlich führen ausgehend von einer ganzzahligen Produktion ($\boldsymbol{y}_i \in \mathbb{N}_0^{M+N}$) einer DMU_i ganzzahlige Vielfache ebenfalls zu erneut ganzzahligen Produktionen, jedoch kann sich diese Anforderung auch als zu restriktiv erweisen.

Beispiel B5: Ausgehend von konstanten Skalenerträgen führen im Bei-

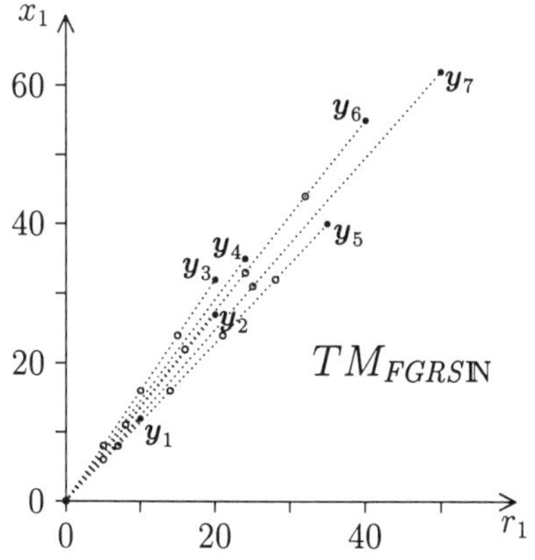

Abbildung 3.12: *NIRS-Technologie $TM_{FGRS\mathbb{N}}$ mit ganzzahligem Input und Output*

spiel B5 weitere reellwertige Vielfache ($\lambda_3 = 1/4,\ 1/2,\ 3/4\ (\notin \mathbb{N})$) der Produktion $\boldsymbol{y}_3 = (20,32)^{\mathsf{T}}$ zu ganzzahligen Produktionen (vgl. Abb. 3.12 für NIRS mit $r_1, x_1 \in \mathbb{N}_0$).

Die Annahme ganzzahliger Linearfaktoren – wie in TM_{FRH} – bezieht sich daher auf die Vielfachen von Produktionen einer DMU im Sinne einer „ganzen Einheit“, die hier betrachtete Annahme aber nur auf die jeweiligen ganzzahligen Quantitäten einiger ausgewählter Inputs und/oder Outputs.

3.1.5 DEA-Technologien im Überblick

Wie die obigen – weiter ergänzbaren – Überlegungen zeigen, erlauben die Parameter der Menge Λ_{GRS} die Konstruktion von unterschiedlichen Technologien. Einen Überblick, wie die Parameter für die Menge aller Linearfaktoren in Bezug auf die in den vorangehenden Abschnitten kurz diskutierten Technologien zu wählen sind, vermittelt zunächst noch einmal Tabelle 3.4 (in Anlehnung an Tab. 3.3, S. 146). Um diese Darstellung möglichst einfach zu gestalten, wurde auf die Berücksichtigung der in der Regel redundanten unteren Schranken für Binärvariablen ($\overline{\delta}$) verzichtet, alle Linearfaktoren individuell beschränkt sowie alle diskreten Inputs und Outputs jeweils zu Vektoren zusammengefasst:

$$\boldsymbol{r}' := (r_1, \ldots, r_{M'})^\mathsf{T} \text{ und } \boldsymbol{x}' := (x_1, \ldots, r_{N'})^\mathsf{T}.$$

Technologien		$\overline{\lambda}$	$\overline{\overline{\lambda}}$	mit
TM_{CRS}	TM_{FCRS}	0	∞	$\boldsymbol{\lambda} \in \mathbb{R}_+^I$
TM_{NDRS}	TM_{FNDRS}	1	∞	$\boldsymbol{\lambda} \in \mathbb{R}_+^I$
TM_{NIRS}	TM_{FNIRS}	0	1	$\boldsymbol{\lambda} \in \mathbb{R}_+^I$
TM_{VRS}	TM_{FDH}	1	1	$\boldsymbol{\lambda} \in \mathbb{R}_+^I$
TM_{FRH}	TM_{FFRH}	0	∞	$\boldsymbol{\lambda} \in \mathbb{N}_0^I$
$TM_{GRS\lambda}$	$TM_{FGRS\lambda}$	$\leqq 1$	$\geqq 1$	$\boldsymbol{\lambda} \in \mathbb{R}_+^I$
$TM_{GRS\lambda i}$	$TM_{FGRS\lambda i}$	$\leqq 1$	$\geqq 1$	$\overline{\lambda}_i \cdot \delta_i \leqq \lambda_i \leqq \overline{\overline{\lambda}}_i \cdot \delta_i \; (\forall\, i \in \mathsf{I})$
$TM_{GRS\mathbb{N}}$	$TM_{FGRS\mathbb{N}}$	...	...	$\boldsymbol{\lambda} \in \mathbb{R}_+^I,\ \boldsymbol{r}' \in \mathbb{N}_0^{M'},\ \boldsymbol{x}' \in \mathbb{N}_0^{N'}$
...	...	...	...	...
I	1	$\overline{\overline{\delta}}$		

Tabelle 3.4: Parameter für GRS-Technologie im Überblick

Die Punkte in der letzten Zeile der Tabelle sollen andeuten, dass sich noch zahlreiche weitere Technologien, insbesondere Kombinationen der hier angesprochenen Varianten generieren lassen. Beispielsweise sind ebenfalls simultane Abweichungen von den Vorgaben der Tabelle 3.4 sowohl bezüglich der Begrenzungen für die Linearfaktoren als auch für die Binärvariablen denkbar. Ebenso lassen sich weitere logische Abhängigkeiten zwischen den Produktionen einzelner DMUs mit Hilfe der eingeführten Binärvariablen erfassen. Welche Technologie eine geeignete Menge zulässiger Referenzen darstellt, ist in jedem Anwendungsfall individuell, d.h. subjektiv, zu prüfen.

Zwischen der Technologie TM_{FDH}, die sich ausschließlich auf die I Produktionen der DMUs bezieht, und der Technologie TM_{CRS}, die beliebige (nichtnegative lineare) Anpassungen des Skalenniveaus der Produktion einer DMU erlaubt, sind somit zahlreiche Erweiterungen bzw. Einschränkungen vorstellbar. Die Technologie TM_{FDH} ist daher eine Teilmenge und TM_{CRS} eine Obermenge aller bisher betrachteten Varianten einer Technologie TM_{GRS}:

$$TM_{FDH} \subseteq TM_{GRS} \subseteq TM_{CRS}. \tag{3.13}$$

Abbildung 3.13 fasst die Beziehung zwischen angesprochenen Technologien im Überblick zusammen. Ein Pfeil zwischen zwei Mengen zeigt an, dass die Technologie, in die ein Pfeil eingeht, eine Teilmenge der Technologie ist, von der ein Pfeil ausgeht; so gilt etwa: $TM_{GRS\lambda} \subseteq TM_{CRS}$. Die Abbildung beschränkt sich auf die Illustration unmittelbarer Mengenbeziehungen.[28] Pfeile mit dem Index $\mathcal{H}$ verbinden zwei Mengen, bei denen eine Menge die konvexe Hülle der zugehörigen Teilmenge bildet,[29] z.B.: $TM_{CRS} = \mathcal{H}(TM_{FCRS})$. Beziehungen dieser Art kommen beim Übergang von konvexen Technologien TM_{ι} zu entsprechenden nichtkonvexen Technologien $TM_{F\iota}$ und den speziellen diskreten Varianten von TM_{CRS}, d.h. TM_{FRH} und $TM_{GRS\mathbb{N}}$, zum Tragen. Der gestrichelte Pfeil zwischen den beiden letztgenannten Technologien soll andeuten, dass im Fall ganzzahliger Input- und Outputquantitäten der DMUs die Technologie $TM_{GRS\mathbb{N}}$ eine Teilmenge von TM_{FRH} ist. Grundsätzlich vermittelt die Abbildung 3.13 einen Eindruck über die Beziehungen der konvexen und nichtkonvexen Technologien und bei den nichtkonvexen speziell über die Verflechtungen der diskreten Technologien.

[28] Aus Gründen der Übersichtlichkeit sind nicht sämtliche unmittelbaren Beziehungen dargestellt, so könnte z.B. noch $TM_{FCRS} \subseteq TM_{FGRS\mathbb{N}}$ ergänzt werden.

[29] Vgl. auch Darstellungen im Anhang A.3, S. 228ff.

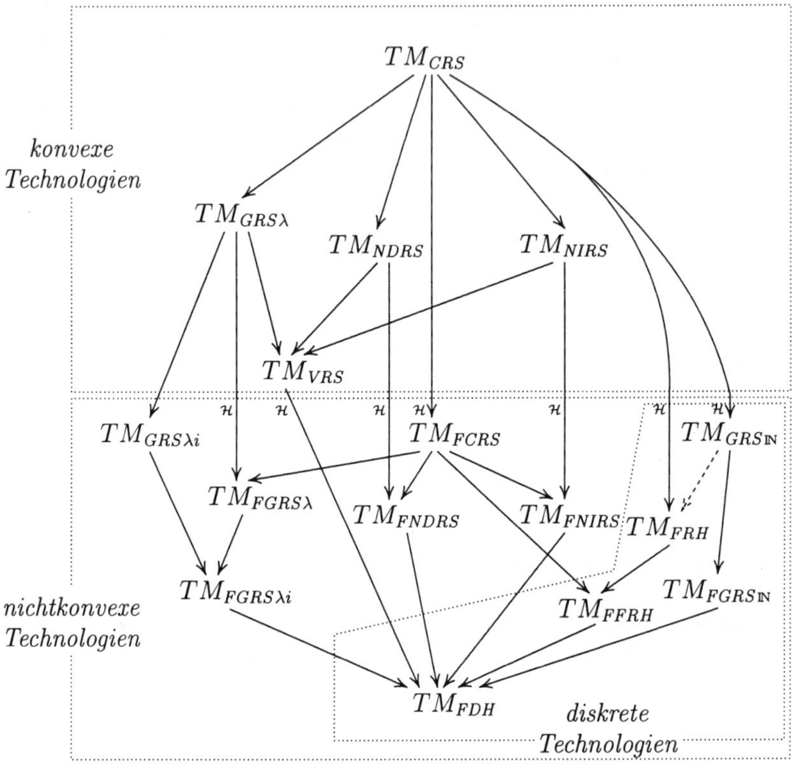

Abbildung 3.13: DEA-Technologien im Überblick

Die in diesem Abschnitt ausgehend von der Technologie TM_{GRS} bisher erläuterten Möglichkeiten zur Modifikation von DEA-Technologien beruhen größtenteils auf produktionstheoretisch begründeten Anforderungen.[30] Weitere in der DEA-Literatur bekannte Variationen von Technologien basieren zum Beispiel auf der Einführung eines zusätzlichen (virtuellen) Inputs oder Outputs,[31] um so die Annahme über (i.d.R. konstante) Skalenerträge zu verändern. Aus diesem Vorgehen kann sich etwa eine

[30] Vgl. ergänzend Modifikation von BOGETOFT et al. 2000, die basierend auf konvexen Input- und Outputkorrespondenzen sowie dem Free Disposal Postulat nichtkonvexe Technologien erzeugen.

[31] Vgl. u.a. SEIFORD/THRALL 1990, S. 33 A.4.

Technologie mit nicht zunehmenden Skalenerträgen ergeben, die auf diese Weise eine andere Motivation erfährt.[32] Die Methoden der „Assurance Region“ bzw. „Cone-Ratio“ transformieren letztlich die beobachteten Daten der DMUs in einer Technologie.[33]

Die bisherigen Ausführungen zur DEA-Technologie machen deutlich, dass im Hinblick auf die Menge der als zulässig erachteten Produktionen eine Vielzahl von unterschiedlichen Anforderungen denkbar ist. Ausgangsbasis für eine Technologie stellen stets die beobachteten Produktionen der I DMUs dar. Aus diesem Grund heißen die zugrunde liegenden Mengen auch „Best Practice-Technologien“. Neben diesen beobachteten Produktionen der DMUs und den virtuellen Produktionen, die sich gemäß den Annahmen an eine Technologie aus diesen $\boldsymbol{y}_i$ generieren lassen, können möglicherweise weitere Produktionen erreichbar sein, die von nicht erfassten DMUs stammen. Diese nicht erfassten Produktionen können bewirken, dass die bisherige Technologie eine Teilmenge der um die zusätzlichen Produktionen ergänzten Technologie ist. Daher ist stets sorgfältig zu prüfen, welche DMUs für einen Vergleich von Organisationen herangezogen werden sollen.

Zusammenfassend lässt sich aus formaler Sicht feststellen, dass in der DEA um die beobachteten Produktionen der DMUs eine „Hülle“ (Envelopment) gelegt wird, die ganz unterschiedliche Formen haben kann. Nur bei der konvexen Technologie TM_{VRS} mit konstanten Skalenerträgen stimmt diese Hülle genau mit der konvexen Hülle überein (vgl. S. 34), die aus den I Produktionen der DMUs generiert wird. Darüber hinaus kann die Hülle um die beobachteten Daten viele andere Strukturen aufweisen, die oft aus der Produktionstheorie bekannt sind bzw. zu den dort betrachteten Technologien Parallelen aufweisen (vgl. Abschnitt 2.1.2).

Da die Technologien als Referenzen zur Beurteilung der Effizienz von DMUs dienen und Aussagen über die Effizienz von Alternativen von der Struktur der Alternativenmengen abhängen – wie Erläuterungen des vor-

[32] Vgl. auch TAKEDA 2000, der durch einen zusätzlichen Input ausschließlich (schwach) effiziente DMUs erzeugt.

[33] Vgl. u.a. COOPER et al. 2000b, S. 160f; diese Transformationen von Technologien gehen auf Beschränkungen der Dualvariablen zurück, d.h. die Variablen, die zu den bei konvexen Technologien existierenden dualen Programmen korrespondieren, vgl. u.a. THOMPSON et al. 1986; THOMPSON et al. 1990; CHARNES et al. 1990; zur allgemeinen Herleitung vgl. auch Abschnitt 3.3.5.3, S. 207.

angehenden zweiten Kapitels belegen –, sollte sowohl aus Sicht von Analysten, die eine DEA-Untersuchung durchführen, als auch aus Sicht des Managements von betroffenen DMUs kritisch geprüft werden:

- Welche DMUs können als vergleichbare Organisationseinheiten herangezogen werden? Gibt es neben den betrachteten DMUs noch weitere?

- Welche Produktionen lassen sich aus den Produktionen der DMUs plausibel ableiten, d.h., welche Parameter sind zur Charakterisierung der Menge zulässiger Referenzen (Technologie TM_{GRS}) geeignet?

3.2 Effiziente Organisationen

3.2.1 Effiziente Produktionen einer Organisation

Die Formulierungen von unterschiedlichen DEA-Technologien im vorangehenden Abschnitt 3.1 haben gezeigt, dass sowohl Data Envelopment Analysis als auch betriebswirtschaftliche Produktionstheorie auf Input-Output-Produktionssystemen basieren (vgl. Abb. 3.1, S. 128) und die zugehörigen Technologien viele Gemeinsamkeiten aufweisen. Mit der Formulierung der Menge aller als zulässig erachteten Referenzen (Produktionen, Alternativen) ist ein erster Schritt vollzogen, um Aussagen über die Effizienz von Organisationen machen zu können, denn die Eigenschaft der Effizienz einer Alternative hängt zum einen von der Alternativenmenge ab. Zum anderen beeinflussen die unterstellten Ziele die Effizienz einer Alternative. Hier lehnen sich die folgenden Betrachtungen ebenfalls unmittelbar an die produktionstheoretischen Überlegungen des zweiten Kapitels an: Die Ziele leiten sich direkt aus den Komponenten eines Input-Output-Vektors ab.

Wie im zweiten Kapitel erläutert, ist es einerseits erstrebenswert, Inputquantitäten zu minimieren und andererseits Outputquantitäten zu maximieren. Das zugrunde liegende vektorielle Entscheidungsmodell, das als Bezugspunkt zur Definition effizienter Produktionen bzw. Organisationen dient, stimmt somit mit dem auf Seite 86 vorgestellten vektoriellen Produktionsmodell überein:

$$\text{(VPM)} \quad max \left\{ \boldsymbol{y} \;\middle|\; \boldsymbol{y} \in TM \subseteq \mathbb{R}_{-+}^{M+N} \right\}.$$

Eine Technologie TM kann durch eine der im Abschnitt 3.1 aufgezeigten DEA-spezifischen Eigenschaften charakterisiert sein.

Auf dieser Grundlage lassen sich mit Hilfe der auf KOOPMANS basierenden Effizienzdefinition 2.1 (vgl. S. 87) zwei Teilmengen von Produktionen bilden, die Menge TM_{eff} der bezüglich (VPM) effizienten Produktionen und die Menge $TM \backslash TM_{eff}$ der bezüglich (VPM) dominierten Produktionen. Im Unterschied zu den produktionstheoretischen Ausführungen des zweiten Kapitels interessieren bei der DEA nicht notwendigerweise alle bezüglich (VPM) effizienten Alternativen, sondern insbesondere DMUs mit bezüglich (VPM) effizienten Produktionen.

Definition 3.1
Eine $\boldsymbol{DMU}_i$ *(Organisationseinheit* $i \in \mathsf{I}$*) mit einer Produktion* $\boldsymbol{y}_i \in TM$ *heißt* ***effizient*** *bezüglich (VPM), falls keine Produktion* $\boldsymbol{y}' \in TM$ *existiert mit:* $\boldsymbol{y}' \geq \boldsymbol{y}_i$.

DMUs mit bezüglich (VPM) dominierten Produktionen heißen auch ineffiziente DMUs. Die Charakterisierung von effizienten DMUs kann analog zu den ergänzenden Erläuterungen effizienter Produktionen bzw. effizienter Alternativen aus den vorangehenden Kapiteln erfolgen (vgl. Tab. 1.1, S. 32, u. Tab. 2.1, S. 88). Eine bezüglich (VPM) effiziente Produktion zeichnet sich nach (1.5) etwa ebenfalls dadurch aus, dass alle zulässigen Produktionen aus der betrachteten Technologie Element des Komplements des zu der effizienten Produktion gehörenden Dominanzkegels sind. M.a.W., die Schnittmenge aus Dominanzkegel und Technologie darf gemäß (1.7) einzig die Produktion der bezüglich (VPM) effizienten DMU enthalten.

Alle Produktionen von bezüglich (VPM) effizienten DMUs enthält die Menge TM_{eff}^{D}:

$$TM_{eff}^{D} := \left\{ \boldsymbol{y}_{eff} \in TM_{FDH} \;\middle|\; \text{Es existiert kein } \boldsymbol{y}' \in TM \text{ mit: } \boldsymbol{y}' \geq \boldsymbol{y}_{eff} \right\},$$

wobei $TM_{eff}^{D} \subseteq TM_{FDH} \subseteq TM$.

Bei dieser Definition ist die *FDH*-Technologie TM_{FDH} Ausgangspunkt für die Menge aller effizienten DMUs, denn TM_{FDH} entspricht exakt der Menge aller beobachteten I Produktionen der DMUs, deren Beurteilung sich die DEA zum Ziel gesetzt hat. Während sich die im Abschnitt 2.2.2 eingeführte Menge TM_{eff} auf alle Produktionen aus einer Technologie bezieht (vgl. S. 87), d.h. auf die I Produktionen der beobachteten DMUs und die Produktionen, die sich daraus mit Hilfe der Menge Λ generieren lassen, beschränkt sich TM_{eff}^{D} ausschließlich auf die I Produktionen der zu analysierenden DMUs, so dass gilt:

$$TM_{eff}^{\mathrm{D}} \subseteq TM_{eff}.$$

Die Produktionen von bezüglich (VPM) dominierten DMUs beinhalten analog die Menge $TM_{FDH} \setminus TM_{eff}^{\mathrm{D}}$, die entsprechend eine Teilmenge aller dominierten Produktionen $(TM \setminus TM_{eff})$ darstellt.

Die notwendige Differenzierung in die beiden Mengen TM_{eff} und TM_{eff}^{D} soll speziell hervorheben, dass die Produktion einer ineffizienten DMU nicht zwangsläufig von Produktionen $\boldsymbol{y}_i$ anderer DMUs dominiert wird $(i \in \mathsf{I})$. Der Dominanzkegel einer dominierten DMU enthält nicht notwendigerweise beobachtete Produktionen einer oder mehrerer anderer DMUs, sondern mindestens eine Referenz, die sich gemäß den Annahmen in Bezug auf die unterstellte Technologie aus Produktionen der betrachteten DMUs erzeugen lässt. Nur unter Annahme einer Technologie TM_{FDH}, die sich genau aus den I Produktionen zusammensetzt, dienen als Referenzen für ineffiziente DMUs ausschließlich Produktionen anderer DMUs. Die im vorangehenden Abschnitt 3.1 ausführlich diskutierten Anforderungen an die Menge der möglichen Referenzen (TM) sind daher für die Analyse der Effizienz von Organisationseinheiten von elementarer Bedeutung.

Beispiel B5: Im Hinblick auf das eingeführte Beispiel B5 mit jeweils einem Input und einem Output konkretisiert sich das vektorielle Produktionsmodell (VPM) in Abhängigkeit der jeweils angenommenen Technologie TM_ι zu:

$$(\textit{VPM-B5}_\iota) \quad \max \left\{ \begin{pmatrix} -r_1 \\ +x_1 \end{pmatrix} \middle| \begin{pmatrix} -r_1 \\ +x_1 \end{pmatrix} \in TM_\iota \right\}$$

$$\text{mit } \iota \in \{CRS, NDRS, \ldots\}.$$

Die Effizienz einer zu untersuchenden DMU hängt von der jeweils unterstellten Technologie ab. Für eine Free Disposal Hull-Technologie sowie für

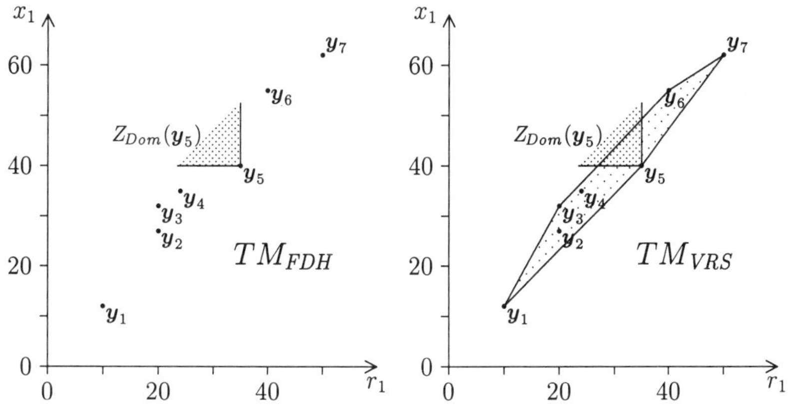

Abbildung 3.14: Dominanzkegel für DMU_5 in TM_{FDH} und TM_{VRS}

eine Technologie mit variablen Skalenerträgen illustriert Abbildung 3.14 die Schnittmenge aus der jeweiligen Technologie TM_ι ($\iota \in \{FDH, VRS\}$) und dem jeweils zur DMU_5 gehörenden Dominanzkegel $Z_{Dom}(\boldsymbol{y}_5)$ (vgl. auch Abb. 3.2, S. 132):

$$TM_{FDH} \cap Z_{Dom}(\boldsymbol{y}_5) = \{\boldsymbol{y}_5\} \quad \text{bzw.}$$
$$TM_{VRS} \cap Z_{Dom}(\boldsymbol{y}_5) \neq \{\boldsymbol{y}_5\}.$$

Da die Schnittmenge aus Technologie und Dominanzkegel für TM_{FDH} einzig die Produktion $\boldsymbol{y}_5$ enthält, erweist sich in diesem Fall DMU_5 als effizient. Dagegen enthält im Fall variabler Skalenerträge die Schnittmenge aus Technologie TM_{VRS} und Dominanzkegel weitere zulässige Produktionen, so dass in diesem Fall DMU_5 nicht zur Menge der effizienten DMUs gehört. Allerdings begründet sich diese Dominanzbeziehung nicht direkt in einer beobachteten Produktion, sondern in Konvexkombinationen (virtuellen Produktionen) aus u.a. den beiden Produktionen $\boldsymbol{y}_3$ und $\boldsymbol{y}_6$, die $\boldsymbol{y}_5$ dominieren:

$$\lambda_3 \begin{pmatrix} -20 \\ +32 \end{pmatrix} + \lambda_6 \begin{pmatrix} -40 \\ +55 \end{pmatrix} \geq \begin{pmatrix} -35 \\ +40 \end{pmatrix} = \boldsymbol{y}_5$$
$$\text{für } \lambda_3 + \lambda_6 = 1;\ \lambda_3 \in [1/4, 15/23].$$

In diesem Punkt unterscheidet sich die für TM_{VRS} gleichfalls dominierte DMU_2 von DMU_5, denn $\boldsymbol{y}_2$ wird von $\boldsymbol{y}_3$ dominiert. Aus diesem Grund *zählt DMU_2 bereits auf Grundlage der endlichen Technologie TM_{FDH} nicht zur Menge der bezüglich (VPM-$B5_{FDH}$) effizienten DMUs.*

ι	$\boldsymbol{y}_i \in TM^{\mathbb{D}}_{\iota eff}$	$\boldsymbol{y}_i \in TM^{\mathbb{D}}_{F\iota eff}$
CRS	$\boldsymbol{y}_3$	$\boldsymbol{y}_3$
NDRS	$\boldsymbol{y}_1, \boldsymbol{y}_3$	$\boldsymbol{y}_1, \boldsymbol{y}_3$
NIRS	$\boldsymbol{y}_3, \boldsymbol{y}_6, \boldsymbol{y}_7$	$\boldsymbol{y}_3, \boldsymbol{y}_4, \boldsymbol{y}_6, \boldsymbol{y}_7$
VRS	$\boldsymbol{y}_1, \boldsymbol{y}_3, \boldsymbol{y}_6, \boldsymbol{y}_7$	$\boldsymbol{y}_1, \boldsymbol{y}_3, \boldsymbol{y}_4, \boldsymbol{y}_5, \boldsymbol{y}_6, \boldsymbol{y}_7$
$GRS\lambda$	$\boldsymbol{y}_3$	$\boldsymbol{y}_1, \boldsymbol{y}_3, \boldsymbol{y}_6$
$GRS\lambda i$	$\boldsymbol{y}_3, \boldsymbol{y}_6$	$\boldsymbol{y}_1, \boldsymbol{y}_3, \boldsymbol{y}_4, \boldsymbol{y}_6, \boldsymbol{y}_7$
$GRS\mathbb{N}$	$\boldsymbol{y}_3$	$\boldsymbol{y}_3, \boldsymbol{y}_4$
FRH	$\boldsymbol{y}_1, \boldsymbol{y}_3, \boldsymbol{y}_4$	$\boldsymbol{y}_1, \boldsymbol{y}_3, \boldsymbol{y}_4, \boldsymbol{y}_5$

Tabelle 3.5: Effiziente DMUs bei unterschiedlichen Technologien

Die Mengen der effizienten DMUs bezüglich der betrachteten konvexen und nichtkonvexen Technologien fasst für das Beispiel B5 die Tabelle 3.5 zusammen.[34] *Die Abbildung 3.15 zeigt in Ergänzung zu dieser Tabelle*

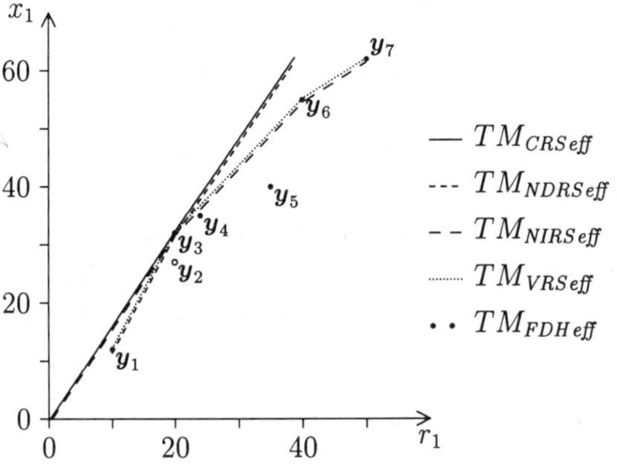

Abbildung 3.15: Mengen effizienter Produktionen $TM_{\iota eff}$

[34]Es gilt weiterhin für $TM_{GRS\lambda}$: $\overline{\lambda} = 0,75$ u. $\overline{\overline{\lambda}} = 1,25$; für $TM_{GRS\lambda i}$: $\overline{\lambda}_4 = \overline{\overline{\lambda}}_3 = \overline{\lambda}_6 = \overline{\overline{\lambda}}_6 = \overline{\overline{\lambda}}_7 = 1$ u. $\overline{\lambda}_7 = 0,75$; jedoch für $TM_{GRS\mathbb{N}}$ konstante Skalenerträge.

die Mengen effizienter Produktionen $TM_{\iota eff}$ für einige ausgewählte Technologien. Es ist zu erkennen, dass DMU_3 stets zur Menge der effizienten DMUs gehört. DMU_3 ist effizient bezüglich (VPM-B5$_{CRS}$), d.h. bei einer konvexen Technologie mit konstanten Skalenerträgen. Gemäß Abbildung 3.13 (S. 158) ist die Technologie TM_{CRS} eine Obermenge aller anderen betrachteten Technologien. Diese Mengen zulässiger Referenzen sind im Vergleich zu TM_{CRS} durch zusätzliche Anforderungen gekennzeichnet.

Da generell die Produktion einer bezüglich (VPM$_{CRS}$) effizienten DMU bei den betrachteten Varianten der DEA-Technologien stets eine zulässige Alternative bleibt, und durch zusätzliche Annahmen an eine Technologie die Anzahl möglicher Referenzen sinkt, kann diese (effiziente) Produktion nicht bezüglich eines (VPM) mit entsprechend modifizierter Technologie dominiert werden. Diesen Zusammenhang zwischen DEA-Technologien berücksichtigt folgender Satz.

Satz 3.2
Gegeben sei eine Menge $TM_{FDH} = \{\boldsymbol{y}_1, \ldots, \boldsymbol{y}_I\} \subset I\!R_{-+}^{M+N}$ von I Produktionen $\boldsymbol{y}_i$ und zwei DEA-Technologien $TM_{\iota'}$, TM_ι mit $TM_{FDH} \subseteq TM_{\iota'} \subseteq TM_\iota$, so ist jede bezüglich (VPM$_\iota$) effiziente DMU auch bezüglich (VPM$_{\iota'}$) effizient, d.h.:

$$TM_\iota \supseteq TM_{\iota'} \quad \Longrightarrow \quad TM^{\mathrm{D}}_{\iota eff} \subseteq TM^{\mathrm{D}}_{\iota' eff}. \tag{3.14}$$

Beweis: Für alle $\boldsymbol{y}_i \in TM^{\mathrm{D}}_{\iota eff}$ gibt es keine bezüglich (VPM$_\iota$) dominierende Produktion $\boldsymbol{y} \in TM_\iota$ mit: $\boldsymbol{y} \geq \boldsymbol{y}_i$. Eine bezüglich (VPM$_\iota$) effiziente Produktion $\boldsymbol{y}_i$ ist ebenfalls Element von $TM_{\iota'}$, denn es gilt: $TM^{\mathrm{D}}_{\iota eff} \subseteq TM_{\iota'}$. Da $TM_{\iota'} \subseteq TM_\iota$ vorausgesetzt wird, kann es daher keine Produktion $\boldsymbol{y} \in TM_{\iota'}$ geben, die $\boldsymbol{y}_i$ bezüglich (VPM$_{\iota'}$) dominiert. Zusätzliche bezüglich (VPM$_{\iota'}$) effiziente Produktionen sind jedoch aufgrund der im Verglich zu TM_ι nicht erhöhten Anzahl von Referenzen möglich. □

Die Aussage aus Satz 3.2 ist auf die Technologien TM', die gemäß dem „Free Disposal Postulat" alle dominierten Produktionen enthalten (vgl. S. 141), unmittelbar übertragbar. Diese dominierten Produktionen haben definitionsgemäß keinen Einfluss auf die Menge effizienter Produktionen, d.h., es gilt analog zu (3.14):

$$TM'_\iota \supseteq TM'_{\iota'} \subseteq TM'_{FDH} \quad \Longrightarrow \quad TM^{\mathrm{D}}_{\iota eff} \subseteq TM^{\mathrm{D}}_{\iota' eff}.$$

Der im Satz 3.2 beschriebene Sachverhalt ist dagegen nicht auf die Mengen TM_{eff} der effizienten Produktionen übertragbar, wie unmittelbar das *Beispiel B5* belegt.

Beispiel B5: Ein Blick auf die Abbildung 3.15 zeigt, dass beispielsweise für eine Technologie TM_{VRS} mit variablen Skalenerträgen, die eine Teilmenge von TM_{CRS} ist ($TM_{VRS} \subseteq TM_{CRS}$), die im Satz 3.2 formulierte Beziehung zwischen den Mengen effizienter Produktionen keine Gültigkeit hat ($TM_{CRS\mathit{eff}} \nsubseteq TM_{VRS\mathit{eff}}$). So sind alle Produktionen des linearen Prozesses Y_{L3} effizient bezüglich (VPM-B5$_{CRS}$), allerdings ist diese Menge effizienter Produktionen keine Teilmenge der effizienten Produktionen bezüglich (VPM-B5$_{VRS}$), die sich aus den Konvexkombinationen zwischen den Produktionen $\boldsymbol{y}_1$ und $\boldsymbol{y}_3$, $\boldsymbol{y}_3$ und $\boldsymbol{y}_6$ sowie $\boldsymbol{y}_6$ und $\boldsymbol{y}_7$ ergibt. Die Mengen $TM^{\mathrm{D}}_{\mathit{eff}}$ effizienter DMUs, wie sie im Satz 3.2 betrachtet werden, basieren im Unterschied dazu auf der Menge aller beobachteten Produktionen, der Technologie TM_{FDH}, die annahmegemäß eine Teilmenge der betrachteten Technologien darstellt.

Die im Satz 3.2 beschriebene Beziehung zwischen den unterschiedlichen Technologien lässt sich auf die in Abbildung 3.13 (S. 158) zusammengefassten DEA-Technologien anwenden. Aus dem in (3.13) auf Seite 157 hergeleiteten Verhältnis zwischen den Technologien resultiert somit:

$$\begin{aligned} & TM_{FDH} \subseteq TM_{GRS} \subseteq TM_{CRS} \\ \Longrightarrow \quad & TM^{\mathrm{D}}_{CRS\mathit{eff}} \subseteq TM^{\mathrm{D}}_{GRS\mathit{eff}} \subseteq TM^{\mathrm{D}}_{FDH\mathit{eff}}. \end{aligned} \tag{3.15}$$

Die Abbildung 3.13 kann daher ebenfalls verwendet werden, um die Verbindungen zwischen den Mengen effizienter DMUs auf der Grundlage der betrachteten Technologien zu charakterisieren. Die Menge effizienter DMUs bezüglich (VPM) mit einer Technologie, von der ein Pfeil ausgeht, ist demnach eine Teilmenge der Menge effizienter DMUs bezüglich eines (VPM) mit der Technologie, in die der zugehörige Pfeil eingeht. So ist beispielsweise $TM^{\mathrm{D}}_{GRS\lambda\mathit{eff}}$ eine Teilmenge von $TM^{\mathrm{D}}_{VRS\mathit{eff}}$. Von den in der Abbildung 3.13 dargestellten Technologien enthält folglich die zur *FDH*-Technologie korrespondierende Menge $TM^{\mathrm{D}}_{\mathit{eff}\,FDH}$ die maximale Anzahl effizienter DMUs. Alle anderen Mengen effizienter DMUs sind gemäß (3.15) eine Teilmenge aller bezüglich (VPM$_{FDH}$) effizienten DMUs.

Dieses Verhältnis zwischen den Technologien bestätigen die in Tabelle 3.5 zusammengefassten Ergebnisse für das *Beispiel B5*. Eine in der zweiten

Spalte aufgeführte Menge effizienter DMUs ist Teilmenge der in der zugehörigen dritten Spalte aufgeführten Menge effizienter DMUs, weil die zugrunde liegenden Technologien einer Zeile den Anforderungen an Satz 3.2 genügen. Weitere Beziehungen, wie etwa zwischen den Mengen $TM_{GRS\lambda}$ und $TM_{GRS\lambda i}$, lassen sich ebenfalls aus der Tabelle erkennen.

Die Tabelle 3.5 vermittelt anhand von *Beispiel B5* nochmals einen Eindruck über die Bedeutung der Anforderungen an eine Technologie, denn die zugrunde liegenden Prämissen können unmittelbar Auswirkungen auf die Effizienz von DMUs haben. Während möglicherweise eine Technologie TM_{FDH} zu „starke“ Anforderungen an die Menge der Referenzen stellt, da diese Technologie jegliche Variationen der Skalenniveaus ausschließt, sind die Anforderungen an eine Technologie TM_{CRS} möglicherweise zu „schwach“, da beliebige Variationen und Kombinationen von Produktionen häufig nicht plausibel sind. Dennoch erfreuen sich bei praktischen Anwendungen insbesondere Technologien mit konstanten Skalenerträgen großer Beliebtheit.[35] Diese weite Verbreitung begründet sich – neben der Tatsache, dass es sich historisch um eine der ersten DEA-Technologien handelt und bei Effizienzanalysen eine ökonomische Interpretation ermöglicht[36] – vermutlich ferner in der vergleichsweise geringen Anzahl effizienter DMUs bei einer CRS-Technologie. Damit besteht die Möglichkeit, für – viele – ineffiziente DMUs Kennzahlen zu bestimmen, auf denen dann Vergleiche zwischen den DMUs basieren. Dieser mehr technische Beweggrund sollte bei einer Effizienzanalyse von realen Organisationen keine Rolle spielen.

3.2.2 Input-/outputorientiert effiziente Organisationen

Die bisherigen Überlegungen zu effizienten Organisationen (DMUs) orientierten sich am klassischen Konzept von KOOPMANS. Gemäß dem vektoriellen Produktionsmodell (VPM) werden sowohl der zu minimierende Input als auch der zu maximierende Output als zu optimierende Größen angesehen. Analog zu den produktionstheoretischen Darstellungen des Abschnitts 2.2.3 können sich die Effizienzbetrachtungen auf bestimmte Bestandteile einer Produktion konzentrieren: den Input oder den Output.

---

[35] Vgl. u.a. Überblick in SCHEFCZYK 1996, S. 177.

[36] Vgl. auch Abschnitt 3.3.5.3, S. 207ff.

So dienen bei einer inputorientierten Betrachtungsweise die Outputs einer zu analysierenden DMU als Schranken im Sinne nicht zu unterschreitender Benchmarks. Existiert eine für diese Benchmarks zulässige Produktion aus der zugrunde liegenden DEA-Technologie, die zudem bei mindestens einem Input mit geringeren Quantitäten auskommt und bei keinem der M Inputs höhere Quantitäten erfordert, so wird die betrachtete DMU dominiert. Alle in diesem Sinne nicht dominierten DMUs heißen inputorientiert effizient. Analoge Überlegungen gelten für outputorientiert effiziente DMUs, so dass sich in Anlehnung an die Definition 2.3 (S. 94) input- bzw. outputorientiert effizienter Produktionen entsprechend effiziente DMUs beschreiben lassen:

Definition 3.3

*a) Eine **DMU_i** mit einer Produktion $\boldsymbol{y}_i \in TM$ heißt **inputorientiert-effizient** bezüglich ($VPM^{\boldsymbol{x}_i}$), falls keine Produktion $\boldsymbol{y}' \in TM$ existiert mit:* $\boldsymbol{r}' \leq \boldsymbol{r}_i$ *und* $\boldsymbol{x}' \geqq \boldsymbol{x}_i$.

*b) Eine **DMU_i** mit einer Produktion $\boldsymbol{y}_i \in TM$ heißt **outputorientiert-effizient** bezüglich ($VPM^{\boldsymbol{r}_i}$), falls keine Produktion $\boldsymbol{y}' \in TM$ existiert mit:* $\boldsymbol{r}' \leqq \boldsymbol{r}_i$ *und* $\boldsymbol{x}' \geq \boldsymbol{x}_i$.

Alle inputorientiert-effizienten DMUs enthält die Menge $TM_{eff}^{\boldsymbol{x}D}$, alle outputorientiert-effizienten DMUs die Menge $TM_{eff}^{\boldsymbol{r}D}$. Zur Technologie $TM_{eff}^{\boldsymbol{x}D}$ gehören demnach alle Organisationseinheiten DMU_i, die jeweils bezüglich ($\text{VPM}^{\boldsymbol{x}_i}$) inputorientiert-effizient sind. Bezugspunkt für die Definition inputorientiert-effizienter DMUs sind somit unterschiedliche vektorielle Entscheidungsmodelle ($\text{VPM}^{\boldsymbol{x}_i}$), die jeweils den gleichen zu minimierenden Zielvektor $\boldsymbol{r}$ (Inputs), aber in der Regel unterschiedliche untere Schranken $\boldsymbol{x}_i$ für die Outputs aufweisen. Analog basiert die Menge outputorientiert-effiziente Produktion auf individuell unterschiedlich vektoriellen Produktionsmodellen ($\text{VPM}^{\boldsymbol{r}_i}$).

Wie bereits bei den produktionstheoretischen Grundlagen im zweiten Kapitel erläutert, ist eine Produktion genau dann effizient, wenn sie jeweils bezüglich entsprechender vektorieller Produktionsmodelle input- *und* outputorientiert-effizient ist (vgl. (2.9), S. 95). Input- *oder* outputorientiert-effiziente DMUs, die nicht beide Eigenschaften gleichzeitig aufweisen, gehören zur Menge TM_{seff}^{D} der bezüglich (VPM) schwach effizienten DMUs und nicht zwangsläufig zur Menge TM_{eff}^{D} der bezüglich (VPM) effizienten DMUs (vgl. Erläuterungen zu (2.8), S. 95), so dass hier ebenfalls gilt:

$$TM^{\mathrm{D}}_{\mathit{eff}} \subseteq TM^{\boldsymbol{r}\mathrm{D}}_{\mathit{eff}} \subseteq TM^{\mathrm{D}}_{\mathit{seff}} \text{ bzw. } TM^{\mathrm{D}}_{\mathit{eff}} \subseteq TM^{\boldsymbol{x}\mathrm{D}}_{\mathit{eff}} \subseteq TM^{\mathrm{D}}_{\mathit{seff}}. \quad (3.16)$$

Beispiel B5: In diesem Beispiel gehört bei einer Technologie TM_{FDH}, die lediglich die Produktionen der sieben DMUs enthält, die dominierte DMU_2 zur Menge der inputorientiert-effizienten DMUs. Es gibt bezüglich

$$(VPM^{\boldsymbol{x}_2}) \quad \min \left\{ r_1 \;\middle|\; x_1 \geqq 27\,(= x_{1,2});\; \boldsymbol{y} \in TM_{FDH} \right\}$$

keine zulässige Produktion, die eine geringere Inputquantität als die von

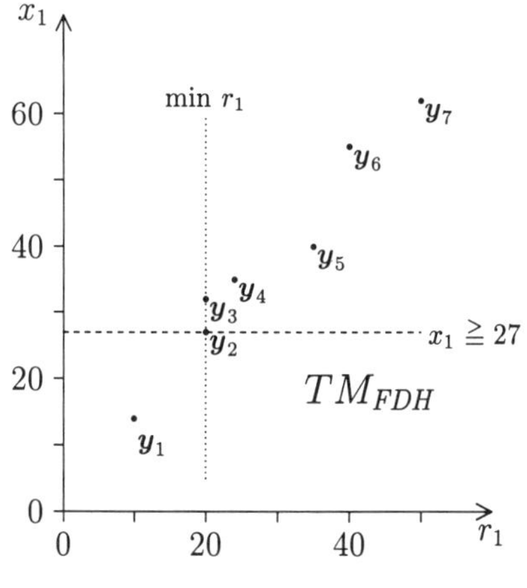

Abbildung 3.16: Inputorientiert-effiziente DMU_2

DMU_2 eingesetzten 20 FE benötigt (vgl. Abb. 3.16), denn die gleichfalls bezüglich $(VPM^{\boldsymbol{x}_2})$ optimale Produktion der DMU_3 stimmt im Hinblick auf den Input mit der DMU_2 überein. Für Beispiel B5 gilt unter Annahme einer Technologie TM_{FDH}: $\quad TM^{\mathrm{D}}_{FDH\mathit{eff}} \subset TM^{\boldsymbol{x}\mathrm{D}}_{FDH\mathit{eff}} = TM_{FDH}$.

Ergänzend lässt sich in Anlehnung an Korollar 1.10 (S. 52) feststellen: Wenn es neben der zu untersuchenden DMU_i keine von $\boldsymbol{y}_i$ abweichende und bezüglich $(\mathrm{VPM}^{\boldsymbol{x}_i})$ oder $(\mathrm{VPM}^{\boldsymbol{r}_i})$ effiziente Produktion $\boldsymbol{y}' \neq \boldsymbol{y}_i$ $(\boldsymbol{y}' \in TM)$ gibt, so dass die zu analysierende Produktion $\boldsymbol{y}_i$ einzig input- oder outputorientiert-effizient bezüglich $(\mathrm{VPM}^{\boldsymbol{x}_i})$ oder $(\mathrm{VPM}^{\boldsymbol{r}_i})$ ist, dann ist die zugehörige DMU_i auch effizient bezüglich (VPM). Der zu dieser DMU_i gehörende Dominanzkegel $Z^{Dom}(\boldsymbol{y}_i)$ enthält unter dieser Voraussetzung neben dem Scheitel $\boldsymbol{y}_i$ keine weitere Produktion aus der Technologie, woraus nach (1.7) die Effizienz der betrachteten Produktion folgt.

3.2.3 Wesentlich effiziente und nichtwesentlich effiziente Organisationen

Eine Unterscheidung in bezüglich (VPM) wesentlich effiziente und nichtwesentlich effiziente Produktionen ist wiederum bei nichtkonvexen Technologien bedeutsam. In Analogie zu den bisherigen Effizienzüberlegungen bietet sich eine entsprechende Definition für Organisationseinheiten (DMUs) an. Die folgende Definition wendet die Notation der DEA auf die eingeführte Definition 2.4 (S. 98) des produktionstheoretischen Kapitels an.

Definition 3.4

a) *Eine* $\boldsymbol{DMU}_i$ *mit einer Produktion* $\boldsymbol{y}_i \in TM$ *heißt* ***wesentlich effizient*** *bezüglich (VPM), wenn sie effizient bezüglich der konvexen Hülle* $\mathcal{H}(TM)$ *der Technologie von (VPM) ist, d.h., es existiert kein* $\boldsymbol{y}' \in \mathcal{H}(TM)$ *mit:* $\boldsymbol{y}' \geq \boldsymbol{y}_i$.

b) *Eine* $\boldsymbol{DMU}_i$ *mit einer Produktion* $\boldsymbol{y}_i \in TM^{\mathrm{D}}_{\mathit{eff}}$ *heißt* ***nichtwesentlich effizient*** *bezüglich (VPM), wenn mindestens ein* $\boldsymbol{y}' \in \mathcal{H}(TM) \setminus TM$ *existiert mit:* $\boldsymbol{y}' \geq \boldsymbol{y}_i$.

Alle bezüglich (VPM) wesentlich effizienten DMUs enthält die Menge $TM^{\mathrm{D}}_{\mathit{weff}}$ und alle nichtwesentlich effizienten DMUs die Menge $TM^{\mathrm{D}}_{\mathit{nweff}}$:

$$TM^{\mathrm{D}}_{\mathit{nweff}} := TM^{\mathrm{D}}_{\mathit{eff}} \setminus TM^{\mathrm{D}}_{\mathit{weff}}. \tag{3.17}$$

Für die konvexen DEA-Technologien stimmen die Mengen der effizienten und wesentlich effizienten Produktionen und folglich auch die entsprechenden Mengen effizienter und wesentlich effizienter DMUs überein (vgl. Abb. 3.13, S. 158). Die Mengen nichtwesentlich effizienter DMUs sind bei diesen konvexen DEA-Technologien leer.

Bei mehreren der vorgestellten DEA-Technologien vereinfacht sich die Herleitung wesentlich effizienter DMUs. Für die aus konvexen Technologien abgeleiteten FDH-Technologien korrespondiert die konvexe Hülle genau mit der zugehörigen konvexen Technologie:[37]

$$\mathcal{H}(TM_{F\iota}) = TM_\iota \quad \big(\iota \in \{CRS, NDRS, NIRS, VRS, GRS\lambda\}\big). \tag{3.18}$$

In der Abbildung 3.13 weist auf diese Beziehung zwischen den Technologien jeweils der Index $\mathcal{H}$ am Übergang zwischen den konvexen und nichtkonvexen Mengen hin. Ebenso ist zu erkennen, dass die konvexe Hülle der diskreten Technologien $TM_{GRS\mathbb{N}}$ und TM_{FRH} mit der entsprechenden konvexen Technologie bei konstanten Skalenerträgen TM_{CRS} identisch ist. Dies gilt in gleicher Weise für die Varianten $TM_{FGRS\mathbb{N}}$ und TM_{FFRH} dieser Technologien, deren konvexe Hüllen sich ebenfalls mit der Technologie TM_{CRS} decken.

Aussagen über die Menge der jeweils bezüglich (VPM) wesentlich effizienten DMUs lassen sich für diese Technologien unmittelbar aus den korrespondierenden konvexen Technologien ableiten:

$$TM^{\mathrm{D}}_{F\iota weff} = TM^{\mathrm{D}}_{\iota eff} \quad \big(\iota \in \{CRS, NDRS, NIRS, VRS, GRS\lambda\}\big) \tag{3.19}$$

und analog

$$TM^{\mathrm{D}}_{GRS\mathbb{N}weff} = TM^{\mathrm{D}}_{FGRS\mathbb{N}weff} = TM^{\mathrm{D}}_{FRH_{weff}} = TM^{\mathrm{D}}_{FFRH_{weff}} = TM^{\mathrm{D}}_{CRSeff}.$$

Im Gegensatz zur Herleitung der Menge wesentlich effizienter Produktionen (nicht Menge der DMUs!) aus den korrespondierenden konvexen Technologien mit etwa (vgl. auch (2.10), S. 100)

$$TM_{F\iota weff} = TM_{\iota eff} \cap TM_{F\iota} \quad \big(\iota \in \{CRS, \ldots, GRS\lambda\}\big)$$

vereinfacht sich hier die Darstellung, da eine zusätzliche Berücksichtigung des Durchschnittes aus der Menge effizienter DMUs bezüglich (VPM) mit konvexer Technologie und aus der Menge aller zulässigen DMUs (TM_{FDH}) entfallen kann, denn z.B. gilt:

$$TM^{\mathrm{D}}_{F\iota weff} = TM^{\mathrm{D}}_{\iota eff} \cap TM_{FDH} = TM^{\mathrm{D}}_{\iota eff} \quad \big(\iota \in \{CRS, \ldots, GRS\lambda\}\big).$$

Beispiel B5: Die Mengen der jeweils wesentlich effizienten DMUs des Beispiels B5 sind unter Berücksichtigung dieses Zusammenhangs für fast alle

[37]Zum Nachweis dieser Beziehungen vgl. Anhang A.3, S. 228ff.

nichtkonvexen Technologien aus Tabelle 3.5 (S. 164) ablesbar. Die Mengen nichtwesentlich effizienter DMUs resultieren gemäß (3.17) aus den Differenzen zwischen den Mengen der effizienten DMUs und den Mengen der wesentlich effizienten DMUs jeweils bezogen auf ein entsprechendes (VPM). Für das Beispiel B5 listet die Tabelle 3.6 die nichtwesentlich effizienten DMUs für die bisher betrachteten Technologien auf. Wie bereits

ι	$\boldsymbol{y}_i \in TM^{\mathrm{D}}_{\iota nweff}$	$\boldsymbol{y}_i \in TM^{\mathrm{D}}_{F\iota nweff}$
CRS	–	$\emptyset$
NDRS	–	$\emptyset$
NIRS	–	$\boldsymbol{y}_4$
VRS	–	$\boldsymbol{y}_4, \boldsymbol{y}_5$
GRSλ	–	$\boldsymbol{y}_1, \boldsymbol{y}_6$
GRSλi	$\boldsymbol{y}_6$	$\boldsymbol{y}_1, \boldsymbol{y}_4$
GRS$_{\mathbb{N}}$	$\emptyset$	$\boldsymbol{y}_4$
FRH	$\boldsymbol{y}_1, \boldsymbol{y}_4$	$\boldsymbol{y}_1, \boldsymbol{y}_4, \boldsymbol{y}_5$

Tabelle 3.6: Nichtwesentlich effiziente DMUs

erwähnt, erübrigt sich bei konvexen Technologien eine Unterscheidung in wesentlich und nichtwesentlich effiziente DMUs, weil alle effizienten DMUs auch wesentlich effizient sind. Die leeren Mengen nichtwesentlich effizienter DMUs bei den nichtkonvexen Technologien der Tabelle 3.6 beruhen dagegen auf den Daten des Beispiels B5. Zur Verdeutlichung dieses inhaltlichen Unterschieds findet das Symbol für die leere Menge ($\emptyset$) nur bei den nichtkonvexen Technologien Verwendung, während ein Strich bei den konvexen Technologien auf die leeren Mengen nichtwesentlich effizienter DMUs hinweist.

Für eine Technologie $TM_{GRS\lambda i}$ mit individuell beschränkten Linearfaktoren hat die obige Beziehung (3.18) keine Gültigkeit. Die Technologie $TM_{GRS\lambda i}$ ist bereits eine nichtkonvexe Technologie, so dass deren konvexe Hülle Bezugspunkt für die Menge der wesentlich effizienten DMUs ist. Diese konvexe Hülle muss nicht mit der konvexen Hülle der entsprechenden *FDH*-Technologie $TM_{FGRS\lambda i}$ übereinstimmen. Die Menge

$\mathcal{H}(TM_{FGRS\lambda i})$ ist direkt aus den oberen und unteren Begrenzungen der jeweiligen linearen Prozesse ableitbar

$$\mathcal{H}(TM_{FGRS\lambda i}) = \left\{ \boldsymbol{y} \in \mathbb{R}_{-+}^{M+N} \;\middle|\; \begin{array}{l} \sum\limits_{i=1}^{I} \left(\lambda_{i,1} \cdot \overline{\lambda}_i + \lambda_{i,2} \cdot \overline{\overline{\lambda}}_i\right) \boldsymbol{y}_i = \boldsymbol{y} \\ \sum\limits_{i=1}^{I} \left(\lambda_{i,1} + \lambda_{i,2}\right) = 1 \\ \lambda_{i,1}, \lambda_{i,2} \geqq 0 \quad (\forall i \in \mathsf{I}) \end{array} \right\}.$$

Diese Möglichkeit zur Generierung einer konvexen Hülle ist nicht auf Technologien vom Typ $TM_{GRS\lambda i}$ übertragbar.

Beispiel B5: Für das Beispiel B5 illustriert die Abbildung 3.17 die konvexen Hüllen dieser beiden Technologien. So ist aufgrund der divergierenden konvexen Hüllen DMU_6 bezüglich (VPM-B5$_{FGRS\lambda i}$) wesentlich effizient, nicht aber wesentlich effizient bezüglich (VPM-B5$_{GRS\lambda i}$).

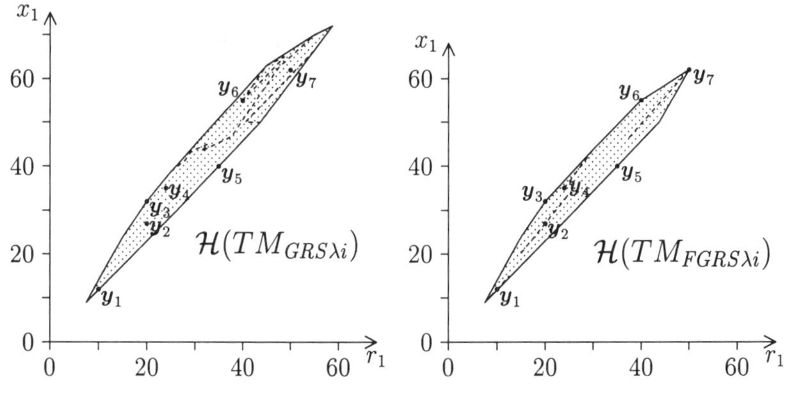

Abbildung 3.17: Konvexe Hüllen von $TM_{GRS\lambda_i}$ bzw. $TM_{FGRS\lambda_i}$

3.2.4 Ökonomische Relevanz nichtwesentlich effizienter Organisationen

Nach diesen mehr formalen Erläuterungen zu den Mengen der wesentlich effizienten und nichtwesentlich effizienten DMUs stellt sich die Frage nach der ökonomischen Bedeutung dieser begrifflichen Abgrenzung. So wird in der DEA-Literatur die Relevanz von FDH-Technologien kontrovers diskutiert.[38] Wie die Erläuterungen zu den bezüglich (VPM) wesentlich und nichtwesentlich effizienten Produktionen unter dem Aspekt einer erfolgsorientierten Planung zeigten (vgl. Abschnitt 2.3.2), hängt die ökonomische Relevanz unter anderem von der zugrunde liegenden Kompromisszielfunktion ab.

Bei einer erfolgsorientierten Planung auf Basis von ausschließlich positiven Preisen, deren Niveau von den Input- und Outputquantitäten unabhängig ist, können gemäß Korollar 1.12 (S. 53) nur bezüglich (VPM) wesentlich effiziente Produktionen kompromissoptimal bei einer entsprechenden Zielgewichtung sein. Unter dieser Voraussetzung führen bei einer Effizienzanalyse die in (3.19) betrachteten nichtkonvexen Technologien zu keinen weiteren Erkenntnissen. Die relativ aufwendige Formulierung der nichtkonvexen Technologien kann entfallen. M.a.W., sind Kombinationen zwischen den Produktionen unterschiedlicher DMUs nicht plausibel (z.B. FDH-Technologie), so ist bei konstanten Preisen eine Effizienzanalyse auf Basis der zugehörigen konvexen Technologie gerechtfertigt. Unabhängig vom möglicherweise unbekannten tatsächlichen Niveau der konstanten Preise fallen nichtwesentlich effiziente DMUs aus der Liste der Kandidaten einer erfolgsoptimalen Lösung heraus. Die FDH-Varianten und auch die betrachteten diskreten Varianten der Technologien sind in diesem Fall vernachlässigbar.[39]

Sollte allerdings die Annahme der konstanten Preise keine Gültigkeit besitzen, so können nach Satz 2.6 (S. 114) alle effizienten DMUs Lösung eines erfolgsorientierten Ansatzes sein. Der Aussage von THRALL 1999, (S. 249) „*... we must conclude that FDH is inconsistent with all of price theory in economics so that one or the another must be abandoned ...*“ kann unter Berücksichtigung der hergeleiteten produktionstheoretischen Ergebnisse nicht zugestimmt werden. Nach den auf FRANK 1969 basierenden Systemen der Preisdifferenzierung ist es durchaus möglich, dass nichtwesentlich effiziente DMUs für die ökonomische Analyse von Bedeutung sind. Können die Preise für den Output etwa mit zunehmenden Quantitäten sinken, so ist eine Fokussierung auf bezüglich (VPM) we-

[38]Vgl. u.a. THRALL 1999; CHERCHYE et al. 2000.

[39]Vgl. u.a. FÄRE/LI 1998, S. 623, die optimale Lösung einer „inner approximation“ betrachten.

sentlich effiziente DMUs nicht plausibel.[40] Generell können folglich effiziente DMUs in FDH-Technologien mit einer Preistheorie konsistent sein. Fließen zusätzlich in die Betrachtungen „DMU-spezifische Kosten“ ein, sollten – wie die Überlegungen zu den technologieabhängigen Kosten im Exkurs der S. 122ff zeigen – die Effizienzbetrachtungen auf Grundlage eines vektoriellen Modells mit zu minimierenden Kosten und zu maximierenden Erlösen basieren.

Beispiel B5: Am eingeführten Beispiel B5 mit der Technologie TM_{FDH} sei die Wirkung einer Preisdifferenzierung exemplarisch erläutert. Die Preise für den Input seien über die Quantitäten konstant, so dass für die Kosten gilt:

$$\hat{K}(r_1) = r_1 \quad \text{für } r_1 \geqq 0,$$

die Preise für den Output sinken ab einer Quantität von 38 PE:

$$\hat{E}(x_1) = \begin{cases} 2 \cdot x_1 & \text{für } 0 \leqq x_1 \leqq 38 \\ 0{,}5 \cdot x_1 + 57 & \text{für } \quad x_1 \geqq 38. \end{cases}$$

Das Deckungsbeitragsmodell (vgl. (DPM), S. 114)

$$\max \left\{ 2x_1^1 + 0{,}5x_1^2 - r_1 \;\middle|\; \begin{array}{l} x_1 = x_1^1 + x_1^2 \\ x_1^1 \leqq 38 \\ x_1^1, x_1^2 \geqq 0 \\ \begin{pmatrix} -r_1 \\ +x_1 \end{pmatrix} \in TM_{FDH} \end{array} \right\}$$

führt zu einer optimalen Lösung $\boldsymbol{y}^* = \boldsymbol{y}_4$, d.h. die Produktion der DMU_4. Den optimalen Deckungsbeitrag von 46 GE erreicht bei diesem Preissystem keine der restlichen sechs DMUs. Aus Abbildung 3.18 ist zu erkennen, dass die Isoquanten der Deckungsbeiträge für die Produktionen durch unterschiedliche Steigungen gekennzeichnet sind. Der „Knick“ liegt aufgrund des gewählten differenzierenden Preissystems bei einer Outputquantität von 38 (PE). Unter den hier angenommenen Bedingungen gehört DMU_4 zu den aus ökonomischer Sicht erfolgreichsten DMUs, d.h. den DMUs mit einem maximalen Deckungsbeitrag.

[40] Vgl. auch Beispiele in Cherchye et al. 2000, S. 265, und Cooper et al. 2000a, S. 107ff.

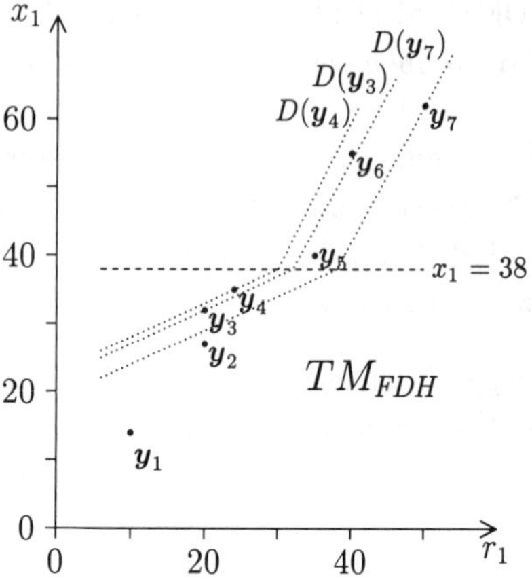

Abbildung 3.18: *Optimale DMU bei Preisdifferenzierung*

3.2.5 Test auf effiziente Organisationen

Grundsätzlich besteht genau wie in den beiden vorangehenden Kapiteln erläutert, auch bei der DEA die Möglichkeit, Organisationseinheiten (DMUs) auf Effizienz zu testen. Das im Abschnitt 2.2.5 (S. 101) formulierte Testprogramm (PTEST) ist unmittelbar anwendbar. Im Vergleich zu den grundlegenden entscheidungs- und produktionstheoretischen Untersuchungen mit einer möglicherweise überabzählbaren und nichtkonvexen Alternativenmenge bzw. Technologie interessiert bei der DEA ausschließlich, ob die zu untersuchenden DMUs bezüglich des zugrunde liegenden vektoriellen Produktionsmodells effizient sind oder nicht. Während die Ermittlung aller bezüglich (VPM) effizienten Alternativen häufig mit Schwierigkeiten verbunden ist, ermöglicht die Lösung des Testprogramms (PTEST) für alle I DMU unmittelbar eine Aussage über deren Effizienz.[41]

Dennoch wird auf diese Vorauswahl von DMUs, d.h. die Bestimmung der Menge der effizienten DMUs und der Menge der ineffizienten DMUs, in der Regel verzichtet.[42] Die DEA strebt zusätzliche Informationen über

[41] Vgl. u.a. ROUSSEAU/SEMPLE 1995, S. 945f; DYCKHOFF/ALLEN 1999, S. 425ff.

[42] Vgl. allerdings auch z.B. THANASSOULIS/DYSON 1992, S. 86, die dieses Testprogramm in einem mehrstufigen Verfahren zur Überprüfung einer zuvor generierten (zulässigen) Produktion auf Effizienz verwenden.

über den Grad der Effizienz bzw. Ineffizienz einzelner DMUs an. Gesucht ist eine reellwertige (skalare) Größe, die insbesondere in Bezug auf (VPM) ineffiziente DMUs charakterisiert. Das Ergebnis einer DEA-Effizienzbetrachtung soll somit Auskunft geben,

- ob eine DMU effizient ist, und falls nein,
- „wie ineffizient" eine DMU im Vergleich zu den anderen DMUs ist.

Um derartige Aussagen treffen zu können, wird der Zielfunktionswert eines Testprogramms als eine kardinale Größe in Bezug auf das Ausmaß der (In)Effizienz interpretiert. Die im Programm (PTEST) gewählte additive Verknüpfung von Abweichungen ist eine denkbare Kompromisszielfunktion, die derartige Informationen ermöglicht. Varianten und Erweiterungen von (PTEST) beschreibt der folgende Abschnitt, der daher etwas ausführlich formuliert auch „Testprogramme mit unterschiedlichen (Kompromiss-)Zielfunktionen zur Bestimmung des Grades der Ineffizienz von DMUs" heißen könnte. Die kurze Abhandlung von Testprogrammen in diesem Abschnitt soll somit nicht andeuten, dass Testprogramme in der DEA von untergeordneter Bedeutung sind. Im Gegenteil, weil diese Testprogramme einen zentralen Bestandteil der DEA darstellen, werden sie im Folgenden ausführlich diskutiert.

3.3 DEA-Effizienzmaße

Die in den vorangehenden Abschnitten betrachteten Effizienzdefinitionen erlauben eine Klassifikation der DMUs in effiziente und ineffiziente DMUs jeweils bezüglich eines bestimmten vektoriellen Produktionsmodells. Dieses vektorielle Entscheidungsmodell kann im Hinblick auf die Alternativenmenge, d.h. Technologie, durch unterschiedliche Eigenschaften charakterisiert sein (vgl. Abb. 3.13, S. 158). Zudem kann der Vektor der Zielfunktionen Inputs oder Outputs enthalten, wie etwa bei input- und outputorientierten Betrachtungsweisen. Die Anzahl der Kriterien (Ziele: Inputs und Outputs) hat unmittelbar eine Auswirkung auf die Menge der effizienten DMUs, denn mit steigender Anzahl der Kriterien steigt tendenziell die Anzahl der effizienten DMUs (vgl. Abschnitt A.1, S. 223ff).[43] Ob eine DMU effizient – bezüglich eines (VPM) – ist, hängt damit von

- den gewählten Inputs und Outputs und
- der unterstellten Technologiemenge ab.

Die DEA-Literatur verwendet bei der Performancemessung von Organisationen auch die Bezeichnungen „relativ effiziente" oder „best practice" DMUs, um anzudeuten, dass die Ziele bzw. die aus den DMUs generierte Technologie für die Effizienz einer DMU verantwortlich sind.[44] Dieser Aspekt betont in den hier verwendeten entscheidungstheoretischen Definitionen die Präposition *bezüglich*:

> Eine Alternative, Produktion bzw. DMU ist effizient oder nicht effizient (dominiert bzw. ineffizient) *bezüglich* eines vektoriellen Entscheidung- bzw. Produktionsmodells.

Diese binäre Information – effiziente oder ineffiziente DMU – ergänzt in DEA-Untersuchungen eine reellwertige Größe (Effizienzmaß), die die betrachteten DMUs charakterisiert. Das generelle Vorgehen entspricht formal der Idee von Kompromissmodellen bei vektoriellen Entscheidungsmodellen (Abschnitt 1.3) bzw. einer erfolgsorientierten Planung bei vektoriellen Produktionsmodellen (Abschnitt 2.3). Kompromisszielfunktionen bzw. erfolgsorientierte Funktionen ordnen Alternativen bzw. Produktionen eine reelle Zahl zu, um so eine optimale Lösung bestimmen zu können. Während bei den im ersten und zweiten Kapitel betrachteten Entscheidungsproblemen nach einer kompromissoptimalen Alternative aus der Menge der effizienten Alternativen gesucht wird und sich damit die Untersuchung auf effiziente Alternativen konzentriert, interessieren bei der DEA besonders auch die ineffizienten DMUs:

> Wie schlecht bzw. wie gut ist eine ineffiziente DMU im Vergleich mit anderen DMUs?

[43] Die in Satz A.1 bzw. Korollar A.2 unterstellten kompakten Zielräume lassen sich wie in den Technologien TM'', S. 143, gezeigt, ohne Einfluss auf die Effizienz einer DMU erzeugen.

[44] Vgl. u.a. Charnes et al. 1994, S. 6; Lewin/Seiford 1997, S. 1; Cantner/Hanusch 1998, S. 229; Dyckhoff 2000, S. 137.

Diese Information soll ein reellwertiges Effizienzmaß liefern. Als Maß für die Effizienz finden neben Quotienten aus Output und Input vielfach Kompromisszielfunktionen (Skalarisierungsfunktionen) Verwendung, die den Abstand einer betrachteten DMU zur Menge der effizienten Produktionen erfassen. Diese Effizienzmaße stehen nach Einführung eines grundlegenden DEA-Modells im Mittelpunkt der Betrachtungen in diesem Abschnitt, um auf diese Weise Parallelen zu den aus dem Multiobjective Decision Making bekannten Kompromisszielfunktionen aufzeigen zu können.[45]

3.3.1 DEA-Modelle zur Effizienzanalyse

Aus den einführenden Erläuterungen geht hervor, dass ein DEA-Modell zur Bestimmung eines Effizienzmaßes für eine DMU eine Kombination aus einem Testprogramm und aus einem Kompromissmodell darstellt. Jede zu beurteilende DMU erfordert die Lösung eines Testprogramms, dessen Kompromisszielfunktion bzw. DEA-Zielfunktion zusätzlich Informationen über das Maß der (In)Effizienz bereitstellt. Um Aussagen über die Ineffizienz einer jeden DMU machen zu können, sind folglich I Testprogramme zu lösen. Bezugspunkt für das Effizienzmaß einer DMU$_i$ sind deren erfasste Input- bzw. Outputquantitäten $\boldsymbol{y}_i$. Die aus dem das Goal Programming und dem Testprogramm (PTEST) bekannten Variablen (vgl. S. 101) zur Erfassung nichtnegativer Abweichungen von den Input- und Outputquantitäten einer Produktion $\boldsymbol{y}_i$ finden ebenfalls im folgenden DEA-Modell Verwendung:[46]

d_m^- Unterschreitung beim m-ten Input ($\forall\, m \in \mathsf{M}$),
mit $\boldsymbol{d}^- := (d_1^-, \ldots, d_M^-)^\mathsf{T} \geqq \mathbf{o}$,

d_n^+ Überschreitung beim n-ten Output ($\forall\, n \in \mathsf{N}$),
mit $\boldsymbol{d}^+ := (d_1^+, \ldots, d_N^+)^\mathsf{T} \geqq \mathbf{o}$.

Die $M+N$ Unter- und Überschreitungen reduziert eine DEA-Zielfunktion ψ auf einen reellen Wert (ψ: $\mathbb{R}_+^{M+N} \to \mathbb{R}$). Die zu berücksichtigenden Ab-

[45] Zu Beziehungen zwischen Multiobjective bzw. Multiattribute Decision Making und DEA vgl. u.a. DOYLE/GREEN 1993; STEWART 1996, S. 654; JORO et al. 1998; BELTON/STEWART 1999, S. 88ff u. 90f; BOUYSSOU 1999; KLEINE 2001; vgl. u.a. zu Erweiterungen von DEA-Ansätzen zu multikriteriellen DEA-Modelle KLIMBERG/PUDDECOMBE 1999; LI/REEVES 1999.

[46] Zu speziellen Beziehung zum Goal Programming vgl. u.a. LIU/SHARP 1999.

weichungen können analog zur Behandlung von Abweichungen in Kompromisszielfunktionen mit Gewichten (Parametern) unterschiedlich bewertet werden:

t_m^- Gewichtung der Unterschreitung beim m-ten Input ($\forall\, m \in \mathsf{M}$), mit $\boldsymbol{t}^- := (t_1^-, \ldots, t_M^-) \geqq \mathbf{o}$,

t_n^+ Gewichtung der Überschreitung beim n-ten Output ($\forall\, n \in \mathsf{N}$), mit $\boldsymbol{t}^+ := (t_1^+, \ldots, t_N^+) \geqq \mathbf{o}$ sowie

$\boldsymbol{t}$ Zeilenvektor aller Gewichte von Abweichungen mit $\boldsymbol{t} = (\boldsymbol{t}^-, \boldsymbol{t}^+)$.

Die im Folgenden zu betrachtenden DEA-Zielfunktionen erfassen jeweils die gewichteten Abweichungen:

$$\psi^{\boldsymbol{t}}(\boldsymbol{d}^-, \boldsymbol{d}^+) := \psi(t_1^- \cdot d_1^-, \ldots, t_M^- \cdot d_M^-, t_1^+ \cdot d_1^+, \ldots, t_N^+ \cdot d_N^+).$$

Ein Modell zur Bestimmung eines Effizienzmaßes für eine DMU$_i$ lässt sich unter Verwendung der obigen Notation wie folgt formulieren:

$$(\text{DEAM}) \quad \max \left\{ \psi^{\boldsymbol{t}}(\boldsymbol{d}^-, \boldsymbol{d}^+) \;\middle|\; \begin{array}{l} \boldsymbol{r} + \boldsymbol{d}^- = \boldsymbol{r}_i \\ \boldsymbol{x} - \boldsymbol{d}^+ = \boldsymbol{x}_i \\ \boldsymbol{d}^-, \boldsymbol{d}^+ \geqq \mathbf{o} \\ \begin{pmatrix} -\boldsymbol{r} \\ +\boldsymbol{x} \end{pmatrix} \in TM \end{array} \right\}.$$

Um eine Aussage über die Effizienz bzw. den Grad der Ineffizienz einer DMU$_i$ mit einer Produktion $\boldsymbol{y}_i$ machen zu können, ist das obige Modell (DEAM) für jede der I DMUs zu lösen. Wie die vorgestellten Kompromissmodelle (KM) divergieren DEA-Ansätze in der konkreten Ausgestaltung von (DEAM). Die Modelle unterscheiden sich speziell durch die Art der Aggregation aller Abweichungen in der DEA-Zielfunktion ψ und der Gewichtung $\boldsymbol{t}$. Vor der Erläuterung einiger Varianten von (DEAM) erfolgt zunächst eine Charakterisierung einer optimalen Lösung von (DEAM).

Für die Analysen sind streng monoton bzw. monoton steigenden DEA-Zielfunktionen ψ von besonderem Interesse:

$$\begin{pmatrix} \boldsymbol{d}^{-\prime} \\ \boldsymbol{d}^{+\prime} \end{pmatrix} \geq \begin{pmatrix} \boldsymbol{d}^{-\prime\prime} \\ \boldsymbol{d}^{+\prime\prime} \end{pmatrix} \implies \psi^{\boldsymbol{t}}(\boldsymbol{d}^{-\prime}, \boldsymbol{d}^{+\prime}) > \psi^{\boldsymbol{t}}(\boldsymbol{d}^{-\prime\prime}, \boldsymbol{d}^{+\prime\prime}) \quad (3.20)$$

bzw.

$$\begin{pmatrix} \boldsymbol{d}^{-\prime} \\ \boldsymbol{d}^{+\prime} \end{pmatrix} \geqq \begin{pmatrix} \boldsymbol{d}^{-\prime\prime} \\ \boldsymbol{d}^{+\prime\prime} \end{pmatrix} \implies \psi^{\boldsymbol{t}}(\boldsymbol{d}^{-\prime}, \boldsymbol{d}^{+\prime}) \geqq \psi^{\boldsymbol{t}}(\boldsymbol{d}^{-\prime\prime}, \boldsymbol{d}^{+\prime\prime}). \quad (3.21)$$

In streng monoton steigenden DEA-Zielfunktionen können gemäß (3.20) ausschließlich positive Gewichtungen zum Einsatz kommen. Für diese DEA-Zielfunktionen lassen sich mit Satz 1.8 (S. 40) und Satz 1.11 (S. 52) vergleichbare Aussagen treffen.

Satz 3.5

Gegeben sei eine DEA-Technologie mit M Inputs und N Outputs, eine gemäß (3.20) streng monotone steigende DEA-Zielfunktion ψ und eine DMU_i mit einer Produktion $\boldsymbol{y}_i \in TM$:

a) *DMU_i ist genau dann effizient bezüglich (VPM), wenn alle optimalen Werte der Abweichungsvariablen von (DEAM) gleich null sind, d.h.: $\boldsymbol{d}^{-*} = \mathbf{o}$ und $\boldsymbol{d}^{+*} = \mathbf{o}$.*

b) *Eine bezüglich (DEAM) optimale Produktion $\boldsymbol{y}^* \in TM$ ist effizient bezüglich (VPM).*

Der Beweis zu Teil a) dieses Satz kann analog zum Satz 1.8 geführt werden. Optimale Werte von null aller Abweichungsvariablen sind hinreichend für die Effizienz einer DMU_i bezüglich (VPM), weil es bei einer streng monoton steigenden Funktion ψ keine Produktion mit geringeren Input- und/oder höheren Outputquantitäten geben kann. Die nichtnegativen Abweichungsvariablen erlauben zudem eine Darstellung als Dominanzkegel $Z_{Dom}(\boldsymbol{y}_i)$ (vgl. S. 88). Für eine bezüglich (VPM) effiziente Produktion folgt gemäß (1.4) (vgl. S. 28), dass, falls der Dominanzkegel $Z_{Dom}(\boldsymbol{y}_i)$ zulässige Produktionen enthält, diese im Scheitel liegen müssen, so dass positive Abweichungen von $\boldsymbol{y}_i$ für streng monoton steigendes ψ ausgeschlossen sind.

Der Beweis zu Teil b) des Satzes 3.5 ergibt sich unmittelbar aus der Definition einer streng monoton steigenden Funktion ψ. Wäre ein $\boldsymbol{y}^*$ mit

$$\begin{aligned} r_m^* &= r_{m,i} - d_m^{-*} \qquad (\forall m \in \mathsf{M}) \\ x_n^* &= x_{n,i} + d_n^{+*} \qquad (\forall n \in \mathsf{N}) \end{aligned}$$

nicht effizient bezüglich (VPM), dann müsste eine Produktion $\boldsymbol{y}' \geq \boldsymbol{y}^*$ ($\boldsymbol{y}' \in TM$) existieren, so dass $\begin{pmatrix} \boldsymbol{d}^{-\prime} \\ \boldsymbol{d}^{+\prime} \end{pmatrix} \geq \begin{pmatrix} \boldsymbol{d}^{-*} \\ \boldsymbol{d}^{+*} \end{pmatrix}$, was für streng monoton steigendes ψ mit $\boldsymbol{t} > \mathbf{o}$ im Widerspruch zur Optimalität von $\boldsymbol{d}^*$ steht. □

Für gemäß (3.21) monoton steigende DEA-Zielfunktionen ist mit einer entsprechenden Argumentation nachweisbar, dass eine optimale Produktion von (DEAM) schwach effizient bezüglich (VPM) ist. Ebenso weist unter dieser Voraussetzung eine optimale Lösung von (DEAM) mit Abweichungsvariablen, deren optimale Werte sämtlich null betragen, auf eine schwach effiziente Produktion bzw. DMU_i hin.

Die Ermittlung einer optimalen Lösung von (DEAM) unter Verwendung einer streng monoton steigenden DEA-Zielfunktion erlaubt gemäß Satz 3.5a) Informationen darüber, ob die zu überprüfende DMU_i effizient bezüglich (VPM) ist, und falls dies nicht der Fall sein sollte, gemäß Satz 3.5b), welche effiziente Produktion aus einer Technologie die betrachtete DMU_i dominiert. Unter diesen Aspekten unterscheidet sich (DEAM) nicht vom Testprogramm (PTEST). Zusätzlich liefert der optimale Zielfunktionswert ψ^* eine Information über den Grad der Ineffizienz einer dominierten DMU. Diese im weiteren Text als Effizienzmaß bezeichnete Größe hängt von der konkreten Modellformulierung (DEAM) ab. Generell lassen sich folgende Aspekte unterscheiden:[47]

- *Aggregation von Abweichungen:*
  Das Maß für die Ineffizienz einer bezüglich (VPM) dominierten DMU hängt von der gewählten Form der Aggregation von Abweichungen ab. DEA-Zielfunktionen lehnen sich insbesondere an Metriken an, hier sind speziell die gewichtete L_1-Norm und die gewichtete Tschebycheff- bzw. Maximin-Norm zu nennen (vgl. Abschnitt 1.3.1.4, S. 48ff).

- *Input-/Outputorientierung:*
  Bestimmte DEA-Modelle beziehen Effizienzanalysen entweder nur auf den Input oder nur auf den Output, d.h., diese Modelle stellen ein Maß für die Ineffizienz von input- oder outputorientiert dominierten Produktionen bereit (vgl. Abschnitt 2.2.3, S. 91ff). Nichtorientierte Modelle erfassen simultan Abweichungen beim Input und Output.

- *Normierung von Abweichungen:*
  Ein weiteres Kriterium zur Klassifikation von DEA-Modellen stellt

[47] Vgl. u.a. ergänzend Ritchie/Rowcroft 1996, S. 434.

die Möglichkeit der Normierung bzw. Gewichtung von Abweichungen dar. Einige Ansätze aggregieren in der DEA-Zielfunktion lediglich ungewichtete Abweichungen von den Input- bzw. Outputquantitäten einer zu untersuchenden DMU. Andere Modelle beinhalten Normierungen, die Abweichungen von den Quantitäten proportional zu Vorgaben gewichten.

- *Technologie:*
  Von der unterstellten Technologie hängt die Menge der bezüglich (VPM) effizienten DMUs und damit auch das Effizienzmaß ab (vgl. Abbildung 3.13, S. 158 und (3.15), S. 166).

Die Bedeutung verschiedener Technologien auf die Effizienz von DMUs stand im Abschnitt 3.2 zur Diskussion, so dass sich die folgenden Überlegungen überwiegend auf die ersten drei Kriterien beschränken. Der zweite und dritte Aspekt, in denen sich DEA-Modelle unterscheiden, d.h. Orientierung und Normierung, kommen in (DEAM) durch adäquate Gewichtungen der Abweichungsvariablen in einer DEA-Zielfunktion zum Ausdruck. Die Art der Aggregation von Abweichungen hat einen direkten Einfluss auf die Abbildungsvorschrift einer DEA-Zielfunktion und ist Thema der folgenden Ausführungen.

3.3.2 Aggregierte Abweichungen als Maß der Ineffizienz

Die Bestimmung eines Effizienzmaßes lehnt sich wiederum an Abstandsfunktionen an. Bei Kompromissmodellen ist der Abstand zu einem vom Entscheidungsträger vorgegebenen erstrebenswerten Zielniveau – wie etwa dem Idealzielpunkt – über die Menge aller zulässigen Produktionen zu minimieren. Die gesuchte optimale Lösung soll „möglichst nah" am mindestens zu erreichenden Zielniveau liegen, das allerdings nicht zulässig sein muss (vgl. Abschnitt 1.3.1.4, S. 48ff). Im Gegensatz zu dieser Betrachtungsweise wird bei der DEA der Abstand zur beobachteten (zulässigen) Produktion einer DMU über die Menge aller dominierenden und zulässigen Produktionen einer Technologie maximiert.[48] Gesucht ist eine

[48]Zur Abstandsminimierung einer Produktion $\boldsymbol{y}_i$ zu TM_{seff} in der DEA vgl. u.a. Briec 1998, S. 120ff, der zudem Beziehungen zu Shortage-Functions aufzeigt.

nach Möglichkeit effiziente und die beobachtete Produktion dominierende Referenz mit einem „möglichst großen" Abstand. Der Abstand zwischen zwei Vektoren (Produktionen) kann bekanntlich unterschiedlich definiert sein.[49]

Wie bei den Kompromissmodellen auf der Grundlage von Abstandsnormen haben bei den DEA-Effizienzmaßen zwei Metriken eine besondere Bedeutung, die additive Norm (L_1-Norm) und die TSCHEBYCHEFF-Norm (L_∞-Norm), wobei letztere hier vereinfachend als Maximin-Norm bezeichnet wird. Bei einer Augmented Maximin-Norm (L^{ϵ}_{∞}-Norm, ϵ-Maximin-Norm) handelt es sich in Anlehnung an die Augmented TSCHEBYCHEFF-Norm wiederum um eine korrigierte Variante (vgl. S. 59). Diese auf Metriken basierenden DEA-Zielfunktionen kommen – neben Quotientenprogrammen – in zahlreichen Modellformulierungen der DEA zum Einsatz. Ein Vorteil bei der Verwendung dieser DEA-Zielfunktionen beruht auf der Möglichkeit, soweit es eine Technologie erlaubt, (gemischt ganzzahlige) lineare Programme formulieren zu können. Die Ermittlung von optimalen Lösungen zur Bestimmung eines Effizienzmaßes kann daher mit aus dem Operations Research bekannten Algorithmen und Software erfolgen.

Aggregation	DEA-Zielfunktion ψ
Additiv	$\sum_{m=1}^{M} t_m^- \cdot d_m^- + \sum_{n=1}^{N} t_n^+ \cdot d_n^+$
Maximin	$\min_{m\in\mathsf{M},n\in\mathsf{N}} \{t_m^- \cdot d_m^-, t_n^+ \cdot d_n^+\}$
ϵ-Maximin	$\min_{m\in\mathsf{M},n\in\mathsf{N}} \{t_m^- \cdot d_m^-, t_n^+ \cdot d_n^+\} + \epsilon \left(\mathbf{1} \cdot \boldsymbol{d}^- + \mathbf{1} \cdot \boldsymbol{d}^+\right)$

Tabelle 3.7: DEA-Zielfunktionen

Tabelle 3.7 präzisiert die DEA-Zielfunktion ψ aus (DEAM) in Anlehnung an die angesprochenen Abstandsnormen. Bei einer additiven Norm resultiert das Effizienzmaß aus der Summe aller gewichteten Unter- und Überschreitungen zu den Input- und Outputquantitäten einer Produktion $\boldsymbol{y}_i$. Nach Satz 3.5b) dienen für diese gemäß (3.20) streng monoton steigende

[49] Vgl. zur Abstandsmaximierung und entsprechenden Metriken GLASER 2001, S. 54ff.

DEA-Zielfunktion (mit $\boldsymbol{t} > \mathbf{o}$) ausschließlich bezüglich (VPM) effiziente Produktionen als Referenzen für die betrachtete DMU_i. Diese möglichen effizienten Referenzen müssen im zur Produktion $\boldsymbol{y}_i$ korrespondierenden Dominanzkegel $Z_{Dom}(\boldsymbol{y}_i)$ liegen. Befindet sich die optimale Referenz im Scheitel dieses Dominanzkegels, so kommt es zu keinerlei Abweichungen, und die betrachtete DMU_i ist effizient bezüglich (VPM). M.a.W., bei einem optimalen DEA-Zielfunktionswert ψ^* von null ist gemäß 3.5a) die zu analysierende DMU_i effizient bezüglich (VPM), denn für diese L_1-Norm gilt:

$$\boldsymbol{d}^{-*} = \mathbf{o} \text{ und } \boldsymbol{d}^{+*} = \mathbf{o} \quad \Longleftrightarrow \quad \psi^{\boldsymbol{t}}(\boldsymbol{d}^{-*}, \boldsymbol{d}^{+*}) = \psi^* = 0. \tag{3.22}$$

Diese Beziehung hat ebenfalls für eine DEA-Zielfunktion mit einer korrigierten Maximin-Norm Gültigkeit (ϵ-Maximin). Im Vergleich zur „reinen“ Maximin-Norm gewährleistet die Addition der mit einer hinreichend kleinen Zahl ϵ gewichteten Summe aller Abweichungen eine gemäß (3.20) streng monoton steigende DEA-Zielfunktion. Bei einer reinen Maximin-Norm deutet ein Zielfunktionswert von null auf eine bezüglich (VPM) schwach effiziente Produktion $\boldsymbol{y}_i$, die somit auch effizient bezüglich (VPM) sein kann, aber nicht muss. Unterschiede zwischen dieser reinen und der korrigierten ϵ-Maximin-Norm kommen folglich nur dann zum Tragen, wenn die Mengen der bezüglich (VPM) effizienten und schwach effizienten Produktionen divergieren.[50]

Der formale Unterschied zwischen den beiden Formen einer Maximin-Norm hat letztlich (fast) keinen Einfluss auf die grundsätzliche Interpretation der resultierenden Kennzahlen von bezüglich (VPM) ineffizienten DMUs. Die DEA-Zielfunktion erfasst in diesen Fällen für eine DMU_i die minimale gewichtete Abweichung zwischen den Quantitäten von $\boldsymbol{y}_i$ und denen einer (schwach) effizienten Produktion aus der zugrunde liegenden Technologie TM. Ausschlaggebend für das resultierende Maß ist eine minimale gewichtete Abweichung, die über alle dominierenden Produktionen aus TM maximal ist. Bei einem auf einer Maximin-Norm basierten Maß wird daher eine zu analysierende DMU_i in einem eher „positiven Licht“ beurteilt. Zeichnet sich etwa eine DMU_i bei einer Input- oder Outputquantität durch vergleichsweise geringe (gewichtete) Abweichungen im Verhältnis zu allen dominierenden Produktionen aus, so soll dieser

[50]Nach SCHEEL 2000, S. 70 u. 81, sind Unterschiede zwischen diesen Mengen bei aus empirischen Daten generierten konvexen Technologien eher selten.

Input bzw. Output die Bezugsgröße für den DEA-Zielfunktionswert sein. Eine solche DMU_i würde einen geringeren Funktionswert von ψ aufweisen, als eine andere dominierte $\text{DMU}_{i'}$, die bei allen Inputs und Outputs zu größeren minimalen gewichteten Abweichungen führt. Das Maximum der Summe aller gewichteten Abweichungen dieser $\text{DMU}_{i'}$ kann in der Summe im Vergleich zu DMU_i jedoch kleiner sein. So wäre DMU_i bei einer Maximin-Norm günstiger zu beurteilen, während $\text{DMU}_{i'}$ möglicherweise bei einer additiven Norm besser wäre. Die Wahl der DEA-Zielfunktion kann somit die Beurteilung der DMUs beeinflussen.[51]

3.3.3 Input-/Outputorientierte Effizienzmaße

Die im vorangehenden Abschnitt aufgeführten nichtorientierten Abstandsnormen berücksichtigen Abweichungen sowohl beim Input als auch beim Output. In der DEA ist vielfach eine input- bzw. outputorientierte Be-

Aggregation	Inputorientiert ψ ($\boldsymbol{t}^+ = \mathbf{o}$)	Outputorientiert ψ ($\boldsymbol{t}^- = \mathbf{o}$)
Additiv	$\sum_{m=1}^{M} t_m^- \cdot d_m^-$	$\sum_{n=1}^{N} t_n^+ \cdot d_n^+$
Maximin	$\min_{m \in \mathsf{M}} \{t_m^- \cdot d_m^-\}$	$\min_{n \in \mathsf{N}} \{t_n^+ \cdot d_n^+\}$
ϵ-Maximin	$\min_{m \in \mathsf{M}} \{t_m^- \cdot d_m^-\} + \epsilon \cdot \mathbf{1} \cdot \boldsymbol{d}$	$\min_{n \in \mathsf{N}} \{t_n^+ \cdot d_n^+\} + \epsilon \cdot \mathbf{1} \cdot \boldsymbol{d}$

Tabelle 3.8: Input-/Outputorientierte DEA-Zielfunktionen

trachtungsweise verbreitet, wie sie für die angesprochenen Normen Tabelle 3.8 darstellt. Der Zielvektor eines entsprechenden vektoriellen Produktionsmodells enthält bei einer inputorientierten Betrachtung, wie in Abschnitt 2.2.3 erläutert (vgl. auch Tab. 2.2, S. 102), ausschließlich die M Inputs als Ziele. Die Outputquantitäten einer zu analysierenden DMU_i stellen bei einer Inputorientierung wie bei der Zieldominanz mindestens zu erreichende Grenzen (Benchmarks) dar. Die Zielgewichte der Outputs sind daher alle gleich null zu setzen. Im Wert positive Abweichungen

[51] Vgl. u.a. BOUYSSOU 1999, S. 976.

von den vorgegebenen Schranken haben folglich keine Auswirkung auf den DEA-Zielfunktionswert. Damit stellen input- bzw. outputorientierte Ansätze aufgrund der monoton, aber nicht streng monoton steigenden DEA-Zielfunktion Bezugspunkte für bezüglich (VPM) schwach effiziente Produktionen bzw. DMUs dar (vgl. auch Korollar A.2, S. 224).

Neben der Möglichkeit, einzelne Zielgewichte für die Inputs oder Outputs pauschal auf null zu setzen, sind spezifische Gewichtungen denkbar, von denen der folgende Abschnitte einige ausgewählte Gestaltungsformen vorstellt.

3.3.4 Normierung von Abweichungen

Zielgewichten kommt generell die Aufgabe zu, die einzelnen Ziele eines vektoriellen Entscheidungsmodells zu normieren und zu bewerten, um auf dieser Grundlage mittels eines Kompromissmodells eine kompromissoptimale Lösung ermitteln zu können. Die Aufgaben der Normierung und Bewertung haben bei Kompromissmodellen und DEA-Modellen einen unterschiedlichen Stellenwert. Bei Kompromissmodellen steht die Bewertung der Ziele im Vordergrund, bei DEA-Modellen die Normierung von Abweichungen. Ein Entscheidungsträger, der ein Kompromissmodell anwendet, möchte durch die Wahl der Zielgewichte insbesondere die Bedeutung der einzelnen Ziele gemäß seinen Präferenzen bewerten – und damit auch normieren. Dagegen sollen normierte – und damit auch bewertete – DEA-Zielgewichte möglichst transparente Effizienzmaße für alle Organisationen gewährleisten. Bei den folgenden Zielgewichten für DEA-Modelle handelt es sich somit eher um Normierungsfaktoren.

Einige elementare Möglichkeiten zur Normierung der Unter- und Überschreitungen von den Input- und Outputquantitäten einer zu analysierenden DMU_i stellt Tabelle 3.9 dar. Eine triviale Form, Zielgewichte für ein DEA-Modell (DEAM) festzulegen, besteht in der Wahl eines für alle Abweichungen konstanten Faktors.[52] Diese aus der Zielgewichtung bekannte Gleichgewichtung aller Ziele kommt einer Normierung insofern nach, als jedes DEA-Zielgewicht gerade beim m-ten Input die Dimension $[1/\text{FE}_m]$ bzw. beim n-ten Output die Dimension $[1/\text{PE}_n]$ aufweist. Diese im weiteren Text als einfache Gewichtung bezeichnete Art einer

[52]Vgl. u.a. CHARNES et al. 1985.

Zielgewichte	$t_m^- \ (\forall m \in \mathsf{M})$	$t_n^+ \ (\forall n \in \mathsf{N})$
Einfache Gewichte	$t_m^- = 1$	$t_n^+ = 1$
Bandbreiten Gewichte	$t_m^- = \frac{1}{\Delta r_m}$	$t_n^+ = \frac{1}{\Delta x_n}$
mit $\Delta r_m = \overline{\overline{r}}_m - \min\{r_m \mid \boldsymbol{y} \in TM''\} > 0 \quad (\forall m \in \mathsf{M})$ $\Delta x_n = \max\{x_n \mid \boldsymbol{y} \in TM''\} - \overline{x}_n > 0 \quad (\forall n \in \mathsf{N})$ und $TM'' = \{\boldsymbol{y} \in TM \mid \boldsymbol{r} \leqq \overline{\overline{\boldsymbol{r}}};\ \boldsymbol{x} \geqq \overline{\boldsymbol{x}}\}$		
DMU-spezifische Gewichte	$t_m^- = \frac{1}{r_{m,i}}$	$t_n^+ = \frac{1}{x_{n,i}}$
mit $r_{m,i},\ x_{n,i} > 0 \quad (\forall m \in \mathsf{M},\ \forall m \in \mathsf{M},\ \forall i \in \mathsf{I})$		

Tabelle 3.9: DEA-Zielgewichte bzw. Normierungsfaktoren

Normierung hat den Nachteil, dass bei Technologien TM_{GRS} eine Änderung in der Skalierung von Inputs oder Outputs einen Einfluss auf den DEA-Zielfunktionswert haben kann, so dass diese DEA-Zielfunktion nicht „Unit-Invariant“ ist.[53] Ob eine Erfassung von etwa Inputquantitäten in Kilogramm oder Tonnen erfolgt, kann sich auf das Effizienzmaß und damit auf die Bewertung von DMUs auswirken.

Unter diesem Aspekt unterscheiden sich die beiden folgenden in Tabelle 3.9 aufgeführten Gewichtungen, da diese DEA-Zielgewichte die Abweichungen ins Verhältnis zu einer vorgegebenen Bezugsgröße setzen.[54] Bei einer Normierung mittels Bandbreiten resultiert der Gewichtungsfaktor t_m^- für einen m-ten Input aus dem Kehrwert der technologiebedingten Differenz zwischen der maximalen und der minimalen m-ten Inputquantität. Die maximale Inputquantität $\overline{\overline{r}}_m$ ($:= \max\{r_{m,i} \mid i \in \mathsf{I}\}$) ist unmittelbar aus den beobachteten Quantitäten ablesbar. Die minimale Inputquantität ergibt sich aus einer Minimierung von r_m über die Technologie TM'' (vgl. S. 143 u. Abb. 3.19 für *Beispiel B5*). Treten bei der

[53] Vgl. u.a. LOVELL/PASTOR 1995; COOPER et al. 2000b, S. 24.

[54] Zur vergleichbaren Normierung von Zielgewichten im Multiobjective Decision Making vgl. u.a. STEUER 1986, S. 201f; KLEINE 1996, S. 186f.

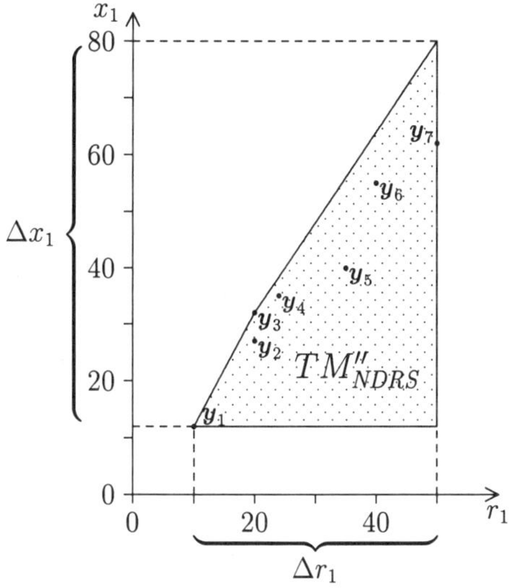

Abbildung 3.19: Bandbreiten für Technologie TM_{NDRS}

Produktion einer zu beurteilenden DMU in Bezug auf diesen m-ten Input positive Abweichungen ($d_m^- > 0$) auf, dann wird diese Abweichung ins Verhältnis zur ermittelten Bandbreite gesetzt. Diese für einen m-ten Input erläuterte Normierung von Abweichungen ist auf alle Inputs und Outputs anwendbar, wobei bei der Berechnung der entsprechenden Bandbreiten beim Output jeweils von einer unteren beobachteten Schranke $\overline{x}_n$ ($:= \min\{x_{n,i} \mid i \in \mathsf{I}\}$) auszugehen ist. Die Bandbreiten Gewichte bzw. so genannte Range-Adjusted-Faktoren[55] erfassen somit in einer DEA-Zielfunktion für jeden Input bzw. Output eine prozentuale Abweichung bezogen auf eine jeweils maximale (theoretische) Differenz in einer Technologie.

Im Gegensatz zur gesamten Bandbreite berücksichtigen die in Tabelle 3.9 als DMU-spezifische Gewichte bezeichneten Normierungsfaktoren jeweils eine prozentuale Abweichung von der Input- bzw. Outputquantität einer zu beurteilenden DMU_i. Die Zielgewichte zur Beurteilung von DMUs mit divergierenden Produktionen basieren auf nicht identischen Normierun-

[55]Vgl. u.a. COOPER et al. 1999, S. 18ff, deren Betrachtungen auf einer Technologie TM_{VRS} basieren.

gen, weil Grundlage für ein Zielgewicht jeweils der Kehrwert aus einer positiven Input- bzw. Outputquantität ($1/r_{m,i}$ bzw. $1/x_{n,i}$) ist. Ein jedes der I zu lösenden DEA-Modelle beruht auf den Zielgewichten der zu analysierenden Produktion $\boldsymbol{y}_i$, so dass in die DEA-Zielfunktion jeweils die prozentualen Abweichungen von den individuellen Quantitäten einer DMU$_i$ eingehen.

Normierungen auf Grundlage von Bandbreiten und DMU-spezifischen Gewichten haben einen unterschiedlichen Einfluss auf die resultierenden DEA-Zielfunktionswerte. So wirkt sich bei zwei DMUs, die sich in einer m'-ten Inputquantität unterscheiden, eine in der Quantität gleichhohe Abweichung $d^-_{m'} > 0$ bei einer Bandbreiten Gewichtung in einer entsprechenden DEA-Zielfunktion für beide DMUs im Hinblick auf diesen m'-ten Input gleich aus. Dagegen hat diese Abweichung $d^-_{m'}$ bei der DMU mit der geringeren Inputquantität bei einer DMU-spezifischen Gewichtung einen höheren Wert in der DEA-Zielfunktion, da die entsprechende prozentuale Abweichung größer ist.

Neben den in Tabelle 3.9 vorgestellten Gewichtungen sind zahlreiche weitere Varianten vorstellbar. So wird unter anderem zur Normierung von Inputs und Outputs eine Gewichtung vorgeschlagen, die die Standardabweichung jeweils bei den Inputs und Outputs über die erfassten Quantitäten (Stichprobe) berücksichtigt.[56] Zudem können auch individuelle Bewertungen zum Einsatz kommen, wie sie aus dem Multiobjective Decision Making bekannt sind, um auf die Weise die individuelle Bedeutung von Abweichungen der Inputs und Outputs zu bewerten.[57] Gewichtungen können zwar auch Preise der Inputs und Outputs repräsentieren,[58] worauf jedoch in der Regel verzichtet wird, weil Informationen über die Preise der Inputs und Outputs nicht verfügbar sind.[59]

[56] Vgl. u.a. Lovell/Pastor 1995, diese Normierung ist zusätzlich „Translation Invariant".

[57] Vgl. u.a. Thanassoulis/Dyson 1992, S. 85, die entsprechende Gewichte bei einem Ansatz mit beliebigen Targets (Inputs u. Outputs) verwenden; vgl. auch Briec 1997, S. 100ff.

[58] Vgl. u.a. Cooper et al. 1999, S. 29, allerdings mit Modifikation der Linearfaktoren einer Technologie.

[59] Vgl. auch Abschnitt 3.3.5.3, S. 207.

3.3.5 DEA-Modellformulierungen

Wie die Ausführungen in den vorangehenden Abschnitten belegen, kann ein DEA-Modell (DEAM) sich durch unterschiedliche Charakteristika auszeichnen. Bezüglich eines DEA-Effizienzmaßes ist zu unterscheiden, welche Aggregation von Abweichung in Verbindung mit welcher Normierung ausgehend von einer Technologie als Grundlage für ein input-, output- oder nichtorientiertes Effizienzmaß dient. Die in den Tabellen 3.7, 3.8 und 3.9 exemplarisch vorgestellten Möglichkeiten zur Beeinflussung der Parameter einer DEA-Zielfunktion sind mit Technologien z.B. aus Abbildung 3.13 kombinierbar. Aus diesen (und weiteren denkbaren) Kombinationen lassen sich konkrete DEA-Modelle ableiten. Einige ausgewählte grundlegende Varianten von (DEAM) stellen die beiden folgenden Abschnitte vor, in 3.3.5.1 ausgehend von einer additiven Norm und in 3.3.5.2 ausgehend von einer Maximin-Norm.

3.3.5.1 Additive Effizienzmaße

Additive Effizienzmaße beruhen auf einer L_1-Norm, d.h., dieses Maß zur Beurteilung einer DMU resultiert aus der Addition aller gewichteten Abweichungen bei den Inputs und Outputs. Um eine über alle Inputs und Outputs *durchschnittliche* gewichtete Abweichung zu erreichen, ist der Wert von ψ bei einer nichtorientierten Betrachtung durch die Anzahl aller Inputs und Outputs zu dividieren – bei einer Inputorientierung durch die Anzahl der Inputs, bei einer Outputorientierung durch die Anzahl der Outputs. Ausgehend von den unterschiedlichen Möglichkeiten zur Normierung einer DEA-Zielfunktion seien folgende Modelle vorgestellt.

Additives Modell:

Eine Formulierung, die sich unmittelbar bei einer L_1-Norm anbietet, basiert auf einfachen Zielgewichten, d.h. einer Ermittlung der ungewichteten Summe aller Abweichungen. Dieses so genannte additive Modell geht unter anderem auf CHARNES/COOPER/GOLANY/STUTZ (1985) zurück.[60] Das Modell (DEAM) zur Ermittlung eines Effizienzmaßes für eine DMU$_i$ mit einer Produktion $\boldsymbol{y}_i$ konkretisiert sich damit zu:

[60] Vgl. u.a. CHARNES et al. 1985, S. 97; CHARNES et al. 1994, S. 26ff; LEWIN/SEIFORD 1997, S. 2ff.

(Add-DEAM)

$$
\begin{array}{lll}
\max & \sum_{m=1}^{M} d_m^- + \sum_{n=1}^{N} d_n^+ & \\
\text{u.d.N.} & & \\
(1) & r_m + d_m^- = r_{m,i} & (\forall m \in \mathsf{M}) \\
(2) & x_n - d_n^+ = x_{n,i} & (\forall n \in \mathsf{N}) \\
(3) & d_m^-, d_n^+ \geqq 0 & (\forall m \in \mathsf{M}, \forall n \in \mathsf{N}) \\
(4) & \begin{pmatrix} -\boldsymbol{r} \\ +\boldsymbol{x} \end{pmatrix} \in TM. &
\end{array}
$$

Aufgrund der gleichen Gewichtung aller absoluten Abweichungen von den vorgegebenen Quantitäten der DMU_i ist (Add-DEAM) mit dem Testprogramm (PTEST) identisch. Im Gegensatz zum Modell (PTEST) kann der Zielfunktionswert als ein Maß für die Ineffizienz dienen. Bei einem optimalen DEA-Zielfunktionswert von null ist die zu untersuchende (DMU) effizient bezüglich (VPM), bei einem Wert größer null wird sie von einer zulässigen Produktion dominiert (vgl. (3.22), S. 185). Je größer der Zielfunktionswert, um so größer ist die Summe der Abweichungen und um so schlechter ist eine DMU zu beurteilen.

Dieses zunächst für eine Technologie mit variablen Skalenerträgen formulierte additive Modell ist auf weitere aus TM_{GRS} ableitbare Technologien anwendbar, wie etwa eine Technologie TM_{CRS} mit konstanten Skalenerträgen oder auch für die FDH Technologie TM_{FDH}, die entsprechende Modifikationen in den Restriktionen einer Technologie erforderlich machen. Wie bereits angesprochen, hat die ungewichtete Summierung von Abweichungen bei diesen Technologien den Nachteil, dass das Effizienzmaß nicht Unit-Invariant ist und unter diesem Gesichtspunkt gewichtete Abweichungen vorzuziehen sind. Diese Formulierung (Add-DEAM) soll daher in erster Linie die Parallelen mit dem Testprogramm (PTEST) aufzeigen.

Range-Adjusted additives Maß:

Ein Range-Adjusted-Maß (RAM) setzt Abweichungen bei den Inputs und Outputs jeweils ins Verhältnis zur möglichen Bandbreite (vgl. Tab. 3.9, S. 188). Sollte ein Bandbreite Δr_m oder Δx_n null sein, weil alle zulässige Produktionen (von TM'') durch eine gleiche m-te Input bzw. n-te

Outputquantität gekennzeichnet sind, dann können für diese Inputs und Outputs keine Abweichung auftreten. Die entsprechenden Zielgewichte sind auf den Wert null festzulegen.

Da die Beurteilung einer DMU_i auf einer durchschnittlichen relativen Abweichung beruhen soll, ist der DEA-Zielfunktionswert um eine Konstante, dem Kehrwert aus der Anzahl der Inputs und Outputs zu korrigieren. Die Multiplikation der auf einer L_1-Norm basierenden DEA-Zielfunktion mit dieser positiven Konstante beeinflusst lediglich die Höhe des resultierenden optimalen Zielfunktionswertes, hat jedoch keinen Einfluss auf die optimale Lösung, d.h. insbesondere keinen Einfluss auf die optimalen Werte der Abweichungsvariablen. Damit ergibt sich für die additive Norm folgende von COOPER/PARK/PASTOR (1999) vorgeschlagene Formulierung:[61]

$$
\begin{array}{lll}
\multicolumn{3}{l}{(\text{RAM}_1\text{-DEAM})} \\
\max & \dfrac{1}{M+N}\left(\sum\limits_{m=1}^{M}\dfrac{1}{\Delta r_m}\,d_m^- + \sum\limits_{n=1}^{N}\dfrac{1}{\Delta x_n}\,d_n^+\right) & \\
\text{u.d.N.} & & \\
(1) & r_m + d_m^- = r_{m,i} & (\forall m \in \mathsf{M}) \\
(2) & x_n - d_n^+ = x_{n,i} & (\forall n \in \mathsf{N}) \\
(3) & d_m^-, d_n^+ \geqq 0 & (\forall m \in \mathsf{M}, \forall n \in \mathsf{N}) \\
(4) & \begin{pmatrix} -\boldsymbol{r} \\ +\boldsymbol{x} \end{pmatrix} \in TM. &
\end{array}
$$

Bei der von den Autoren betrachteten Technologie TM_{VRS} mit variablen Skalenerträgen entsprechen die Bandbreiten bei den Inputs bzw. Outputs jeweils der Differenz aus den maximalen und minimalen *beobachteten* Quantitäten, da diese Technologie ausschließlich Konvexkombinationen der I Produktionen zulässt:

$$
\begin{array}{ll}
\Delta r_m = \max\left\{r_{m,i} \,\middle|\, i \in \mathsf{I}\right\} - \min\left\{r_{m,i} \,\middle|\, i \in \mathsf{I}\right\} & (\forall m \in \mathsf{M}) \\
\Delta x_n = \max\left\{x_{n,i} \,\middle|\, i \in \mathsf{I}\right\} - \min\left\{x_{n,i} \,\middle|\, i \in \mathsf{I}\right\} & (\forall n \in \mathsf{N}).
\end{array}
$$

Diese speziellen Bandbreiten stimmen für TM_{VRS} mit den in Tabelle 3.9 angegebenen Bandbreiten Gewichten überein. Die in der Tabelle verallgemeinerte Normierung kommt einer Erweiterung der Betrachtung auf

[61] Vgl. u.a. COOPER et al. 1999, S. 20.

Technologien vom Typ TM_{GRS} entgegen und damit der Idee einer Normierung von COOPER/PARK/PASTOR. Sie fordern unter anderem für *„fully inefficient"*[62] DMUs, d.h., DMUs deren sämtliche M Inputquantitäten am größten und sämtliche N Outputquantitäten am niedrigsten im Vergleich zu einer effizienten Referenz (Produktion) sind, dass die DEA-Zielfunktion im Optimum einen eindeutigen Wert annimmt. Da der optimale Zielfunktionswert von ψ ein Indikator für die durchschnittliche Abweichung von den maximalen möglichen Differenzen im Hinblick auf alle Inputs und Outputs ist, schwankt ψ^* zwischen null und eins: Bei einem optimalen Wert von null ist die zu analysierende DMU_i effizient bezüglich (VPM), bei einem optimalen Wert von eins ist eine DMU_i „fully inefficient".[63] In diesem Punkt divergieren die beiden folgenden zu analysierenden DEA-Zielfunktionen.

Proportionales additives Maß:

Eine Summierung von Abweichungen auf der Grundlage von DMU-spezifischen Gewichten repräsentiert eine weitere Variante von (DEAM). Im Gegensatz zu den gerade betrachteten Bandbreiten, die in der Regel nur selten bei DEA-Untersuchungen einen Wert von null aufweisen, können Quantitäten von null bei den einzelnen DMUs häufiger auftreten. Die Zielgewichte dieser Inputs bzw. Outputs einer Produktion $\boldsymbol{y}_i$ sind auf einen Wert von null festzusetzen:[64]

$$t_m^- = \begin{cases} \frac{1}{r_{m,i}} & \text{für } r_{m,i} > 0 \\ 0 & \text{für } r_{m,i} = 0 \end{cases} \qquad (\forall\, m \in \mathsf{M})$$

$$t_n^+ = \begin{cases} \frac{1}{x_{n,i}} & \text{für } x_{n,i} > 0 \\ 0 & \text{für } x_{n,i} = 0 \end{cases} \qquad (\forall\, n \in \mathsf{N}).$$

Damit ist für jede DMU_i eine entsprechend Sortierung der Indices möglich:

---

[62] COOPER et al. 1999, S. 16, Property (P2).

[63] Da COOPER et al. 1999, S. 16, eine DEA-Zielfunktion mit $1-\psi$ betrachten, unterscheiden sich die dort vorgeschlagenen Größen um den Wert eins.

[64] Das hier gewählte Vorgehen lässt sich analog bei (RAM_1-DEAM) anwenden.

$$
\begin{array}{llll}
r_{m,i} > 0 & \text{für } \forall\, m \in \mathsf{M}_i = \{1,\dots,M_i\} & (M_i \leqq M) \\
r_{m,i} = 0 & \text{für } \forall\, m \in \mathsf{M}_i^0 = \{M_i+1,\dots,M\} & (M_i = M\colon\ \mathsf{M}_i^0 := \emptyset) \\
x_{n,i} > 0 & \text{für } \forall\, n \in \mathsf{N}_i = \{1,\dots,N_i\} & (N_i \leqq N) \\
x_{n,i} = 0 & \text{für } \forall\, n \in \mathsf{N}_i^0 = \{N_i+1,\dots,N\} & (N_i = N\colon\ \mathsf{N}_i^0 := \emptyset).
\end{array}
$$

Die Modellformulierung (DEAM) hat unter Berücksichtigung dieser Notation für eine DMU_i mit einer Produktion $\boldsymbol{y}_i$ folgendes Aussehen:[65]

(MIP_1-DEAM)

$$
\max \quad \frac{1}{M+N}\left(\sum_{m=1}^{M_i} \frac{1}{r_{m,i}}\, d_m^- + \sum_{n=1}^{N_i} \frac{1}{x_{n,i}}\, d_n^+\right)
$$

u.d.N.

$$
\begin{array}{lll}
(1) & r_m + d_m^- = r_{m,i} & (\forall\, m \in \mathsf{M}) \\
(2) & x_n - d_n^+ = x_{n,i} & (\forall\, n \in \mathsf{N}) \\
(3) & d_m^-, d_n^+ \geqq 0 & (\forall\, m \in \mathsf{M}, \forall\, n \in \mathsf{N}) \\
(4) & \begin{pmatrix} -\boldsymbol{r} \\ +\boldsymbol{x} \end{pmatrix} \in TM. &
\end{array}
$$

Dieses *„Measure of Inefficiency Proportions“* (MIP) erfasst die durchschnittliche Abweichung von den individuellen Vorgaben einer DMU_i über alle Inputs und Outputs. Zu beachten ist bei dieser Formulierung, dass gewichtete Abweichungen bei den jeweiligen Inputs zwischen null und eins schwanken können, dagegen sind die gewichten Abweichungen bei den Outputs nicht nach oben beschränkt.

Inputorientiertes Russell-Maß:

Die in diesem Abschnitt bisher aufgezeigten additiven DEA-Modelle lassen sich sowohl als input- als auch outputorientierte Formulierungen durch eine entsprechende Anpassung der Zielgewichte darstellen. Exemplarisch sei an dieser Stelle die inputorientierte Variante des gerade analysierten proportionalen Maßes betrachtet.

Das nichtorientierte Modell (MIP_1-DEAM) unterscheidet sich von der inputorientierten Variante durch die Vernachlässigung der Abweichungen bei den Outputs, d.h., die Zielgewichte t_n^+ sind sämtlich auf null zu

[65] Vgl. u.a. COOPER et al. 1999, S. 8, die von ausschließlich positiven Quantitäten ausgehen.

setzten. Zudem ist nur die Anzahl M_i der Inputs mit positiven Quantitäten durch die Summe aller gewichteten Abweichungen in der DEA-Zielfunktion zu teilen. Damit vereinfacht sich (MIP$_1$-DEAM) zu:[66]

(MIP$_1^{\mathrm{I}}$-DEAM)

$$\max \quad \frac{1}{M_i} \sum_{m=1}^{M_i} \frac{1}{r_{m,i}} d_m^-$$

u.d.N.

$$
\begin{array}{lll}
(1) & r_m + d_m^- = r_{m,i} & (\forall m \in \mathsf{M}) \\
(2) & x_n - d_n^+ = x_{n,i} & (\forall n \in \mathsf{N}) \\
(3) & d_m^-, d_n^+ \geqq 0 & (\forall m \in \mathsf{M}, \forall n \in \mathsf{N}) \\
(4) & \begin{pmatrix} -\boldsymbol{r} \\ +\boldsymbol{x} \end{pmatrix} \in TM. &
\end{array}
$$

Bei diesem inputorientierten Modell weist ein optimaler DEA-Zielfunktionswert von null auf eine bezüglich (VPM) schwach effiziente DMU hin. Ein positiver optimaler Wert ψ^* zeigt, dass mindestens eine zulässige Produktion $\boldsymbol{y}^* \in TM$ existiert, die die betrachtete Produktion $\boldsymbol{y}_i$ dominiert und im Durchschnitt bezogen auf die Inputquantitäten dieser DMU mit ψ^* geringeren Inputs auskommt, ohne niedrigere Outputquantitäten in Kauf nehmen zu müssen.

Der aus dieser Formulierung resultierende optimale Wert $(1 - \psi^*)$ ist mit dem so genannten RUSSELL-Maß – oder auch FÄRE/LOVELL-Maß – äquivalent.[67] Um die Übereinstimmung mit deren Modellformulierung – abgesehen von Unterschieden in der Notation – direkt ablesen zu können, bietet sich die Einführung von proportionalen Abweichungsvariablen θ_m^- für die Inputs an:[68]

$$\theta_m^- := 1 - \frac{1}{r_{m,i}} \cdot d_m^- \geqq 0 \qquad (\forall m \in \mathsf{M}_i)$$

bzw.

$$d_m^- = r_{m,i} \cdot \left(1 - \theta_m^-\right) \qquad (\forall m \in \mathsf{M}_i).$$

[66] Vgl. u.a. RUSSELL 1985, S. 113; die Anzahl aller M Inputs zur Bildung des Durchschnitts verwenden FÄRE/LOVELL 1978, S. 158, und FÄRE et al. 1994, S. 82.

[67] Vgl. u.a. FÄRE/LOVELL 1978, S. 158, Definition 5; RUSSELL 1985, S. 113.

[68] Zu einer ähnlichen Substitution der Variablen vgl. u.a. SCHEEL 2000, S. 108.

Die DEA-Zielfunktion lässt sich unter Berücksichtigung der angesprochenen Korrektur um den Wert 1, die keinen Einfluss auf die optimale Lösung hat, schreiben als:

$$\max \frac{1}{M_i}\left(\sum_{m=1}^{M_i}\left(1-\theta_m^-\right)\right)-1 \quad\Longleftrightarrow\quad \min \frac{1}{M_i}\sum_{m=1}^{M_i}\theta_m^-.$$

Durch entsprechende Substitution von d_m^- bzw. Vernachlässigung der Überschussvariablen d_n^+ und Berücksichtigung der Tatsache, dass eine Formulierung der Restriktionen (1) als Ungleichungen keine Auswirkung auf die optimale Lösung hat, da diese im Optimum stets als Gleichung erfüllt sind, resultiert die „typische" Formulierung zur Bestimmung eines inputorientierten RUSSELL-Maßes:

(RM^{I}-DEAM)

$$\begin{array}{llll}
\min & \frac{1}{M_i}\sum_{m=1}^{M_i}\theta_m^- & & \\
\text{u.d.N.} & & & \\
(1a) & r_m \leqq r_{m,i}\cdot\theta_m^- & & (\forall\, m\in \mathsf{M}_i) \\
(1b) & r_m \leqq 0 & & (\forall\, m\in \mathsf{M}_i^0) \\
(2) & x_n \geqq x_{n,i} & & (\forall\, n\in \mathsf{N}) \\
(3) & \theta_m^- \leqq 1 & & (\forall\, m\in \mathsf{M}_i) \\
(4) & \begin{pmatrix}-\boldsymbol{r}\\ +\boldsymbol{x}\end{pmatrix}\in TM. & &
\end{array}$$

Falls alle Inputquantitäten einer DMU$_i$ positiv sind, entfallen die Nebenbedingungen (1b). Die Restriktionen (1a) und (1b) lassen sich auch durch zusätzliche Variablen θ_m^- $(\forall\, m\in \mathsf{M}_i^0)$ zusammenfassen.

Aufgrund der modifizierten Zielfunktion deutet nun ein optimaler Wert von eins auf eine bezüglich (VPM) schwach effiziente DMU. Hierdurch soll zum Ausdruck kommen, dass die betrachtete DMU$_i$ 100% (schwach) effizient sei. Bei positiven Abweichungen, d.h. für eine dominierte DMU, ergibt sich ein entsprechend kleinerer Wert, der auf einer durchschnittlichen Abweichung über alle Inputs mit positiven Quantitäten beruht. An der grundsätzlichen Interpretation des optimalen DEA-Zielfunktionswertes ändert sich bis auf diesen veränderten Blickwinkel jedoch nichts.

Analog zu diesen Ausführungen ist es ebenfalls möglich, eine outputorientierte Fassung von (MIP_1-DEAM) zu formulieren. Dieses outputorientierte Modell ist mit dem outputorientierten RUSSELL-Maß äquivalent.[69] Dagegen ist das nichtorientierte RUSSELL-Maß, das so genannte RUSSELL-Graph-Maß, eine additiv verknüpfte Kombination aus einem arithmetischen und einem harmonischen Mittel. Da in diesem Fall die Summe aller Kehrwerte der gewichteten Abweichungen von den Outputs in die DEA-Zielfunktion eingeht, handelt es sich bei (DEAM) um ein Quotientenprogramm. Der aus (MIP_1-DEAM) resultierende optimale DEA-Zielfunktionswert kann als eine mögliche Approximation eines RUSSELL-Graph-Maßes angesehen werden.[70]

3.3.5.2 Maximin-Effizienzmaße

Nach den ausgewählten additiven Effizienzmaßen folgen ergänzend an eine TSCHEBYCHEFF-Norm angelehnte Maße. Bei einer Maximin-Norm ist die minimale Abweichung einer Produktion über alle effizienten Produktionen zu maximieren. Dieses Vorgehen ist wiederum bei unterschiedlichen Normierungen anwendbar. Der bereits skizzierte Nachteil einer einfachen Gewichtung, d.h. die Abhängigkeit des Effizienzmaßes von der Skalierung der Input- und Outputquantitäten, kommt bei der Maximin-Norm noch stärker zum Tragen, weil *eine* Abweichung von einer Input- bzw. Outputquantität für den optimalen DEA-Zielfunktionswert ausschlaggebend sein kann. Aus diesem Grund wird auf die Formulierung dieser Variante verzichtet und direkt ein Range-Adjusted-Maximin-Maß vorgestellt.

Range-Adjusted-Maximin-Maß:

Wie bereits bei den additiven Maßen erläutert, findet bei Range-Adjusted-Maßen eine Normierung der Abweichungen über die Bandbreite der maximal möglichen Differenzen in den Input- bzw. Outputquantitäten statt. Die Bandbreite ist von der jeweils unterstellten Technologie abhängig. Im Gegensatz zur auf diese Weise normierten durchschnittlichen Abweichung

[69] Vgl. u.a. FÄRE et al. 1994, S. 116.

[70] Vgl. u.a. COOPER et al. 1999, S. 10, diese Approximation setzt voraus: $d_m^- / r_{m,i} < 1$, um die Bedeutung von Abweichungen der Inputs und Outputs zu nivellieren.

ist bei Maximin-Maßen eine minimale über die jeweilige Bandbreite gewichtete Abweichung für den DEA-Zielfunktionswert ausschlaggebend:

$$
\begin{array}{lll}
\multicolumn{3}{l}{(\text{RAM}_{\infty}\text{-DEAM})} \\
\max & \multicolumn{2}{l}{\min\left\{\frac{1}{\Delta r_1}\,d_1^-,\ldots,\frac{1}{\Delta r_M}\,d_M^-,\frac{1}{\Delta x_1}\,d_1^+,\ldots,\frac{1}{\Delta x_N}\,d_N^+\right\}} \\
\text{u.d.N.} & & \\
(1) & r_m + d_m^- = r_{m,i} & (\forall\, m \in \mathsf{M}) \\
(2) & x_n - d_n^+ = x_{n,i} & (\forall\, n \in \mathsf{N}) \\
(3) & d_m^-, d_n^+ \geqq 0 & (\forall\, m \in \mathsf{M}, \forall\, n \in \mathsf{N}) \\
(4) & \begin{pmatrix} -\boldsymbol{r} \\ +\boldsymbol{x} \end{pmatrix} \in TM. &
\end{array}
$$

Diese Modellformulierung lässt sich durch zusätzliche Einführung einer reellwertigen Variablen $d \in \mathbb{R}$ in folgendes Programm überführen (vgl. ($\text{KM}_{\text{AB}\infty}$), S. 49):

$$
\begin{array}{lll}
\max & d & \\
\text{u.d.N.} & & \\
(1') & d \leqq \frac{1}{\Delta r_m}\left(r_{m,i} - r_m\right) & (\forall\, m \in \mathsf{M}) \\
(2') & d \leqq \frac{1}{\Delta x_N}\left(x_n - x_{n,i}\right) & (\forall\, n \in \mathsf{N}) \\
(3') & d \geqq 0 & \\
(4) & \begin{pmatrix} -\boldsymbol{r} \\ +\boldsymbol{x} \end{pmatrix} \in TM. &
\end{array}
$$

Die Nebenbedingung (3′) ist bei diesem Modell in der Regel entbehrlich, vorausgesetzt, die zugrunde liegende Technologie TM enthält die Produktion $\boldsymbol{y}_i$ einer zu untersuchenden DMU_i. Wenn sich eine Technologie wie bei TM_{GRS} durch eine gemischt ganzzahlige Formulierung darstellen lässt, ist dieses äquivalente Programm mit Hilfe von Standardsoftware lösbar.

Ebenso wie das korrespondierende Range-Adjusted additive Maß ist auch diese DEA-Zielfunktion Unit-Invariant und damit unabhängig von der Skalierung der Inputs und Outputs. Die in (RAM_{∞}-DEAM) verwendete DEA-Zielfunktion ist in eine gemäß (3.20) streng monoton steigende

Funktion überführbar, indem der bei einer Augmented TSCHEBYCHEFF-Norm verwendete Korrekturterm ergänzt wird.[71] Zur Vereinfachung können hierzu die Schlupfvariablen aus den Nebenbedingungen (1') und (2') verwendet werden:

$$
\begin{array}{lll}
\multicolumn{3}{l}{(\text{RAM}^{\epsilon}_{\infty}\text{-DEAM})} \\
\max & d + \epsilon \left(\sum\limits_{m=1}^{M} \tilde{d}_m^- + \sum\limits_{n=1}^{N} \tilde{d}_n^+ \right) & \\
\text{u.d.N.} & & \\
(1') & r_m + \Delta r_m \cdot d + \tilde{d}_m^- = r_{m,i} & (\forall\, m \in \mathsf{M}) \\
(2') & x_n - \Delta x_n \cdot d - \tilde{d}_n^+ = x_{n,i} & (\forall\, n \in \mathsf{N}) \\
(3') & d,\, \tilde{d}_m^-,\, \tilde{d}_n^+ \geqq 0 & (\forall\, m \in \mathsf{M}, \forall\, n \in \mathsf{N}) \\
(4) & \begin{pmatrix} -\boldsymbol{r} \\ +\boldsymbol{x} \end{pmatrix} \in TM. &
\end{array}
$$

Aus einem optimalen DEA-Zielfunktionswert von null ist wiederum zu erkennen, dass die betrachtete DMU_i effizient bezüglich (VEM) ist. Positive optimale Werte von d^* zeigen an, dass es eine dominierende Produktion in TM gibt, deren maximale gewichtete Abweichung minimal ist. Unter diesem Aspekt handelt es sich im Vergleich zur durchschnittlichen Abweichung bei additiven Maßen um eine eher „optimistische" Beurteilung einer DMU. Ist der optimale Wert von d^* null und der von ψ^* positiv, so ist die betrachtete DMU schwach effizient bezüglich (VPM), denn es existiert eine dominierende und effiziente Produktion, die sich in mindestens einer Input- oder Outputquantität nicht von der betrachteten Produktion $\boldsymbol{y}_i$ unterscheidet.

Während Bandbreiten Gewichte bisher fast ausschließlich bei additiven Maßen Verwendung finden, führen proportionale Gewichtungen in Verbindung mit einer Maximin-Norm zu den wohl bekanntesten Varianten von DEA-Modellen.

Farrell-Maß bzw. CCR-Modell:

Wie schon bei den Kombinationen aus proportionalen Gewichtungen und additiven Maßen ist ebenfalls bei dieser Art der Gewichtung in Verbin-

[71] Zur geeigneten Wahl von hinreichend kleinem ϵ vgl. u.a. ALI/SEIFORD 1993, deren Überlegungen analog für das hier betrachtete Modell gelten.

dung mit einem Maximin-Maß eine input- bzw. outputorientierte Betrachtungsweise verbreitet. Stellvertretend wird an dieser Stelle die inputorientierte Formulierung detailliert hergeleitet, die auf die bereits spezifizierten Gewichte zurückgreift (vgl. S. 194):

$$
\begin{array}{lll}
\multicolumn{3}{l}{(\mathrm{MIP}^{\mathrm{I}}_{\infty}\text{-DEAM})} \\
\max & \min\left\{\frac{1}{r_{1,i}}\,d_1^-,\ldots,\frac{1}{r_{M_i,i}}\,d_{M_i}^-\right\} & \\
\text{u.d.N.} & & \\
(1) & r_m + d_m^- = r_{m,i} & (\forall\, m \in \mathsf{M}) \\
(2) & x_n - d_n^+ = x_{n,i} & (\forall\, n \in \mathsf{N}) \\
(3) & d_m^-,\, d_n^+ \geqq 0 & (\forall\, m \in \mathsf{M}, \forall\, n \in \mathsf{N}) \\
(4) & \begin{pmatrix} -\boldsymbol{r} \\ +\boldsymbol{x} \end{pmatrix} \in TM. &
\end{array}
$$

Diese Darstellung ist einerseits aufgrund der verwendeten Abweichungsvariablen und andererseits wegen der nicht transformierten Maximin-Norm selten anzutreffen. Durch Einführung der bekannten Hilfsvariablen[72]

$$\theta_m^- := 1 - \frac{1}{r_{m,i}} \cdot d_m^- \geqq 0 \qquad (\forall\, m \in \mathsf{M}_i)$$

und einer Korrektur der DEA-Zielfunktion um den konstanten Wert minus eins resultiert damit für ψ:

$$\max\ \min\left\{\left(1-\theta_1^-\right),\ldots,\left(1-\theta_{M_i}^-\right)\right\} - 1.$$

Unter Berücksichtigung der zugehörigen Nebenbedingungen ergibt sich:

$$
\begin{array}{lll}
\min & \max\left\{\theta_1^-,\ldots,\theta_{M_i}^-\right\} & \\
\text{u.d.N.} & & \\
(1a) & r_m = r_{m,i} \cdot \theta_m^- & (\forall\, m \in \mathsf{M}_i) \\
(1b) & r_m \leqq 0 & (\forall\, m \in \mathsf{M}_i^0) \\
(2) & x_n - d_n^+ = x_{n,i} & (\forall\, n \in \mathsf{N}) \\
(3) & \theta_m^- \leqq 1,\, d_n^+ \geqq 0 & (\forall\, m \in \mathsf{M}_i, \forall\, n \in \mathsf{N}) \\
(4) & \begin{pmatrix} -\boldsymbol{r} \\ +\boldsymbol{x} \end{pmatrix} \in TM. &
\end{array}
$$

[72] Im Unterschied zum RUSSELL-Maß sind diese Variablen hier verzichtbar; sie sollen lediglich die Analogie zur Vorgehensweise beim RUSSELL-Maß verdeutlichen.

Dieses Modell lässt sich analog zum Range-Adjusted-Maximin-Modell unter Verwendung der zusätzlichen Variable θ^- umformen zu:

$$
\begin{array}{lll}
\min & \theta^- & \\
\text{u.d.N.} & & \\
(1') & r_m \leqq r_{m,i} \cdot \theta^- & (\forall m \in \mathsf{M}) \\
(2) & x_n - d_n^+ = x_{n,i} & (\forall n \in \mathsf{N}) \\
(3) & \theta^- \leqq 1,\ d_n^+ \geqq 0 & (\forall n \in \mathsf{N}) \\
(4) & \begin{pmatrix} -\boldsymbol{r} \\ +\boldsymbol{x} \end{pmatrix} \in TM. &
\end{array}
$$

Ein aus dieser Modellformulierung bei einer Technologie mit konstanten Skalenerträgen ableitbares Effizienzmaß wurde unter anderem bereits von DEBREU (1951) und von FARRELL (1957) betrachtet. Der optimale DEA-Zielfunktionswert dieser Variante von (DEAM) ist daher auch als DEBREU/FARRELL-Maß bekannt.[73]

Um aus einem optimalen DEA-Zielfunktionswert Aussagen über bezüglich (VPM) effiziente Produktionen ableiten zu können, ist eine entsprechende Augmented-Maximin-Formulierung notwendig. DEA-Modelle verwenden dazu in der Regel die Abweichungsvariablen dieser zuletzt angegebenen Formulierung. Dieses vereinfachte Vorgehen hat keine Auswirkung auf die Struktur der optimalen Lösung. Lediglich der mit ϵ bewertete optimale Korrekturterm kann von der in Tabelle 3.8 eingeführten Funktion ψ abweichen:

(CCR^{I}-DEAM)

$$
\begin{array}{lll}
\min & \theta^- - \epsilon \left(\sum\limits_{m=1}^{M} \tilde{d}_m^- + \sum\limits_{n=1}^{N} d_n^+ \right) & \\
\text{u.d.N.} & & \\
(1') & r_m + \tilde{d}_m^- = r_{m,i} \cdot \theta^- & (\forall m \in \mathsf{M}) \\
(2) & x_n - d_n^+ = x_{n,i} & (\forall n \in \mathsf{N}) \\
(3) & \tilde{d}_m^-,\ d_n^+ \geqq 0 & (\forall m \in \mathsf{M}, \forall n \in \mathsf{N}) \\
(4) & \begin{pmatrix} -\boldsymbol{r} \\ +\boldsymbol{x} \end{pmatrix} \in TM_{CRS}. &
\end{array}
$$

[73] Vgl. u.a. DEBREU 1951, S. 285f; FARRELL 1957, S. 254f; BORGER et al. 1998, S. 433ff.

Dieses Modell geht bei einer Technologie mit konstanten Skalenerträgen auf CHARNES/COOPER/RHODES 1978 zurück und ist daher auch unter der Abkürzung CCR-Modell bekannt.[74] Bei dieser Modellformulierung ist die zuvor in (3) enthaltene Forderung nach $\theta^- \leqq 1$ überflüssig, weil die konkret unterstellte Technologie TM_{CRS} die Produktion $\boldsymbol{y}_i$ enthält, so dass bereits die Restriktion (1) in Verbindung mit der Zielfunktion diese Bedingung implizit enthält. Wie beim RUSSELL-Maß lässt aufgrund der durchgeführten Korrektur ein optimaler DEA-Zielfunktionswert von eins den Schluss zu, dass die betrachtete DMU$_i$ effizient bezüglich (VPM) ist. Je kleiner der optimale Wert von ψ ausfällt, um so schlechter ist eine DMU zu beurteilen.

Die outputorientierte Variante ist entsprechend ableitbar, wobei allerdings folgende Hilfsvariable zunächst zu verwenden ist:

$$\theta_m^+ := 1 + \frac{1}{x_{x,i}} \cdot d_n^+ \geqq 0 \qquad (\forall n \in \mathsf{N}_i)$$

Nach dem gleichen Schema wie bei der inputorientierten Betrachtung ergibt sich daraus folgendes outputorientierte CCR-Modell:

(CCR^{O}-DEAM)

$$\max \quad \theta^+ + \epsilon \left(\sum_{m=1}^{M} d_m^- + \sum_{n=1}^{N} \tilde{d}_n^+ \right)$$

u.d.N.

$$\begin{array}{lll}
(1) & r_m + d_m^- = r_{m,i} & (\forall m \in \mathsf{M}) \\
(2') & x_n - \tilde{d}_n^+ = x_{n,i} \cdot \theta^+ & (\forall n \in \mathsf{N}) \\
(3) & d_m^-, \tilde{d}_n^+ \geqq 0 & (\forall m \in \mathsf{M}, \forall n \in \mathsf{N}) \\
(4) & \begin{pmatrix} -\boldsymbol{r} \\ +\boldsymbol{x} \end{pmatrix} \in TM_{CRS}. &
\end{array}$$

Die nichtorientierte Variante dieses CCR-Modells verzichtet in der DEA-Zielfunktion auf die Korrektur um den Wert ein, so dass sich aus (DEAM) nach analogen Umformungen ergibt:[75]

[74]Vgl. u.a. CHARNES et al. 1978 und CHARNES et al. 1979; CHARNES et al. 1994, S. 36ff.

[75]Vgl. u.a. BRIEC 1997, S. 107, als *„proportional distance"*.

(CCR-DEAM)

$$\max \quad \theta + \epsilon \left(\sum_{m=1}^{M} \tilde{d}_m^- + \sum_{n=1}^{N} \tilde{d}_n^+ \right)$$

u.d.N.

$$(1') \quad r_m + \tilde{d}_m^- = r_{m,i} \cdot (1 - \theta) \quad (\forall m \in \mathsf{M})$$

$$(2') \quad x_n - \tilde{d}_n^+ = x_{n,i} \cdot (1 + \theta) \quad (\forall n \in \mathsf{N})$$

$$(3) \quad \tilde{d}_m^-, \tilde{d}_n^+ \geqq 0 \quad (\forall m \in \mathsf{M}, \forall n \in \mathsf{N})$$

$$(4) \quad \begin{pmatrix} -\boldsymbol{r} \\ +\boldsymbol{x} \end{pmatrix} \in TM_{CRS}.$$

Die Variable θ bezieht sich bei dieser Variante wieder direkt auf die minimale prozentuale Abweichung von einer Input- bzw. Outputquantität der Produktion $\boldsymbol{y}_i$. Die Interpretation einer optimalen Lösung erfolgt analog zu der vom Modell (RAM$^\epsilon_\infty$-DEAM): Bei einem optimalen DEA-Zielfunktionswert $\psi^* = 0$ ist die betrachtete DMU$_i$ effizient bezüglich (VPM); positive Werte von ψ^* deuten auf ineffiziente DMUs; ist ψ^* positiv und d^* gleich null, so ist die DMU$_i$ schwach effizient bezüglich (VPM).

Beispiel B6: Um speziell den Unterschied zwischen den beiden nichtorientierten Maximin-Modellen (CCR-DEAM) und (RAM$^\epsilon_\infty$-DEAM), die sich lediglich in der Gewichtung unterscheiden, herausarbeiten zu können, bietet sich ein weiteres Beispiel B6 an. Ausgehend von sechs DMUs mit

DMU$_i$	DMU$_1$	DMU$_2$	DMU$_3$	DMU$_4$	DMU$_5$	DMU$_6$
$\boldsymbol{y}_i$	$\boldsymbol{y}_1$	$\boldsymbol{y}_2$	$\boldsymbol{y}_3$	$\boldsymbol{y}_4$	$\boldsymbol{y}_5$	$\boldsymbol{y}_6$
$r_{1,i}$	4	8	6	8	15	24
$r_{2,i}$	34	32	24	22	25	14
$x_{1,i}$	10	10	10	10	10	10

Tabelle 3.10: *Produktionen der 6 DMUs in Beispiel B6*

jeweils zwei Inputs sowie einem Output und entsprechend beobachteten Produktionen $\boldsymbol{y}_1$ bis $\boldsymbol{y}_6$ stelle eine Technologie mit konstanten Skalenerträgen als plausible Grundlage für eine DEA-Analyse dar (vgl. Tab. 3.10).

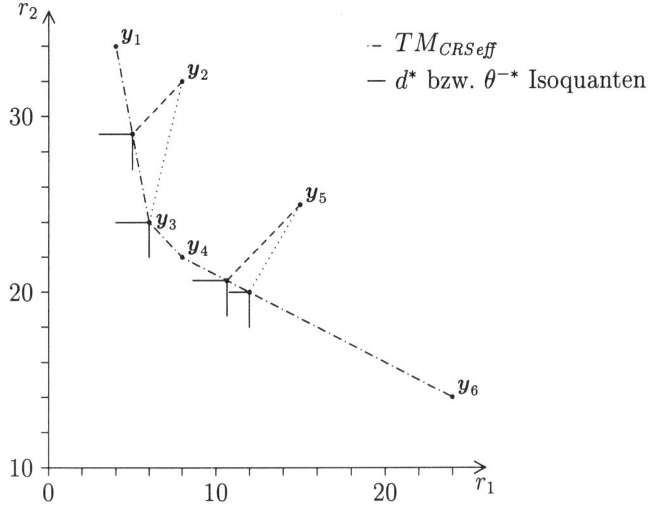

Abbildung 3.20: Referenzen bei Bandbreiten und DMU-spezifischer Gewichtung

In der Abbildung 3.20 sind die sechs Produktionen mit der Menge der bezüglich dieses (VPM) effizienten Produktionen TM_{CRSeff} (effizienter Rand) eingezeichnet. Vier der sechs DMUs sind effizient bezüglich des entsprechenden vektoriellen Produktionsmodells; DMU_2 und DMU_5 werden dominiert. Die Auswirkungen einer unterschiedlichen Gewichtung in den jeweils inputorientierten Modellen geht aus den jeweiligen Isoquanten hervor. Die gestrichelte Linie zeigt die Richtung des Verlaufs bei Bandbreiten Gewichten, die gepunktete Linie bei DMU-spezifischen Gewichten. Die Bandbreiten Gewichte ($\Delta r_1 = \Delta r_2 = 20$, Gleichgewichtung) sind von den DMUs unabhängig, so dass sich die jeweiligen Isoquanten in die gleiche Richtung entwickeln. Dagegen hängt die Steigung bei DMU-spezifischen Gewichten, d.h. im Modell (CCR^{I}-DEAM), von den Quantitäten einer jeden einzelnen DMU ab. Folglich ist die Steigung der beiden gepunkteten Linien nicht gleich.

Diese unterschiedlichen Gewichtungen wirken sich auf die Beurteilung der DMUs aus, wie aus Tabelle 3.11 ersichtlich ist. Der gewichtete Abstand zum effizienten Rand gemäß der Maximin-Norm ist bei einer DMU-spezifischen Gewichtung für DMU_2 größer als bei DMU_5, bei einer Band-

DMU_i	$(RAM^I_{\infty}$-DEAM) Referenz $\boldsymbol{y}^*_{eff}$	d^*	$(CCR^I$-DEAM) Referenz $\boldsymbol{y}^*_{eff}$	θ^{-*}
DMU_2	$\begin{pmatrix} -5 \\ -29 \\ +10 \end{pmatrix}$	0,15	$\begin{pmatrix} -6 \\ -24 \\ +10 \end{pmatrix}$	0,25
DMU_5	$\begin{pmatrix} -10\frac{2}{3} \\ -20\frac{2}{3} \\ +10 \end{pmatrix}$	$\frac{13}{60} = 0{,}216$	$\begin{pmatrix} -12 \\ -20 \\ +10 \end{pmatrix}$	0,20

Tabelle 3.11: Maximin-Effizienzmaß bei divergierenden Gewichten in B6

breiten Gewichtung dagegen für DMU_5 größer. Bei einem Ranking würde bei einer Bandbreiten Gewichtung DMU_2 besser beurteilt als DMU_5, denn für DMU_2 fällt das Maximum über die jeweils minimalen Abweichungen von den Bandbreiten mit 15% kleiner aus als die ca. 21,6% bei DMU_5:

$$\begin{array}{ll} DMU_2: & DMU_5: \\ 8 - 0{,}15 \cdot 20 = 5 = r_1^* & 15 - 0{,}2166 \cdot 20 = 10{,}66 = r_1^* \\ 32 - 0{,}15 \cdot 20 = 29 = r_2^* & 25 - 0{,}2166 \cdot 20 = 20{,}66 = r_2^* \end{array}$$

Umgekehrt kommt es bei DMU-spezifischen Gewichten zu 25%igen Abweichungen von den Inputquantitäten bei DMU_2 und nur 20%igen Abweichungen von den entsprechenden Quantitäten der DMU_5:

$$\begin{array}{ll} DMU_2: & DMU_5: \\ 8 - 0{,}25 \cdot 8 = 6 = r_1^* & 15 - 0{,}20 \cdot 15 = 12 = r_1^* \\ 32 - 0{,}25 \cdot 32 = 24 = r_2^* & 25 - 0{,}20 \cdot 25 = 20 = r_2^* \end{array}$$

Dieses Beispiel veranschaulicht, dass die Beurteilung von DMUs von der gewählten Gewichtung abhängt. Würde übrigens in diesem Beispiel eine Range-Adjusted additive Norm eingesetzt, wären beide dominierten DMUs als gleichwertig zu beurteilen. Bei Verwendung von (RAM_1-DEAM) stimmen die optimalen DEA-Zielfunktionswerte für DMU_2 und DMU_5 mit jeweils $\psi^* = 0,25$ überein, d.h. beide DMUs weisen bezogen *auf die Bandbreiten durchschnittlich eine Abweichung von 25% bei den Inputs auf. Auch diese ergänzende Betrachtung belegt die Bedeutung der unterschiedlichen beeinflussbaren Parameter in (DEAM) auf ein Effizienzmaß.*

3.3.5.3 Wirtschaftlichkeit als Effizienzmaß

Die im vorangehenden Abschnitt zuletzt betrachteten input- bzw. outputorientierten DEA-Modelle erlauben eine über die bisherigen Darstellungen hinaus gehende ökonomische Interpretation. Hierzu ist eine Transformation der vorgestellten Modellvariante erforderlich. Beispielhaft sei das inputorientierte Modell (CCR^{I}-DEAM) als Ausgangsbasis für entsprechende Modifikationen gewählt. Da es sich bei diesem CCR-Modell aufgrund der gewählten Maximin-Norm und der Technologie TM_{CRS} um ein lineares Programm mit einer linearen Zielfunktion ψ und linearen Nebenbedingungen (1′) bis (4) handelt, kann ein zu diesem linearen Programm korrespondierendes duales lineares Programm formuliert werden.[76]

Um die Umformungen übersichtlich darstellen zu können, sei $\boldsymbol{R} := (\boldsymbol{r}_1, \ldots, \boldsymbol{r}_I)$ die Matrix aller beobachteten Inputquantitäten (mit $\boldsymbol{R} > \mathbf{0}$) und $\boldsymbol{X} := (\boldsymbol{x}_1, \ldots, \boldsymbol{x}_I)$ die entsprechende Matrix aller Outputquantitäten. Damit lässt sich das CCR-Modell für eine zu analysierende DMU$_i$ bei der unterstellten Technologie mit konstanten Skalenerträgen schreiben als:

(CCR^{I}-DEAM)

$$\min \quad \theta^- - \epsilon\left(\mathbf{1} \cdot \boldsymbol{d}^- + 1 \cdot \boldsymbol{d}^+\right)$$

u.d.N.

$$(1') \quad \boldsymbol{R} \cdot \boldsymbol{\lambda} + \boldsymbol{d}^- = \theta^- \cdot \boldsymbol{r}_i$$

$$(2) \quad \boldsymbol{X} \cdot \boldsymbol{\lambda} - \boldsymbol{d}^+ = \boldsymbol{x}_i$$

$$(3) \quad \boldsymbol{d}^- \geqq \mathbf{o},\ \boldsymbol{d}^+ \geqq \mathbf{o},\ \boldsymbol{\lambda} \geqq \mathbf{o}.$$

Seien die zu den M Restriktionen (1′) und N Restriktionen (2) zugehörigen Dualvariablen mit

[76] Zu dualen linearen Programmen vgl. u.a. GALE 1960, S. 8ff; DANTZIG 1963, S. 123ff; DINKELBACH 1992, S. 17ff; NEUMANN/MORLOCK 1993, S. 76ff.

$$\boldsymbol{u} := (u_1, \dots, u_M)^\mathsf{T} \quad \text{und} \quad \boldsymbol{v} := (v_1, \dots, v_N)^\mathsf{T}$$

bezeichnet, dann ergibt sich das folgende duale lineare Programm:

(CCR^{I}-DLP)

$$\begin{array}{ll}
\max & \boldsymbol{x}_i^\mathsf{T} \cdot \boldsymbol{v} \\
\text{u.d.N.} & \\
(1) & -\boldsymbol{R}^\mathsf{T} \cdot \boldsymbol{u} + \boldsymbol{X}^\mathsf{T} \cdot \boldsymbol{v} \leqq \mathbf{o} \\
(2) & \boldsymbol{r}_i^\mathsf{T} \cdot \boldsymbol{u} = 1 \\
(3) & \boldsymbol{u} \geqq \epsilon \cdot \mathbf{1}^\mathsf{T}, \boldsymbol{v} \geqq \epsilon \cdot \mathbf{1}^\mathsf{T}.
\end{array}$$

Durch Verwendung von Variablen $\boldsymbol{\mu} = (\mu_1, \dots, \mu_M)^\mathsf{T}$ und $\boldsymbol{\nu} = (\nu_1, \dots, \nu_N)^\mathsf{T}$, wobei

$$\begin{aligned}
u_m &= \frac{\mu_m}{\boldsymbol{r}_i^\mathsf{T} \cdot \boldsymbol{\mu}} \qquad (\forall\, m \in \mathsf{M}) \\
v_n &= \frac{\nu_n}{\boldsymbol{r}_i^\mathsf{T} \cdot \boldsymbol{\mu}} \qquad (\forall\, n \in \mathsf{N}),
\end{aligned}$$

lässt sich das duale lineare Programm als (lineares) Quotientenprogramm formulieren:[77]

(CCR^{I}-QP)

$$\begin{array}{lll}
\max & \dfrac{\boldsymbol{x}_i^\mathsf{T} \cdot \boldsymbol{\nu}}{\boldsymbol{r}_i^\mathsf{T} \cdot \boldsymbol{\mu}} & \\
\text{u.d.N.} & & \\
(1) & \dfrac{\boldsymbol{x}_{i'}^\mathsf{T} \cdot \boldsymbol{\nu}}{\boldsymbol{r}_{i'}^\mathsf{T} \cdot \boldsymbol{\mu}} \leqq 1 & (\forall\, i' \in \mathsf{I}) \\
(2) & \boldsymbol{\mu} \geqq \left(\epsilon \cdot \boldsymbol{r}_i^\mathsf{T} \cdot \boldsymbol{\mu}\right)\mathbf{1}^\mathsf{T} & \\
 & \boldsymbol{\nu} \geqq \left(\epsilon \cdot \boldsymbol{r}_i^\mathsf{T} \cdot \boldsymbol{\mu}\right)\mathbf{1}^\mathsf{T}. &
\end{array}$$

In diesem Quotientenprogramm sind die in (2) positiv definierten Gewichte der Inputs ($\boldsymbol{\mu} > \mathbf{o}$) und der Outputs ($\boldsymbol{\nu} > \mathbf{o}$) die Entscheidungsvariablen. Gesucht ist eine optimale Kombination von Gewichtungen, so dass der Quotient aus den mit $\boldsymbol{\nu}$ bewerteten Output- und den mit $\boldsymbol{\mu}$

[77] Vgl. u.a. CHARNES et al. 1978, S. 431f; CHARNES et al. 1979, sowie generell zu dieser Transformation eines linearen Quotientenprogramms CHARNES/COOPER 1962.

bewerteten Inputquantitäten für die betrachtete Produktion $\boldsymbol{y}_i$ im Vergleich mit allen anderen I DMUs einen möglichst großen Wert annimmt. In den Restriktionen (1) erfolgt eine Normierung der Quotienten über alle DMUs auf einen maximalen Wert von eins (100%). Beträgt für eine DMU$_i$ mit dem Output $\boldsymbol{x}_i$ und dem Input $\boldsymbol{r}_i$ der optimale Zielfunktionswert des Quotientenprogramms eins, dann gibt es eine optimale Gewichtung, so dass keine andere DMU bei dieser Gewichtung besser ist. Bei einem optimalen Zielfunktionswert von kleiner als eins lässt sich eine derartige Gewichtung nicht finden, denn es gibt mindestens eine von DMU$_i$ verschiedene DMU mit einer dominierenden Produktion, die bezogen auf den zu optimierenden Quotienten einen größeren Wert ermöglicht.

Interpretiert man die Variablen dieses Quotientenprogramms als Preise der jeweiligen Out- bzw. Inputs, dann entspricht dieser Quotient der bekannten Kennzahl „Wirtschaftlichkeit“, d.h. dem Verhältnis aus Ertrag und Aufwand:[78,79]

$$\frac{\text{Ertrag}}{\text{Aufwand}} = \frac{\boldsymbol{p}^{\mathrm{O}} \cdot \boldsymbol{x}_i}{\boldsymbol{p}^{\mathrm{I}} \cdot \boldsymbol{r}_i}.$$

Maßstab zur Beurteilung einer DMU ist nach diesem Ansatz die Wirtschaftlichkeit, wobei davon ausgegangen wird, dass die Preise für Input und Output nicht bekannt sind. Durch die Lösung des obigen Quotientenprogramms wird die Frage beantwortet, ob es gemäß dem Konzept der Wirtschaftlichkeit ein (konstantes) Preissystem gibt, so dass keine andere DMU eine höhere Wirtschaftlichkeit aufweist als die zu analysierende DMU$_i$. Tritt dieser Fall ein, so ergibt sich ein optimaler Wert von eins, anderenfalls ein Wert kleiner eins und die betrachtete DMU$_i$ wird dominiert bezüglich des entsprechenden vektoriellen Produktionsmodells. Die Restriktion (1) gewährleistet bei einem optimalen Wert von eins, dass der Deckungsbeitrag für die betrachtete DMU$_i$ bezogen auf die ermittelten Preise gerade null ist, während die Deckungsbeiträge aller restlichen DMUs keine positiven Werte aufweisen.

[78]Vgl. u.a. WÖHE 2000, S. 48; vgl. ergänzend SCHOLZ 1992, Sp. 433ff; sowie auch EICHHORN 2000, S. 139ff, der Effizienz zusätzlich durch „Income“ und „Outcome“ charakterisiert.

[79]Hier sei zur Vereinfachung Aufwand gleich Kosten bzw. Erträge gleich Erlöse angenommen.

Das im Quotientenprogramm verwendete so genannte radiale Maß zur Beurteilung von Produktionen geht unter anderem auf Debreu (1951) und Farrell (1957) zurück. In der DEA sind ausgehend von diesem Quotientenprogramm weitere Varianten abgeleitet worden. Die von Banker/Charnes/Cooper (1984) vorgestellte und in Anlehnung an diese Autoren als BCC-Modell bezeichnete Formulierung berücksichtigt etwa zusätzlich eine Konstante im Zähler der jeweiligen Quotienten, woraus eine Technologie mit variablen Skalenerträgen resultiert.[80] Transformationen dieser Art sind allerdings nur für einige der hier vorgestellten Technologien in Verbindung mit einer Maximin-Norm durchführbar. Nur in diesen speziellen Fällen lässt sich direkt ein Bezug zur Wirtschaftlichkeit herstellen. Für die nichtkonvexen Technologien, die z.B. als gemischt ganzzahlige Modelle formulierbar sind, existiert unmittelbar kein duales Programm.[81] Vergleiche mit entsprechenden Transformationen können sich bei diesen nichtkonvexen Technologien auf die korrespondierenden konvexen Hüllen beziehen. Damit liegt der Fokus einer Analyse auf ausschließlich wesentlich effizienten Produktionen, für die dann wieder optimale konstante Preissysteme gefunden werden können.

3.3.6 DEA-Modelle im Überblick

Die Erläuterungen zu den unterschiedlichen DEA-Modellformulierungen zeigen, dass eine Vielzahl von DEA-Modellen sich aus dem allgemeinen Modell (DEAM) ableiten lassen. Aus einer unterschiedlichen Gestaltung der eingeführten Kriterien zur Charakterisierung von DEA-Modellen, d.h. der Aggregation von Abweichungen, der gewählten Orientierung, der verwendeten Normierung und der zugrunde gelegten Technologie, resultieren zahlreiche Möglichkeiten zur Bestimmung eines Effizienzmaßes für Organisationen. Um – nach den vorangehenden zum Teil detaillierten Herleitungen grundlegender DEA-Formulierungen – einen Überblick über diese und weitere Varianten von (DEAM) zu erhalten, fasst Tabelle 3.12 einige ausgewählte DEA-Modelle aus der Literatur zusammen. Die Punkte in der letzten Zeile der Tabelle sollen andeuten, dass neben

[80] Vgl. Banker et al. 1984, S. 1085.

[81] Vgl. u.a. Tofallis 1999, S. 125.

[82] Quelle entnommen aus Cooper et al. 1999, S. 8 u. 38, Note 9.

DEA-Modell	Aggregat. ψ	Orientier. In/Output	Normier. t	Techn. TM
CCR-Modell (CHARNES/COOPER/RHODES 78)	Maximin	I/O	Spez.	CRS
BCC-Modell (BANKER/CHARNES/COOPER 84)	ϵ-Maximin	I/O	Spez.	VRS
ST-Modell (SEIFORD/THRALL 90)	ϵ-Maximin	I/O	Spez.	NDRS
FDH-Modell (DEPRINS/SIMAR/TULKENS 84)	Maximin	I/O	Spez.	FDH
Graph-FARRELL-Maß (BRIEC 97)	Maximin	N	Spez.	-
Additives Modell (CHARNES/COOPER ET AL 85)	Additiv	N	Einf.	VRS
MIP-Modell (CHARNES/COOPER ET AL 87)[82]	Additiv	N	Spez.	VRS
RAM-Modell (COOPER/PARK/PASTOR 99)	Additiv	N	Bandb.	VRS
RUSSELL-Maß (FÄRE/LOVELL 78)	Additiv	I/O	Spez.	-
Enhanced-Graph-RUSSELL-Maß (PASTOR/RUIZ/SIVRENT 99)	$\frac{\frac{1}{M}\boldsymbol{t}^{-}\boldsymbol{d}^{-}-M}{\frac{1}{N}\boldsymbol{t}^{+}\boldsymbol{d}^{+}+N}$	N	Spez.	CRS
...	...	...	...	...

Tabelle 3.12: Ausgewählte DEA-Modelle im Überblick

weiteren noch existierenden DEA-Formulierungen zahlreiche zusätzliche Modelle vorstellbar sind.

Nach der Art der Aggregation sind insbesondere additive Modelle und Maximin-Modelle bzw. ϵ-Maximin-Modelle zu unterscheiden. Das in der letzten Zeile angegebene Enhanced-Graph-RUSSELL-Maß, das auch als Slacks-Based-Maß bekannt ist, stellt ergänzend ein Beispiel für ein Quotientenprogramm dar, das sich ebenfalls in ein äquivalentes lineares Programm überführen lässt.[83] Am Anfang der Entwicklung von Effizienzmaßen (CCR-Modell bzw. RUSSELL-Maß) standen insbesondere input- bzw.

[83]Vgl. u.a. PASTOR et al. 1999; COOPER et al. 2000b, S. 96ff.

outputorientierte Formulierungen (I/O) mit einer DMU-spezifischen Gewichtung (Spez.) zur Diskussion, also Modelle mit proportionalen Abweichungen bezogen auf die Input- oder Outputquantitäten einer DMU. Ausgehend vom CCR-Modell entstanden zahlreiche Varianten auf Grundlage unterschiedlicher Technologien, wie etwa einer Technologie mit variablen Skalenerträgen oder einer FDH-Technologie. Nach der Einführung eines nichtorientierten (N) additiven Modells mit einer einfachen Gewichtung (Einf.) – dem Modell (Add-DEAM) – folgten Varianten mit DMU-spezifischen Gewichten (Spez.) und Bandbreiten Gewichten (Bandb.). Die bei den additiven Modellen z.T. in Tabelle 3.12 angegebenen Technologien beziehen sich auf die in den zugrunde liegenden Beiträgen verwendeten Technologien. Diese Konzepte sind häufig, wie in der Regel entsprechende Hinweise in den Artikeln direkt belegen, auf andere Technologien übertragbar.

In Verbindung mit bestimmten Modellformulierungen der DEA stehen zudem spezielle Effizienzbegriffe. So wird der optimale Zielfunktionswert des CCR-Modells auch als (globale) technische Effizienz bezeichnet, der des BCC-Modells etwa als lokale technische Effizienz und das Verhältnis aus den optimalen Werten des CCR- und BCC-Modells als Skaleneffizienz.[84]

Modifikationen der Effizienzmaße aus Tabelle 3.12 sind mittels Variation eines oder mehrerer Kriterien möglich. Modellformulierungen unter Berücksichtigung so genannter Non-Discretionary-Variablen berücksichtigen, dass DMUs auf bestimmte Inputs oder Outputs keinen Einfluss haben können, da die Quantitäten exogen vorgegeben sind.[85] Bei diesen Ansätzen sind in der DEA-Zielfunktion ψ die Gewichtungen $t^-_{m'}$ bzw. $t^+_{n'}$ der zugehörigen nicht kontrollierbaren Abweichungen $d^-_{m'}$ bzw. $d^+_{n'}$ auf null zu setzen (für einige $m' \in \mathsf{M}$ und einige $n' \in \mathsf{N}$). Dieser Ansatz folgt der Idee eines Kompromissmodells unter Berücksichtigung unterer Schranken (Constraint-Methode), denn für die nicht kontrollierbaren In- bzw. Outputs dürfen die entsprechenden Quantitäten einer zu beurteilenden DMU nicht über- bzw. unterschritten werden. Abweichungen haben für eine DMU$_i$ bezüglich dieser nicht kontrollierbaren Inputs und Outputs keinen Einfluss auf das Effizienzmaß. Ansätze zur „Value Efficiency“ erweitern eine Technologiemenge unter Zugrundelegung eines

[84]Vgl. u.a. Cooper et al. 2000b, S. 136ff.

[85]Vgl. u.a. Banker/Morey 1986.

vom Entscheidungsträger vorgegebenen Referenzpunktes (Most Prefered Solution).[86]

Erweiterungen setzen zum Teil auch an den Parametern der bei linearen Programmen existierenden dualen Programme an. So begrenzen etwa die Ansätze der Assurance-Region oder Cone-Ratio den Wertebereich der Dualvariablen und modifizieren damit implizit die zugrunde liegende Technologie.[87] Darüber hinaus sind generell weitere Varianten insbesondere durch Berücksichtigung der nichtkonvexen Technologien als auch durch modifizierte Formen der Aggregation und unter Verwendung präferenzabhängiger Gewichtungen denkbar. Dynamische DEA-Ansätze berücksichtigen zudem mehrperiodige Beobachtungen von Produktionen unterschiedlicher DMUs.[88] Bei stochastischen DEA-Ansätze fließen zusätzlich Informationen über die Wahrscheinlichkeitsverteilung der unsicheren Produktionen in die Betrachtungen ein.[89] Sensitivitäts- bzw. parametrische Analysen ermöglichen zudem Aussagen über die Auswirkungen von veränderten Daten auf ein Effizienzmaß.[90]

[86]Vgl. u.a. HALME et al. 1999; JORO 2000.

[87]Vgl. Fußnote 33, S. 159.

[88]Zu dynamischen Ansätzen vgl. u.a. SENGUPTA 1995; SENGUPTA 2000 und Überblick zur Erfassung von Veränderungen mittels MALMQUIST Index THANASSOULIS 2001, S. 175ff.

[89]Vgl. u.a. SENGUPTA 1987; LAND et al. 1993, sowie zu DEA-Fuzzy Ansatz HOUGAARD 1999.

[90]Vgl. u.a. COOPER et al. 2000b, S. 252ff; KUNTZ/SCHOLTES 2000; SCHEEL 2000, S. 86ff.

Zusammenfassung

Die in den drei Kapiteln dargestellten Überlegungen zur Effizienz von Alternativen, Produktionen und Organisationen haben gezeigt, dass die Struktur der zugrunde liegenden vektoriellen Modellformulierungen prinzipiell gleich ist. Es gibt eine Menge mit mehreren Elementen, denen durch mehrere Zielfunktionen jeweils ein reeller Werte zugeordnet wird. Bei Zielkonflikten existiert kein zulässiges Element aus der betrachteten Menge, das bezüglich aller Ziele zum individuell optimalen Zielfunktionswert führt. Von Interesse ist in diesen Fällen, welche Elemente aus der Menge effizient und welche ineffizient (dominiert) sind bezüglich des jeweils zugrunde liegenden Modells. Die Definition der Effizienz orientiert sich am Konzept von KOOPMANS (1951). Varianten dieses Effizienzbegriffes modifizieren die Anforderungen an die jeweiligen Mengen effizienter Elemente, wie etwa bei (nicht)wesentlicher Effizienz oder input- bzw. outputorientierter Effizienz. Um einzelne Elemente der Menge auf Effizienz zu überprüfen, kommen Testprogramme zur Anwendung. Diese Testprogramme unterstützen in der Regel die Vorauswahl von den betrachteten Elementen, denn es lassen sich effiziente Elemente identifizieren. Einzelne effiziente oder ineffiziente Elemente durch eine einzige reelle Zahl zu charakterisieren, ist das abschließende Ziel einer jeden Betrachtung in dieser Schrift.

Dieses generelle Vorgehen ist Gegenstand der Kapitel zur Vektoroptimierung (Kapitel 1), zur Produktionstheorie (Kapitel 2) und zur Data Envelopment Analysis (Kapitel 3). Die zu betrachtenden Elemente heißen in der Vektoroptimierung Alternativen und in der Produktionstheorie bzw. DEA Produktionen mit Inputs und Outputs. Alle zulässigen Alternativen enthält eine Alternativenmenge, alle zulässigen Produktionen eine Technologie, wobei in der DEA insbesondere die Produktionen der zu analysierenden Organisationen (DMUs) von Interesse sind. Unter Berücksichtigung der Ziele lassen sich vektorielle Entscheidungs- bzw. Produktionsmodelle formulieren, wie sie Tabelle Z.1 zusammenfasst. Vektorielle Produktionsmodelle (VPM) der Produktionstheorie bzw. DEA repräsentieren somit spezielle vektorielle Entscheidungsmodelle mit M zu minimierenden Zielen (Inputs) und N zu maximierenden Zielen (Outputs). Effiziente Alternativen und effiziente Produktionen zeichnen sich daher durch die gleichen Eigenschaften aus; es gibt keine Alternativen bzw. Produktionen, die bei mindestens einem Ziel (Input/Output) besser sind und bei keinem schlechter. Die Data Envelopment Analysis charakterisiert Organisationen durch Input-Output-Kombinationen (Produktionen), so dass effiziente Organisationen sich durch eine effiziente Produktion auszeichnen.

Vektoroptimierung	*Produktionstheorie*	*Data Envelopment Analysis*
Vektorielle Entscheidungs- und Produktionsmodelle		
a: Alternative A: Alternativenmenge $\boldsymbol{z}$: K Ziele $max\,\{\boldsymbol{z}(a)\,\vert\,a \in A\}$	$\boldsymbol{r}$: Input $\boldsymbol{x}$: Output TM: Technologie $\boldsymbol{y}$: Produktion ($M{+}N$ Ziele) $max\,\{\boldsymbol{y}\,\vert\,\boldsymbol{y} \in TM\}$	
Definition bezüglich des jeweiligen vektoriellen Modells **effizienter**		
Alternativen: $a_{eff} \in A$ mit $\nexists\, a' \in A: \boldsymbol{z}(a') \geq \boldsymbol{z}(a_{eff})$	**Produktionen:** $\boldsymbol{y}_{eff} \in TM$ mit $\nexists\, \boldsymbol{y}' \in TM: \boldsymbol{y}' \geq \boldsymbol{y}_{eff}$	**Organisationen:** $\boldsymbol{y}_{eff} \in TM_{FDH}$ mit $\nexists\, \boldsymbol{y}' \in TM: \boldsymbol{y}' \geq \boldsymbol{y}_{eff}$
Kompromissmodell *und*	Effizienztest einer Produktion $\boldsymbol{y}^{\square}$ $\Rightarrow$	Maß der Effizienz bzw. Ineffizienz für DMU$_i$
$\max\left\{\psi(.)\;\middle\vert\;\begin{array}{l}\boldsymbol{z}+\boldsymbol{d}^{+}=\overline{\boldsymbol{z}}\\ \boldsymbol{d}^{+} \geqq \mathbf{o}\\ a \in A\end{array}\right\}$	$\max\left\{\mathbf{1}\cdot\boldsymbol{d}\;\middle\vert\;\begin{array}{l}\boldsymbol{r}-\boldsymbol{d}^{+}=\boldsymbol{r}^{\square}\\ \boldsymbol{x}+\boldsymbol{d}^{-}=\boldsymbol{x}^{\square}\\ \boldsymbol{d}^{+},\boldsymbol{d}^{-} \geqq \mathbf{o}\\ \boldsymbol{y} \in TM\end{array}\right\}$	$\max\left\{\psi^{t}(.)\;\middle\vert\;\begin{array}{l}\boldsymbol{r}-\boldsymbol{d}^{+}=\boldsymbol{r}_i\\ \boldsymbol{x}+\boldsymbol{d}^{-}=\boldsymbol{x}_i\\ \boldsymbol{d}^{+},\boldsymbol{d}^{-} \geqq \mathbf{o}\\ \boldsymbol{y} \in TM\end{array}\right\}$

Tabelle Z.1: Effiziente Alternativen, Produktionen und Organisationen

Im Unterschied zur Entscheidungs- und Produktionstheorie konzentriert sich bei der DEA das Interesse auf die zu analysierenden DMUs, d.h., die Menge *aller* effizienten Alternativen bzw. effizienten Produktionen ist von untergeordneter Bedeutung. Die Testprogramme der Entscheidungs- und Produktionstheorie kommen daher zum Einsatz, um die erfassten Produktionen der DMUs auf Effizienz zu testen und darüber hinaus für insbesondere ineffiziente DMUs anzugeben, wie ineffizient diese DMUs sind und geben somit Auskunft über das Maß der DEA-Effizienz. Während Kompromissmodelle bzw. erfolgsorientierte Modelle einen Entscheidungsträger bei der Auswahl einer geeigneten Alternative bzw. Produktion unterstützen, charakterisieren Effizienzmaße die zu beurteilenden DMUs und ermöglichen damit Vergleiche von Organisationen. Da hierzu die übliche Testzielfunktion eines Testprogramms unzureichend ist, kommen in DEA-Zielfunktionen Aggregationsformen zum Einsatz, wie sie zum Teil von Kompromissmodellen bekannt sind.

Die Data Envelopment Analysis nutzt somit Konzepte der Entscheidungs- und Produktionstheorie aus und entwickelt diese weiter. Damit ergeben sich für sowohl Entscheidungs- und Produktionstheorie interessante neue Aspekte und Anregungen, die bisher zum Teil vernachlässigt wurden. Die Definition der input- oder outputorientiert-effizienten Produktionen ist beispielsweise auch auf andere Konzepte, wie etwa umweltorientiert-effiziente Produktionen, übertragbar. Die Verwendung von Normierungsfaktoren durch etwa Bandbreiten sind in der Entscheidungstheorie bereits seit längerem bekannt, DMU-spezifische Faktoren dagegen kaum. Insbesondere die daraus resultierenden möglichen Transformationen und ergänzenden Interpretationen von Ergebnissen stellen zusätzliche Anregungen für die Vektoroptimierung dar.

Allerdings sollten bei der Anwendung eines bestimmten DEA-Modells die damit verbundenen entscheidungs- und produktionstheoretischen Implikationen nicht übersehen werden. Hierzu ist es bei einer Untersuchung von DMUs erforderlich, dass neben den Analysten, die eine Untersuchung durchführen, auch die Mitglieder von Organisationen, die Ergebnisse der DEA präsentiert bekommen, die zugrunde gelegten Parameter kennen und interpretieren können. Welche Modellformulierung im Einzelfall geeignet ist, hängt vom Untersuchungsgegenstand ab und sollte von Analysten im Dialog mit Organisationsmitgliedern oder Fachleuten diskutiert werden. Ein *Beispiel B7* soll abschließend die Bedeutung unterschiedlicher Annahmen verdeutlichen.

Beispiel B7: Die Daten für dieses Beispiel B7 sind in Tabelle Z.2 zusammengefasst. Im Unterschied zu den bisherigen Beispielen ist eine graphische Darstellung der Produktionen mit drei Inputs und zwei Outputs in einer Abbildung kaum möglich. Bevor Kennzahlen der DEA zur Beurteilung der DMUs herangezogen werden, sei zunächst eine „pauschale verbale" Charakterisierung der DMUs erlaubt, m.a.W. eine kurze Schilderung eines ersten Eindrucks: DMU_1 *fällt im Vergleich zu* DMU_3, DMU_4 *und* DMU_5 *durch vergleichsweise geringe Input- und hohe Outputquantitäten auf. Die Produktion* $\boldsymbol{y}_1$ *der Organisation* DMU_1 *dominiert die Produktionen* $\boldsymbol{y}_3$ *der* DMU_3, $\boldsymbol{y}_4$ *der* DMU_4 *und* $\boldsymbol{y}_5$ *der* DMU_5*; wie* $\boldsymbol{y}_1$ *wird auch die Produktion* $\boldsymbol{y}_2$ *der* DMU_2 *nicht dominiert:*

DMU_i $\boldsymbol{y}_i$	DMU_1 $\boldsymbol{y}_1$	DMU_2 $\boldsymbol{y}_2$	DMU_3 $\boldsymbol{y}_3$	DMU_4 $\boldsymbol{y}_4$	DMU_5 $\boldsymbol{y}_5$
Input $r_{1,i}$	10	20	18	15	30
Input $r_{2,i}$	15	12	16	20	30
Input $r_{3,i}$	41	40	52	47	41
Output $x_{1,i}$	1000	800	750	700	300
Output $x_{2,i}$	48	22	30	25	1

Tabelle Z.2: Produktionen der 5 DMUs in Beispiel B7

$$TM^{D}_{FDHeff} = \{\boldsymbol{y}_1, \boldsymbol{y}_2\} \quad \text{und} \quad TM_{FDH} \setminus TM^{D}_{FDHeff} = \{\boldsymbol{y}_3, \boldsymbol{y}_4, \boldsymbol{y}_5\}.$$

Von den drei dominierten DMUs sind DMU_3 *und* DMU_4 *bis auf die Quantitäten beim dritten Input* r_3 *deutlich besser als* DMU_5*. Die Organisation* DMU_5 *macht im Vergleich zu den restlichen DMUs den schlechtesten Eindruck, zumal auch die Produktion* $\boldsymbol{y}_2$ *die Produktion von* DMU_5 *dominiert.*

Angenommen, zur Beurteilung der DMUs soll ein nichtorientiertes Maximin-Maß unter Verwendung DMU-spezifischer Gewichte dienen, d.h. das Modell (CCR-DEAM) (vgl. S. 203). Zunächst wird unterstellt, dass Konvexkombinationen zwischen den Inputs und Outputs der unterschiedlichen DMUs nicht plausibel sind, und ausschließlich die Produktionen der

DMUs als Referenzen dienen sollen, d.h. die bereits oben implizit angenommene Technologie TM_{FDH}. Aus einer entsprechenden Bestimmung der optimalen Lösung der fünf gemischt ganzzahligen linearen Programme resultieren die in Tabelle Z.3 angegebenen optimalen Werte.[91] *Unter*

DMU_i	Effizienzmaß (θ^*)	Referenz	Ranking
DMU_1	0	$\boldsymbol{y}_1$ ($\lambda_1 = 1$)	(1)
DMU_2	0	$\boldsymbol{y}_2$ ($\lambda_2 = 1$)	(1)
DMU_3	0,063	$\boldsymbol{y}_1$ ($\lambda_1 = 1$)	(3)
DMU_4	0,128	$\boldsymbol{y}_1$ ($\lambda_1 = 1$)	(4)
DMU_5	0,024	$\boldsymbol{y}_2$ ($\lambda_2 = 1$)	(2)

Tabelle Z.3: *Maximin-Effizienzmaß bei DMU-spezifischen Gewichten und FDH-Technologie für B7*

diesen Annahmen führen definitionsgemäß die beiden effizienten Organisationen DMU_1 und DMU_2 zu keinen Abweichungen und damit einem optimalen Wert θ^* von jeweils null. Unter den dominierten DMUs ist DMU_5 mit einer Abweichung von 2,4% die beste Organisation, denn das Maximum der normierten minimalen Abweichungen liegt für DMU_3 bei 6,3% und für DMU_4 bei 12,8%. Wie lässt sich dieses im Widerspruch zum ersten Eindruck resultierende Ergebnis erklären?

Die Abweichung von 2,4% ergibt sich bei dieser Modellformulierung für DMU_2 aus der gewichteten Differenz beim Input r_3 zur Referenz $\boldsymbol{y}_1$: $(41-40)/47 = 0,024$. *Eine derartig günstige minimale gewichtete Abweichung hat keine andere der dominierten DMUs im Maximum aufzuweisen. Die konkurrenzfähige Inputquantität von nur 41 [FE_3] bei Input r_3 „bewahrt" die DMU_5 vor einer schlechten Bewertung. Beim Maximin-Effizienzmaß können sich folglich einzelne positive Ausreißer bezogen auf einen Input oder Output auf die Beurteilung dominierter DMUs günstig auswirken.*

Die Ursache für die vergleichsweise „gute" Beurteilung von DMU_5 hängt somit unter anderem von der Art der erfassten Abweichung ab. Kommt

[91] Diese und die folgenden Tabellen geben nicht den optimalen DEA-Zielfunktionswert an, sondern den optimalen Wert der Hilfsvariablen, hier θ^*.

etwa ein additives Effizienzmaß (Range-Adjusted additives Maß (RAM_1-DEAM), vgl. S. 193) zur Anwendung, so stellt sich ein Ergebnis ein, dass mit dem hier unterstellten ersten Eindruck in Einklang steht. Dieses

DMU_i	Effizienzmaß (ψ^*)	Referenz	Ranking
DMU_1	0	$\boldsymbol{y}_1$ ($\lambda_1 = 1$)	(1)
DMU_2	0	$\boldsymbol{y}_2$ ($\lambda_2 = 1$)	(1)
DMU_3	0,422	$\boldsymbol{y}_1$ ($\lambda_1 = 1$)	(3)
DMU_4	0,389	$\boldsymbol{y}_1$ ($\lambda_1 = 1$)	(2)
DMU_5	0,766	$\boldsymbol{y}_1$ ($\lambda_1 = 1$)	(4)

Tabelle Z.4: Additives Effizienzmaß bei Bandbreiten Gewichten und FDH-Technologie für B7

additive Maß erfasst die durchschnittlichen mit den Bandbreiten gewichteten Abweichungen über alle Inputs und über alle Outputs. Nun wirkt es sich für DMU_5 negativ aus, dass diese Organisation in vielen Input- und Outputquantitäten vergleichsweise hohe unerwünschte Abweichungen aufweist, so dass DMU_5 mit einer durchschnittlichen Abweichung von 76,6% im Vergleich zu den anderen beiden ineffizienten DMUs deutlich schlechter zu beurteilen ist. Die Verwendung eines Maximin-Effizienzmaßes kommt daher spezialisierten DMUs entgegen, additive Effizienzmaße „belohnen" eine über alle Inputs und Outputs engagierte Organisation. Hätte beispielsweise ein Mitglied von Organisation DMU_5 einen Einfluss auf die Wahl des Effizienzmaßes, dann würde sich dieses Mitglied für eine Maximin-Norm aussprechen. Analysten der DEA sollten jedoch das Management von DMU_3 und DMU_4 auf diese Besonderheit hinweisen.

Die DEA Ergebnisse sind zudem stets unter Beachtung der unterstellten Technologie zu beurteilen, so können die Annahmen einer FDH-Technologie möglicherweise zu restriktiv sein. Werden Konvexkombinationen zwischen den Produktionen der DMUs zugelassen, d.h. TM_{VRS} ist Ausgangsbasis, dann hat diese Modifikation keine Auswirkung auf die Menge der effizienten DMUs und bewirkt keine Veränderungen auf die minimale prozentuale Abweichung der DMU_5 (vgl. Tab. Z.5). Eine Erweiterung etwa auf eine Technologie mit konstanten Skalenerträgen

	TM_{VRS}				TM_{CRS}	
	(CCR-DEAM)		(RAM^{ϵ}_{∞}-DEAM)		(CCR-DEAM)	
DMU_i	(θ^*)		(d^*)		(θ^*)	
DMU_1	0	(1)	0	(1)	0	(1)
DMU_2	0	(1)	0	(1)	0	(2)
DMU_3	0,158	(4)	0,13	(3)	0,174	(3)
DMU_4	0,134	(3)	0,250	(4)	0,242	(4)
DMU_5	0,024	(2)	0,083	(2)	0,539	(5)

Tabelle Z.5: Effizienzmaße bei Technologien TM_{VRS} und TM_{CRS} für B7

(TM_{CRS}) führt ebenfalls zu einer vergleichsweisen schlechten Beurteilung der DMU_5, da bei dieser Technologie das Skalenniveau einer einzelnen DMU unabhängig von anderen DMUs veränderbar ist.[92]

Diese exemplarischen Ausführungen sollen abschließend verdeutlichen, dass sowohl entscheidungstheoretische als auch produktionstheoretische Kenntnisse für die Interpretation von DEA-Ergebnissen unabdingbar sind. Effizienzmaße stehen in enger Beziehung zu Kompromisszielfunktionen, deren Eigenschaften und Besonderheiten bei einer DEA-Untersuchung zu beachten sind. Zudem hängen die Ergebnisse und insbesondere die Eigenschaft der Effizienz einer DMU von der unterstellten Technologie ab – Technologien wie sie auch in der Produktionstheorie bekannt sind. Effizient ist eine Organisation immer bezüglich eines zugrunde liegenden vektoriellen Modells, so dass auch das Effizienzmaß von diesen Annahmen abhängt. Folgende Aspekte sollten bei einer Untersuchung zur Effizienz von Organisationen unbedingt kritisch überprüft werden:

- Welche Inputs und Outputs sind geeignet zur Abbildung von Produktionen?
- Welche DMUs können als vergleichbare Organisationseinheiten herangezogen werden?

[92]Bei TM_{CRS} ist DMU_2 schwach effizient bezüglich des entsprechenden (VEM).

- Welche Annahmen an eine Technologie sind in Bezug auf die betrachteten DMUs plausibel?
- Wie lassen sich Abweichungen von Input- und Outputquantitäten geeignet aggregieren?
- Welche Art der Normierung von Abweichungen führt zu einem adäquaten Effizienzmaß?

Diese und weitere vom jeweiligen Untersuchungsgegenstand abhängige Fragen bedürfen jeweils einer kritischen Analyse.

Anhang

A.1 Zusätzliche Ziele in (VEM)

Satz A.1
Gegeben seien (VEM) $max\{\boldsymbol{z}(a) \mid a \in A\}$ *mit* K *Zielfunktionen und*

$$\text{(VEM}'\text{)} \quad \left\{ \begin{pmatrix} \boldsymbol{z}(a) \\ \boldsymbol{z}'(a) \end{pmatrix} \;\middle|\; a \in A \right\}$$

mit zusätzlichen Zielfunktionen $\boldsymbol{z}' = (z_{K+1}, \dots, z_{K'})^{\mathsf{T}}$ $(K' > K)$ *sowie* A_{eff} *bzw.* A'_{eff} *den Mengen der bezüglich* (VEM) *bzw.* (VEM′) *effizienten Alternativen. Seien die zugehörigen Zielräume kompakt und alle* $a'_{\mathit{eff}}, a''_{\mathit{eff}} \in A_{\mathit{eff}}$: $\boldsymbol{z}(a'_{\mathit{eff}}) \neq \boldsymbol{z}(a''_{\mathit{eff}})$, *dann gilt:*

> *Jede bezüglich* (VEM) *effiziente Alternative ist auch bezüglich* (VEM′) *effizient, d.h.:* $A_{\mathit{eff}} \subseteq A'_{\mathit{eff}}$.

Beweis zu Satz A.1:
Angenommen, es existiert ein $\hat{a} \in A$ mit $\hat{a} \in A_{\mathit{eff}}$ und $\hat{a} \notin A'_{\mathit{eff}}$, d.h. es existiert ein $a' \in A'_{\mathit{eff}}$ mit:

$$\begin{aligned} z_k(a') &\geqq z_k(\hat{a}) \quad \text{für alle } k \in \mathsf{K}' = \{1, \dots, K, \dots, K'\} \\ z_k(a') &> z_k(\hat{a}) \quad \text{für mindestens ein } k \in \mathsf{K}', \end{aligned}$$

so gilt insbesondere für dieses a':

$$z_k(a') \geqq z_k(\hat{a}) \qquad \text{für alle } k \in \mathsf{K},$$

so dass $\hat{a}$ nicht a' bezüglich (VEM) dominiert und da $\hat{a} \in A_{\mathit{eff}}$ auch $\boldsymbol{z}(\hat{a}) \neq \boldsymbol{z}(a')$ erfüllt, folgt für a':

$$z_k(a') > z_k(\hat{a}) \qquad \text{für mindestens ein } k \in \mathsf{K},$$

was im Widerspruch zu $\hat{a} \in A_{eff}$ steht. □

Die Umkehrung, dass jede bezüglich (VEM′) effiziente Alternative auch bezüglich (VEM) effizient ist, gilt nicht. Eine bezüglich (VEM′) effiziente Alternative kann bezüglich (VEM) dominiert werden, weil sie bei den ersten K Zielfunktionen zu schlechteren Zielfunktionswerten führen kann und beispielsweise nur bei einer der zusätzlichen Zielfunktionen als einzige Alternative individuell optimal ist.
Folgendes kleine Beispiel mit zwei Alternativen macht dies unmittelbar deutlich. Sei der Zielraum Z von (VEM) und Z' der von (VEM′) mit

$$Z = \left\{ \boldsymbol{z}(a_1), \boldsymbol{z}(a_2) \right\} = \left\{ \begin{pmatrix} 3 \\ 7 \end{pmatrix}, \begin{pmatrix} 3 \\ 6 \end{pmatrix} \right\} \text{ und}$$

$$Z' = \left\{ \begin{pmatrix} \boldsymbol{z}(a_1) \\ \boldsymbol{z}'(a_1) \end{pmatrix}, \begin{pmatrix} \boldsymbol{z}(a_2) \\ \boldsymbol{z}'(a_2) \end{pmatrix} \right\} = \left\{ \begin{pmatrix} 3 \\ 7 \\ 0 \end{pmatrix}, \begin{pmatrix} 3 \\ 6 \\ 1 \end{pmatrix} \right\},$$

so sind beide Alternativen bezüglich (VEM′) effizient, aber nur a_1 bezüglich (VEM).

Enthält die Menge A_{eff} auch Zielvektoren mit identischen Werten, d.h. A_{eff} beinhaltet nicht nur strikt effiziente Alternativen, dann ergibt sich eine vergleichbare Aussage zu Satz A.1 auf Basis von schwach effizienten Alternativen.

Korollar A.2
Gegeben seien (VEM) *mit K Zielfunktionen und* (VEM′) *mit K'-K>0 zusätzlichen Zielfunktionen im Vektor $\boldsymbol{z}'$ mit jeweils kompakten Zielräumen sowie A_{seff} bzw. A'_{seff} den Mengen der bezüglich* (VEM) *bzw.* (VEM′) *schwach effizienten Alternativen, dann gilt:*

a) $A_{seff} \subseteq A'_{seff}$,

b) $A_{eff} \subseteq A'_{seff}$,

c) $\exists\, \hat{a} \in A_{eff}$ *mit:* $\hat{a} \in A'_{eff}$.

Nach Korollar A.2 a) sind alle bezüglich (VEM) schwach effizienten Alternativen schwach effizient bezüglich (VEM′), denn eine Verbesserung in jedem Ziel ist gemäß Satz A.1 ausgeschlossen. Da die Menge der effizienten Alternativen stets eine Teilmenge aller schwach effizienten Alternativen für ein gegebenes vektorielles Entscheidungsmodell darstellt, ist wie in b) angegeben die Menge der bezüglich (VEM) effizienten Alternativen eine Teilmenge der bezüglich (VEM') schwach effizienten. Von den bezüglich (VEM) effizienten Alternativen ist mindestens eine auch bezüglich (VEM') effizient (Teil c)), weil Elemente aus einer Menge effizienter Alternativen mit gleichen Zielfunktionsvektoren bezüglich (VEM) gemäß Satz A.1 nicht von anderen Alternativen bezüglich (VEM') dominiert werden können.

A.2 Eigentlich effiziente und wesentlich effiziente Alternativen

Eine auf GEOFFRION (1968) zurückgehende Definition eigentlich effizienter Alternativen (proper efficient alternatives) bezüglich (VEM) stellt an die Menge der effizienten Alternativen zusätzliche Anforderungen.[93]

Definition A.3
Eine bezüglich (VEM) effiziente ***Alternative*** $a_{Eff} \in A$ *heißt* ***eigentlich effizient*** *bezüglich (VEM), wenn es ein* $M \in]0, \infty[$ *gibt, so dass für jedes* $a \in A$ *und jedes* $k \in \mathsf{K}$ *mit* $z_k(a) > z_k(a_{Eff})$ *gilt:*

$$\frac{z_k(a) - z_k(a_{Eff})}{z_{k'}(a_{Eff}) - z_{k'}(a)} \leqq M \quad \left(\textit{für mindestens ein } k' \in \mathsf{K} \setminus \{k\}\right). \tag{A.1}$$

Diese Effizienzdefinition orientiert sich am Differenzenquotient (A.1) zweier Zielfunktionen, d.h. bei differenzierbaren Funktionen, an deren Grenzrate der Substitution, die an der Stelle a_{Eff} – unter den obigen Annahmen – nicht null und nicht unendlich groß sein darf. ISERMANN (1974b, S. 12) erläutert dazu: *"so ist das Wahlverhalten eines Entscheidungsträgers, der nur eigentlich effiziente Lösungen des Vektormaximierungsproblems ... akzeptiert, dadurch gekennzeichnet, daß bezüglich jeder Zielfunktion* z_k *... weder absolute noch relative Sättigungserscheinungen existieren."* Bei linearen vektoriellen Entscheidungsmodellen trifft dies im Übrigen für alle bezüglich (VEM) effizienten Alternativen zu, d.h. die Menge der bezüglich (VEM) effizienten und die Menge der eigentlich effizienten Alternativen stimmen überein.[94]

[93] Vgl. u.a. GEOFFRION 1968, aber auch KUHN/TUCKER 1951, S. 488, und ISERMANN 1974b, S. 10ff, sowie zum Überblick EHRGOTT 2000, S. 38ff.

[94] Vgl. u.a. ISERMANN 1974a.

Bei einer effizienten, aber nicht eigentlich effizienten Alternative $a_{eff} \in A_{eff} \setminus A_{Eff} \neq \emptyset$ existiert zu jedem Skalar $M > 0$ ein Ziel $k \in \mathsf{K}$ und eine Alternative $a \in A$, so dass

$$\frac{z_k(a) - z_k(a_{eff})}{z_{k'}(a_{eff}) - z_{k'}(a)} > M \qquad \big(\text{für alle } k' \in \mathsf{K} \setminus \{k\}\big).^{95} \tag{A.2}$$

Hat ein vektorielles Entscheidungsmodell einen konvexen Zielraum, so lässt sich folgende Beziehung zur optimalen Lösung eines Zielgewichtungsmodells formulieren.

Satz A.4

Gegeben sei ein vektorielles Entscheidungsmodell (VEM) mit einem konvexen Zielraum Z. Eine Alternative $a_{Eff} \in A$ ist genau dann bezüglich dieses (VEM) eigentlich effizient, wenn a_{Eff} eine optimale Lösung von (KM_{ZG}) für mindestens ein $\boldsymbol{t} > \mathbf{o}$ ist.

Beweis zu Satz A.4:[96]

Dass eine optimale Lösung a^* von (KM_{ZG}) mit $\boldsymbol{t} > \mathbf{o}$ effizient ist, geht bereits aus Korollar 1.12 (S. 53) hervor. Angenommen, a_{Eff} sei nicht eigentlich effizient ($a_{Eff} \notin A_{Eff}$) und gegeben

$$M = \Big(K - 1\Big) \cdot \max\left\{ \frac{t_{k'}}{t_k} \;\middle|\; k, k' \in \{1, \ldots, K\},\ k \neq k' \right\},$$

so muss für ein $k \in \mathsf{K}$ und ein $a \in A$ sowie u.a. auch für dieses M gemäß (A.2) gelten:

$$\begin{aligned} z_k(a) - z_k(a_{Eff}) &> M\big(z_{k'}(a_{Eff}) - z_{k'}(a)\big) \\ z_k(a) - z_k(a_{Eff}) &> \Big(K - 1\Big) \cdot \frac{t_{k'}}{t_k} \big(z_{k'}(a_{Eff}) - z_{k'}(a)\big) \end{aligned}$$

95 Vgl. u.a. Yu 1985, S. 29, Def. 3.5.

96 In Anlehnung an Geoffrion 1968, S. 619ff, Theorem 1 u. 2 für konkave Funktionen z_k und eine konvexe Menge X oder auch Yu 1985, S.30f, Theorem 3.12 u. 3.13, der zu jedem Punkt im Zielraum Z einen Kegel, den $\mathbb{R}^K_{\leqq}$, addiert und resultierende konvexe Menge betrachtet; dies ist zu Geoffrion nach Theorem 3.7 von Yu 1985, S. 26 äquivalent.

für jeweils alle $k' \in \mathsf{K} \setminus \{k\}$. Dies impliziert für die Summe über alle Ziele mit $k' \neq k$:

$$\Big(K-1\Big)\Big(z_k(a) - z_k(a_{Eff})\Big) > \Big(K-1\Big) \cdot \sum_{k' \neq k} \frac{t_{k'}}{t_k} \left(z_{k'}(a_{Eff}) - z_{k'}(a)\right)$$

$$\sum_{k=1}^{K} t_k \Big(z_k(a) - z_k(a_{Eff})\Big) > 0,$$

was direkt im Widerspruch zur Optimalität von a_{Eff} bezüglich ($\mathrm{KM_{ZG}}$) steht.[97]

Die Optimalität bezüglich ($\mathrm{KM_{ZG}}$) ist jedoch nicht nur hinreichende, sondern unter obiger Annahme auch notwendige Voraussetzung für eine eigentlich effiziente Alternative. Ausgehend von $a_{Eff} \in A$ gibt es definitionsgemäß einen Skalar $M > 0$, der für alle $k \in \mathsf{K}$ und alle $a \in A$ mit $z_k(a) > z_k(a_{Eff})$ Bedingung (A.1) genügt, bzw. es gibt kein $\boldsymbol{z} \in Z$ für ein jedes $k \in \mathsf{K}$, das folgende Restriktionen simultan erfüllt:

$$\begin{aligned} & z_k(a) - z_k(a_{Eff}) > 0 \\ & z_k(a) - z_k(a_{Eff}) - M\big(z_{k'}(a_{Eff}) - z_{k'}(a)\big) > 0 \ \Big(\text{für alle } k' \in \mathsf{K} \setminus \{k\}\Big). \end{aligned}$$

Nach einem verallgemeinerten Theorem von GORDON ist die Nichtexistenz einer zulässigen Lösung dieses Ungleichungssystems bei einem konvexen Zulässigkeitsbereich Z mit einer zulässigen Lösung über die nichtnegativ gewichtete Summe aller (linken Seiten der) Restriktionen in umgekehrter „Ungleichungsrichtung“ verbunden (für $\boldsymbol{t} \geq \mathbf{o}$ und $\mathbf{1} \cdot \boldsymbol{t} = 1$):[98]

$$\begin{aligned} & t_k\big(z_k(a) - z_k(a_{Eff})\big) \\ & \qquad + \sum_{k' \neq k} t_{k'}\Big(z_k(a) - z_k(a_{Eff}) - M\big(z_{k'}(a_{Eff}) - z_{k'}(a)\big)\Big) \leqq 0 \\ & z_k(a) - z_k(a_{Eff}) + M \sum_{k' \neq k} t_{k'}\big(z_{k'}(a) - z_{k'}(a_{Eff})\big) \leqq 0 \end{aligned}$$

[97] Die Forderung nach einer konvexen Menge Z ist für diesen Teil von Satz A.4 verzichtbar!

[98] Vgl. u.a. MANGASARIAN 1969, S. 65f.

und unter Berücksichtigung der Summe über alle $k \in \mathsf{K}$:

$$\sum_{k=1}^{K} \Big(z_k(a) \;-\; z_k(a_{\mathit{Eff}}) \;+\; M \sum_{k' \neq k} t_{k'} \big(z_{k'}(a) \;-\; z_{k'}(a_{\mathit{Eff}}) \big) \Big) \;\leqq\; 0$$

$$\sum_{k=1}^{K} \Big(\underbrace{\Big(1 \;+\; M \sum_{k' \neq k} t_{k'} \Big)}_{\tilde{t}_k} \big(z_k(a) \;-\; z_k(a_{\mathit{Eff}}) \big) \Big) \;\leqq\; 0,$$

was einer optimalen Lösung von a_{Eff} über alle $a \in A$ mit den Zielgewichten $\tilde{t}_k > 0$ $(k \in \mathsf{K})$ im Modell $(\mathrm{KM}_{\mathrm{ZG}})$ gleichkommt. □

Korollar A.5
Eine Alternative $a_{w\mathit{Eff}} \in A$ ist genau dann wesentlich und eigentlich effizient bezüglich (VEM), wenn $a_{w\mathit{Eff}}$ eine optimale Lösung von (KM_{ZG}) für mindestens ein $\mathbf{t} > \mathbf{o}$ ist.

Da die konvexe Hülle selbst eine konvexe Menge darstellt, und diese Menge alle wesentlich effizienten Alternativen enthält, ist die obige Voraussetzung aus Satz A.4 erfüllt, so dass sich der in Korollar A.5 geschilderte Zusammenhang unmittelbar aus Satz A.4 ergibt.

A.3 Konvexe Hülle nichtkonvexer Technologien

Die in Gleichung (3.18), S. 171, formulierte Beziehung zwischen der konvexen Hülle einer nichtkonvexen *FDH*-Technologie und deren konvexen Technologie

$$\mathcal{H}(TM_{F\iota}) \;=\; TM_{\iota} \quad \big(\iota \in \{CRS, NDRS, NIRS, VRS, GRS\lambda\}\big)$$

ist für die in mehreren Abbildungen dargestellten Technologien des *Beispiels B5* mit einem Einprodukt-Einfaktor-Produktionssystem unmittelbar ersichtlich. Die generelle Übereinstimmung der Mengen wird hier ergänzend für die Technologie $TM_{GRS\lambda}$ gezeigt:

$$TM_{GRS\lambda} \;=\; \mathcal{H}(TM_{FGRS\lambda}).$$

Ausgehend von der nichtkonvexen Technologie

$$TM_{FGRS\lambda} = \bigcup_{i=1}^{I} \left\{ \boldsymbol{y} \in \mathbb{R}_{-+}^{M+N} \;\middle|\; \begin{array}{l} \lambda_i \cdot \boldsymbol{y}_i = \boldsymbol{y} \\ 0 \leqq \overline{\lambda} \leqq \lambda_i \leqq \overline{\overline{\lambda}} \end{array} \right\}$$

enthält die konvexe Hülle alle Konvexkombinationen von zulässigen Produktionen:

$$\mathcal{H}(TM_{FGRS\lambda}) = \left\{ \boldsymbol{y} \in \mathbb{R}_{-+}^{M+N} \;\middle|\; \begin{array}{ll} \sum_{i=1}^{I} \alpha_i \cdot \lambda_i \cdot \boldsymbol{y}_i = \boldsymbol{y} & \\ \sum_{i=1}^{I} \alpha_i = 1 & \\ 0 \leqq \overline{\lambda} \leqq \lambda_i \leqq \overline{\overline{\lambda}} & (\forall i \in \mathsf{I}) \\ \alpha_i \geqq 0 & (\forall i \in \mathsf{I}) \end{array} \right\};$$

Substitution $\eta_i := \alpha_i \cdot \lambda_i \; (\forall i \in \mathsf{I})$

- mit $\alpha_i, \lambda_i \geqq 0$, so dass $\alpha_i \cdot \lambda_i = \eta_i \geqq 0$;
- für $\overline{\lambda} > 0$: $1 = \sum_{i=1}^{I} \alpha_i = \sum_{i=1}^{I} \frac{\eta_i}{\lambda_i} \leqq \sum_{i=1}^{I} \frac{\eta_i}{\overline{\lambda}} = \frac{1}{\overline{\lambda}} \cdot \sum_{i=1}^{I} \eta_i$ bzw.

  für $\overline{\lambda} = 0$: $\sum_{i=1}^{I} \eta_i \geqq 0$, so dass $\sum_{i=1}^{I} \eta_i \geqq \overline{\lambda} \geqq 0$;
- für $\lambda_i > 0 \; (i = 1, \ldots, I' \leqq I)$ und $\lambda_i = 0 \; (i = I' + 1, \ldots, I)$:

  $1 = \sum_{i=1}^{I} \alpha_i = \sum_{i=1}^{I'} \frac{\eta_i}{\lambda_i} + \sum_{i=I'+1}^{I} \alpha_i \geqq \sum_{i=1}^{I'} \frac{\eta_i}{\overline{\overline{\lambda}}} = \frac{1}{\overline{\overline{\lambda}}} \cdot \sum_{i=1}^{I'} \eta_i + \sum_{i=I'+1}^{I} \eta_i$

  $= \frac{1}{\overline{\overline{\lambda}}} \cdot \sum_{i=1}^{I} \eta_i \leqq 1$, so dass $\sum_{i=1}^{I} \eta_i \leqq \overline{\overline{\lambda}} \geqq 1$;

damit lässt sich die konvexe Hülle formulieren als:

$$\mathcal{H}(TM_{FGRS\lambda}) = \left\{ \boldsymbol{y} \in \mathbb{R}_{-+}^{M+N} \;\middle|\; \begin{array}{ll} \sum_{i=1}^{I} \eta_i \cdot \boldsymbol{y}_i = \boldsymbol{y} & \\ 0 \leqq \overline{\lambda} \leqq \sum_{i=1}^{I} \eta_i \leqq \overline{\overline{\lambda}} & \\ \eta_i \geqq 0 & (\forall i \in \mathsf{I}) \end{array} \right\}$$

$$= TM_{GRS\lambda}. \qquad \square$$

Die Technologien TM_ι ($\iota \in \{CRS, NDRS, NIRS, VRS\}$) sind für bestimmte Werte der Parameter $\overline{\lambda}$ und $\overline{\overline{\lambda}}$ Spezialfälle der hier betrachteten Technologie $TM_{GRS\lambda}$, so dass sich deren konvexe Hüllen unmittelbar ableiten lassen.

Die konvexen Hüllen der diskreten und unbeschränkten Technologien TM_{FRH} bzw. $TM_{GRS\mathbb{N}}$ entsprechen offensichtlich der konvexen und unbeschränkten Technologie TM_{CRS}; die Technologien TM_{FFRH} bzw. $TM_{FGRS\mathbb{N}}$ sind diskrete Varianten einer nichtkonvexen Technologie TM_{FCRS}, deren konvexe Hülle – wie gezeigt – wiederum TM_{CRS} entspricht.

Verzeichnis ausgewählter Symbole

a	Alternative
A	Alternativenmenge
z	Ziel, Zielfunktion
$\boldsymbol{z}$	Zielvektor ($\boldsymbol{z} = (z_1, \ldots, z_K)^\mathsf{T}$)
Z	Zielraum
$Z_{Dom}(\boldsymbol{z})$	Dominanzkegel mit Scheitel $\boldsymbol{z}$
d^+, d^-	Abweichungsvariablen (Über- bzw. Unterschreitungen)
$\mathcal{D}^-$	Menge der zulässigen Unterschreitungen
ψ	Kompromisszielfunktion, DEA-Zielfunktion
$\boldsymbol{t}$	Vektor von Zielgewichten (Zeilenvektor)
$\overline{\boldsymbol{z}}$	Vektor von Zielniveaus $\overline{z}_k$
$\boldsymbol{r}$	Inputvektor ($\boldsymbol{r} = (r_1, \ldots, r_M)^\mathsf{T}$)
$\boldsymbol{x}$	Outputvektor ($\boldsymbol{x} = (x_1, \ldots, x_N)^\mathsf{T}$)
$\boldsymbol{y}$	Produktion
Y	Prozess
TM	Technologiemenge
$\boldsymbol{p}$	Preisvektor (Zeilenvektor)

D	Deckungsbeitrag
E	Erlöse
K	Kosten
δ	Binärvariablen ($\delta \in \{0,1\}$)
$\Delta r_m, \Delta x_n$	Bandbreiten Gewicht für Input r_m bzw. Output x_n
$\boldsymbol{\lambda}$	Vektor von Linearfaktoren
Λ	Menge aller zulässigen Linearfaktoren
θ	Hilfsvariablen
i, j, k, m, n	Laufindizes
$\mathsf{K}, \mathsf{M}, \mathsf{N}$	Indexmengen (z.B. $\mathsf{K} = \{1, \ldots, k, \ldots, K\}$)
$\mathcal{C}(B)$	Komplement einer Menge B
$\mathcal{H}(B)$	konvexe Hülle einer Menge B
$\mathbf{1}$	Einheitsvektor (Zeilenvektor)
$\mathbf{o}$	Nullvektor (Zeilen- oder Spaltenvektor)
$\mathbb{B}$	Menge der Zahlen 0 und 1
$\mathbb{N}_0$	Menge der natürlichen Zahlen (inkl. null)
$\mathbb{R}$	Menge der reellen Zahlen
$\mathbb{R}_+$	Menge der nichtnegativen reellen Zahlen
$\mathbb{R}_{-+}^{M+N}$	Cartesische Produkt aus $-\mathbb{R}_+^M$ und $\mathbb{R}_+^N$ ($-\mathbb{R}_+^M \times \mathbb{R}_+^N$)

Effizienz-Indices:

eff	für effiziente Alternativen, Vektoren, Mengen
weff	für wesentlich effiziente Alternativen ...
nweff	für nichtwesentlich effiziente Alternativen ...
seff	für schwach effiziente Alternativen ...
Eff	für eigentlich effiziente Alternativen ...
wEff	für wesentlich u. eigentlich effiziente Alternativen ...

Technologie-Indices:

$TM_{\ldots}$	Technologie
L	lineare
D	diskrete
E	endliche
LT	LEONTIEF
NLT	nichtlineare LEONTIEF
DLT	diskrete LEONTIEF
CRS	mit konstanten Skalenerträgen
VRS	mit variablen Skalenerträgen
$NIRS$	mit nicht steigenden Skalenerträgen
$NDRS$	mit nicht fallenden Skalenerträgen
GRS	mit generalisierten Skalenerträgen
$GRS\lambda$	mit in der Summe beschränkten Linearfaktoren
$GRS\lambda i$	mit individuell beschränkten Linearfaktoren
$GRS_{\mathbb{N}}$	mit diskreten Inputs und Outputs
FRH	Free Replicability Hull
FDH	Free Disposal Hull (endliche Technologie)
$F\iota$	FDH in Verknüpfung mit $\iota \in \{CRS, \ldots, FRH\}$

Literaturverzeichnis

ADAM, D. (1996). Planung und Entscheidung. Wiesbaden: Gabler, 4. Aufl.

ALI, A.I.; SEIFORD, L.M. (1993). Computational Accuracy and Infinitesimals in Data Envelopment Analysis. INFOR, 31, S. 290–297.

ALLEN, K. (1999). DEA in the Ecological Context – An Overview. In WESTERMANN, G. (Ed.): Data Envelopment Analysis in the Service Sector, S. 203–235. Wiesbaden: Gabler.

ANDERSEN, P.; PETERSEN, N.C. (1993). A Procedure for Ranking Efficient Units in Data Envelopment Analysis. Management Science, 39, S. 1261–1264.

BACKES-GELLNER, U.; ZANDERS, E. (1989). Lehre und Forschung als Verbundproduktion. Zeitschrift für Betriebswirtschaft, 59, S. 271–290.

BAMBERG, G.; COENENBERG, A.G. (2000). Betriebswirtschaftliche Entscheidungslehre. München: Vahlen, 10. Aufl.

BANKER, R.D. (1984). Estimating Most Productive Scale Size Using Data Envelopment Analysis. European Journal of Operational Research, 17, S. 35–44.

BANKER, R.D.; CHARNES, A.; COOPER, W.W. (1984). Some Models for Estimating Technical and Scale Inefficiencies in Data Envelopment Analysis. Management Science, 30, S. 1078–1092.

BANKER, R.D.; MOREY, R.C. (1986). Efficiency Analysis for Exogenously Fixed Inputs and Outputs. Operations Research, 34, S. 513–521.

BANKER, R.D.; THRALL, R.M. (1992). Estimation of Returns to Scale Using Data Envelopment Analysis. European Journal of Operational Research, 62, S. 74–84.

BELLMAN, R. (1957). Dynamic Programming. Princeton: Princeton University Press.

BELTON, V.; STEWART, T.J. (1999). DEA and MCDA: Competing or Complementary Approaches? In MESKENS, N.; ROUBENS, M. (Eds.): Advances in Decision Analysis, S. 87–104. Dordrecht: Kluwer.

BENAYOUN, R.; MONTGOLFIER, J.D.; TERGNY, J.; LARITCHEV, O. (1971). Linear Programming with Multiple Objective Functions: Step Method (STEM). Mathematical Programming, 1, S. 366–375.

BENSON, H.P. (1978). Existence of Efficient Solutions for Vector Maximization Problems. Journal of Optimization Theory and Applications, 26, S. 569–580.

BERTSEKAS, D.P. (1999). Nonlinear Programming. Belmont: Athena, 2. Aufl.

BIRGE, J.R.; LOUVEAUX, F. (1997). Introduction to Stochastic Programming. New York: Springer.

BOGASCHEWSKY, R. (1995). Natürliche Umwelt und Produktion. Wiesbaden: Gabler.

BOGASCHEWSKY, R.; STEINMETZ, U. (1999). Effizienzbetrachtungen in der Theorie der betrieblichen Produktion. Dresdner Beiträge zur Betriebswirtschaftslehre Nr. 22/99.

BOGETOFT, P. (1996). DEA on Relaxed Convexity Assumptions. Management Science, 42, S. 457–465.

BOGETOFT, P.; TAMA, J.M.; TIND, J. (2000). Convex Input and Output Projections of Nonconvex Production Possibility Sets. Management Science, 46, S. 858–869.

BOHR, K. (1993). Effizienz und Effektivität. In Handwörterbuch der Betriebswirtschaft, Sp. 855-869. Stuttgart: Schäffer-Poeschel, 5. Aufl.

BORGER, B.D.; FERRIER, G.D.; KERSTENS, K. (1998). The Choice of a Technical Efficiency Measure on the Free Disposal Hull Reference Technology: A Comparison Using US Banking Data. European Journal of Operational Research, 105, S. 427–446.

BOUYSSOU, D. (1999). Using DEA as a Tool for MCDM: Some Remarks. Journal of the Operational Research Society, 50, S. 974–978.

BOWMAN, V.J. (1976). On the Relationship of the Tschebycheff Norm and the Efficient Frontier of Multiple-Criteria Objectives. In THIRIEZ, H.; ZIONTS, S. (Eds.): Multiple Criteria Decision Making, S. 76–85. Berlin: Springer.

BRIEC, W. (1997). A Graph-Type Extension of Farrell Technical Efficiency Measure. Journal of Productivity Analysis, 8, S. 95–110.

BRIEC, W. (1998). Hölder Distance Function and Measurement of Technical Efficiency. Journal of Productivity Analysis, 11, S. 111–131.

BRUCKER, P. (1972). Diskrete parametrische Optimierungsprobleme und wesentliche effiziente Punkte. Zeitschrift für Operations Research, 16, S. 189–197.

BRUCKER, P.; DREXL, A.; MÖHRING, R.; NEUMANN, K.; PESCH, E. (1999). Resource-Constrained Project Scheduling: Notation, Classification, Models, and Methods. European Journal of Operational Research, 112, S. 3–41.

BÜRKLE, B. (1997). Effizienzmessung im Gesundheitswesen. Universität Erlangen-Nürnberg: Arbeitsbericht 97-1.

BUSSE VON COLBE, W.; LASSMANN, G. (1991). Betriebswirtschaftstheorie, Band 1, Grundlagen, Produktions- und Kostentheorie. Berlin: Springer, 5. Aufl.

CANTNER, U.; HANUSCH, H. (1998). Effizienzanalyse mit Hilfe der Data-Envelopment-Analysis. Wirtschaftswissenschaftliches Studium, 27, S. 228–237.

CHANG, K.P. (1999). Measuring Efficiency with Quasiconcave Production Frontiers. European Journal of Operational Research, 115, S. 497–506.

Chankong, V.; Haimes, Y. (1983). Multiobjective Decision Making. New York: North-Holland.

Charnes, A.; Cooper, W.W. (1961). Management Models and Industrial Applications of Linear Programming, Band I. New York: Wiley.

Charnes, A.; Cooper, W.W. (1962). Programming with Linear Fractional Functionals. Naval Research Logistics Quarterly, 9, S. 181–186.

Charnes, A.; Cooper, W.W.; Golany, B.; Seiford, L.M.; Stutz, J. (1985). Foundations of Data Envelopment Analysis for Pareto-Koopmans Efficient Empirical Production Functions. Journal of Econometrics, 30, S. 91–107.

Charnes, A.; Cooper, W.W.; Huang, Z.M.; Sun, D.B. (1990). Polyhedral Cone-Ratio DEA Models with an Illustrative Application to Large Commercial Banks. Journal of Econometrics, 46, S. 73–91.

Charnes, A.; Cooper, W.W.; Lewin, A.Y.; Seiford, L.M. (1994). Data Envelopment Analysis. Boston: Kluwer.

Charnes, A.; Cooper, W.W.; Rhodes, E. (1978). Measuring the Efficiency of Decision Making Units. European Journal of Operational Research, 2, S. 429–444.

Charnes, A.; Cooper, W.W.; Rhodes, E. (1979). Short Communication: Measuring the Efficiency of Decision-Making Units. European Journal of Operational Research, 3, S. 339.

Charnes, A.; Cooper, W.W.; Thrall, R.M. (1991). A Structure for Classifying and Characterizing Efficiency and Inefficiency in Data Envelopment Analysis. Journal of Productivity Analysis, 2, S. 197–237.

Charnes, A.; Lemke, C.E. (1954). Minimization of Non-Linear Separable Convex Functionals. Naval Research Logistics Quarterly, 1, S. 301–312.

CHERCHYE, L.; KUOSMANEN, T.; POST, T. (2000). What is the Economic Meaning of FDH? A Reply to Thrall. Journal of Productivity Analysis, 13, S. 263–267.

COELLI, T.; RAO, D.S.P.; BATTESE, G.E. (1999). An Introduction to Efficiency and Productivity Analysis. Boston: Kluwer.

COHON, J.L. (1978). Multiobjective Programming and Planning. New York: Academic Press.

CONWAY, R.M.; MAXWELL, W.L.; MILLER, L.W. (1967). Theory of Scheduling. Reading, Mass.: Addison-Wesley.

COOPER, W.W.; PARK, K.S.; PASTOR CIURANA, J.T. (2000a). Marginal Rates and Elasticities of Substitution with Additive Models in DEA. Journal of Productivity Analysis, 13, S. 105–123.

COOPER, W.W.; PARK, K.S.; PASTOR, J.T. (1999). RAM: A Range Adjusted Measure of Inefficiency for Use with Additive Models, and Relations to Other Models and Measures in DEA. Journal of Productivity Analysis, 11, S. 5–42.

COOPER, W.W.; SEIFORD, L.M.; TONE, K. (2000b). Data Envelopment Analysis. Boston: Kluwer.

CORSTEN, H. (2001). Dienstleistungsmanagement. München: Oldenbourg, 4. Aufl.

CORSTEN, H.; GÖSSINGER, R. (2001). Einführung in das Supply Chain Management. München: Oldenbourg.

DANTZIG, G.B. (1960). On the Significance of Solving Linear Programming Problems with some Integer Variables. Econometrica, 28, S. 30–44.

DANTZIG, G.B. (1963). Linear Programming and Extensions. Princeton: Princeton University Press.

DANTZIG, G.B.; THAPA, M.N. (1997). Linear Programming 1: Introduction. New York: Springer.

DAUER, J.; LIU, Y.H. (1997). Multi-Criteria and Goal Programming. In GAL, T.; GREENBERG, H.J. (Eds.): Advances in Sensitivity Analysis and Parametric Programming, S. 11/1–11/31. Boston: Kluwer.

DEBREU, G. (1951). The Coefficient of Resource Utilization. Econometrica, 19, S. 273–292.

DEBREU, G. (1959). Theory of Value. New York: Wiley.

DEPRINS, D.; SIMAR, D.; TULKENS, H. (1984). Measuring Labor-Efficiency in Post Offices. In MARCHAND, M.; PESTIEAU, P.; TULKENS, H. (Eds.): The Performance of Public Enterprises: Concepts and Measurement, S. 243–267. Amsterdam: North-Holland.

DILLER, H. (2000). Preispolitik. Stuttgart: Kohlhammer, 3. Aufl.

DINKELBACH, W. (1962). Unternehmerische Entscheidungen bei mehrfacher Zielsetzung. Zeitschrift für Betriebswirtschaft, 32, S. 739–747.

DINKELBACH, W. (1969). Sensitivitätsanalysen und parametrische Programmierung. Berlin: Springer.

DINKELBACH, W. (1971). Über einen Lösungsansatz zum Vektormaximumproblem. In BECKMANN, M. (Ed.): Unternehmensforschung – Heute, S. 1–13. Berlin: Springer.

DINKELBACH, W. (1973). Modell – ein isomorphes Abbild der Wirklichkeit. In GROCHLA, E.; SZYPERSKI, N. (Eds.): Modell- und Computergestützte Unternehmensplanung, S. 151–162. Wiesbaden: Gabler.

DINKELBACH, W. (1982). Entscheidungsmodelle. Berlin: de Gruyter.

DINKELBACH, W. (1992). Operations Research. Berlin: Springer.

DINKELBACH, W. (1993). Entscheidungstheorie. In Handwörterbuch der Betriebswirtschaft, Sp. 929-942. Stuttgart: Schäffer-Poeschel, 5. Aufl.

DINKELBACH, W.; DÜRR, W. (1972). Effizienzaussagen bei Ersatzprogrammen zum Vektormaximumproblem. In HENN, R.; KÜNZI, P.; SCHUBERT, H. (Eds.): Operations Research Verfahren XII, S. 69–77. Meisenheim: Hain.

DINKELBACH, W.; ISERMANN, H. (1973). On Decision Making Under Multiple Criteria and Under Incomplete Information. In COCHRANE, J.L.; ZELENY, M. (Eds.): Multiple Criteria Decision Making, S. 302–312. Columbia: University of South Carolina Press.

DINKELBACH, W.; KLEINE, A. (1996). Elemente einer betriebswirtschaftlichen Entscheidungslehre. Berlin: Springer.

DINKELBACH, W.; KLEINE, A. (2001). Produktionscontrolling – Effiziente Produktionen in diskreten Technologien. Zeitschrift für Betriebswirtschaft, Ergänzungsheft, 2, S. 51–80.

DINKELBACH, W.; PIRO, A. (1989). Entsorgung und Recycling in der betriebswirtschaftlichen Produktions- und Kostentheorie: Leontief-Technologien. Wirtschaftsstudium, 18, S. 399–405, 474–480.

DINKELBACH, W.; PIRO, A. (1990). Entsorgung und Recycling in der betriebswirtschaftlichen Produktions- und Kostentheorie: Gutenberg-Technologie. Wirtschaftsstudium, 19, S. 640–645, 700–705.

DINKELBACH, W.; ROSENBERG, O. (2002). Erfolgs- und umweltorientierte Produktionstheorie. Berlin: Springer, 4. Aufl.

DINKELBACH, W.; STEFFENS, F. (1961). Gemischt ganzzahlige lineare Programme zur Lösung gewisser Entscheidungsprobleme. Unternehmensforschung, 5, S. 3–14.

DOMSCHKE, W.; DREXL, A. (1998). Einführung in Operations Research. Berlin: Springer, 4. Aufl.

DOMSCHKE, W.; SCHOLL, A. (2000). Grundlagen der Betriebswirtschaftslehre. Berlin: Springer.

DORFMAN, R.; SAMUELSON, P.A.; SOLOW, R.M. (1958). Linear Programming and Economic Analysis. New York: McGraw-Hill.

DOYLE, J.; GREEN, R. (1993). Data Envelopment Analysis and Multiple Criteria Decision Making. OMEGA, 21, S. 713–715.

DYCKHOFF, H. (1982). Charakterisierung der Produktionsmöglichkeitengrenze im Mehrsektorenmodell. Zeitschrift für Wirtschafts- und Sozialwissenschaften, 102, S. 155–172.

DYCKHOFF, H. (1991). Berücksichtigung des Umweltschutzes in der betriebswirtschaftlichen Produktionstheorie. In ORDELHEIDE, D.; RUDOLPH, B.; BÜSSELMANN, E. (Eds.): Betriebswirtschaftslehre und Ökomische Theorie, S. 275–309. Stuttgart: Poeschel.

DYCKHOFF, H. (1994). Betriebliche Produktion. Berlin: Springer, 2. Aufl.

DYCKHOFF, H. (2000). Grundzüge der Produktionswirtschaft. Berlin: Springer, 3. Aufl.

DYCKHOFF, H.; ALLEN, K. (1999). Theoretische Begründung einer Effizienzanalyse mittels Data Envelopment Analysis (DEA). Zeitschrift für betriebswirtschaftliche Forschung, 51, S. 411–436.

DYCKHOFF, H.; ALLEN, K. (2001). Measuring Ecological Efficiency with Data Envelopment Analysis. European Journal of Operational Research, 132, S. 312–325.

DYER, J.S.; FISHBURN, P.C.; STEUER, R.E.; WALLENIUS, J.; ZIONTS, S. (1992). Multiple Criteria Decision Making, Multiattribute Utility Theory: The Next Ten Years. Management Science, 38, S. 645–654.

EHRGOTT, M. (2000). Multicriteria Optimization. Berlin: Springer.

EICHBERGER, J. (1993). Game Theory for Economists. New York: Academic Press.

EICHHORN, P. (2000). Das Prinzip Wirtschaftlichkeit. Wiesbaden: Gabler.

EICHHORN, W. (1993). Produktionskorrespondenzen. In Handwörterbuch der Betriebswirtschaft, Sp. 3443-3450. Stuttgart: Schäffer-Poeschel, 5. Aufl.

EISENFÜHR, F.; WEBER, M. (1999). Rationales Entscheiden. Berlin: Springer, 3. Aufl.

ELLINGER, T.; HAUPT, R. (1996). Produktions- und Kostentheorie. Stuttgart: Schäffer-Poeschel, 3. Aufl.

FANDEL, G. (1996). Produktion. Berlin: Springer, 5. Aufl.

FÄRE, R.; GROSSKOPF, S.; LOVELL, C.A.K. (1994). Production Frontiers. Cambridge: Cambridge University Press.

FÄRE, R.; LI, S.K. (1998). Inner and Outer Approximations of Technology: A Data Envelopment Analysis Approach. European Journal of Operational Research, 105, S. 622–625.

FÄRE, R.; LOVELL, C.A.K. (1978). Measuring the Technical Efficiency of Production. Journal of Economic Theory, 19, S. 150–162.

FARRELL, M.J. (1957). The Measurement of Productive Efficiency. Journal of the Royal Statistical Society Series A: General, 120, S. 253–281.

FEICHTINGER, G.; HARTL, R.F. (1986). Optimale Kontrolle ökonomischer Prozesse. Berlin: de Gruyter.

FRANK, C.R. (1969). Production Theory and Indivisible Commodities. Princeton: Princeton University Press.

GÄFGEN, G. (1974). Theorie der wirtschaftlichen Entscheidung. Tübingen: Mohr, 3. Aufl.

GAL, T. (1995). Postoptimal Analyses, Parametric Programming and Related Topics. Berlin: de Gruyter, 2. Aufl.

GAL, T.; GREENBERG, H.J. (1997). Advances in Sensitivity Analysis and Parametric Programming. Boston: Kluwer.

GALE, D. (1960). The Theory of Linear Economic Models. New York: McGraw-Hill.

GARDINER, L.R.; STEUER, R.E. (1994). Unified Interactive Multiple Objective Programming. European Journal of Operational Research, 74, S. 391–406.

GEISSINGER, P. (2000). Wirtschaftlichkeitsanalysen im Gesundheitswesen. Wiesbaden: Gabler.

GEOFFRION, A.M. (1968). Proper Efficiency and the Theory of Vector Maximization. Journal of Mathematical Analysis and Applications, 22, S. 618–630.

GLASER, B. (2001). On the Concepts of Efficiency and Compromise in Dynamic Decision Making. Saarbrücken: Dissertation.

GUTENBERG, E. (1962). Unternehmensführung. Wiesbaden: Gabler.

GUTENBERG, E. (1983). Grundlagen der Betriebswirtschaftslehre, Erster Band: Die Produktion. Berlin: Springer, 24. Aufl.

GUTENBERG, E. (1984). Grundlagen der Betriebswirtschaftslehre, Zweiter Band: Der Absatz. Berlin: Springer, 17. Aufl.

HALME, M.; JORO, T.; KORHONEN, P.; SALO, S.; WALLENIUS, J. (1999). A Value Efficiency Approach to Incorporating Preference Information in Data Envelopment Analysis. Management Science, 45, S. 103–115.

HARTLEY, R. (1978). On Cone Efficiency, Cone-Convexity and Cone-Compactness. SIAM Journal on Applied Mathematics, 34, S. 211—222.

HEINEN, E. (1966). Das Zielsystem der Unternehmung. Wiesbaden: Gabler.

HEWITT, E.; STROMBERG, K. (1969). Real and Abstract Analysis. Berlin: Springer.

HILDENBRAND, W. (1966). Mathematische Grundlagen zur nichtlinearen Aktivitätsanalyse. Unternehmensforschung, 10, S. 65–80.

HILL, W.; FEHLBAUM, R.; ULRICH, P. (1981). Organisationslehre 1. Bern: Haupt, 3. Aufl.

HOLLER, M.J.; ILLING, G. (2000). Einführung in die Spieltheorie. Berlin: Springer, 4. Aufl.

HOLMSTRÖM, B. (1979). Moral Hazard and Observability. The Bell Journal of Economics, 10, S. 74–91.

HOUGAARD, J.L. (1999). Fuzzy Scores of Technical Efficiency. European Journal of Operational Research, 115, S. 529–541.

ISERMANN, H. (1974a). Proper Efficiency and the Linear Vector Maximum Problem. Operations Research, 22, S. 189–191.

ISERMANN, H. (1974b). Lineare Vektoroptimierung. Regensburg: Dissertation.

ISERMANN, H. (1979). Strukturierung von Entscheidungsprozessen bei mehrfacher Zielsetzung. OR Spektrum, 1, S. 3–26.

ISERMANN, H. (1991). Optimierung bei mehrfacher Zielsetzung. In GAL, T. (Ed.): Grundlagen des Operations Research, Band 1, S. 420–497. Berlin: Springer, 3. Aufl.

JAHN, J. (1984). Scalarization in Vector Optimization. Mathematical Programming, 29, S. 203–218.

JAHN, J. (1985). Some Characterizations of the Optimal Solutions of a Vector Optimization Problem. OR Spektrum, 7, S. 7–17.

JORO, T. (2000). Target Mix Approach for Measuring Efficiency in Data Envelopment Analysis. In HAIMES, Y.Y.; STEUER, R.E. (Eds.): Research and Practice in Multiple Criteria Decision Making, S. 308–318. Berlin: Springer.

JORO, T.; KORHONEN, P.; WALLENIUS, J. (1998). Structural Comparison of Data Envelopment Analysis and Multiple Objective Linear Programming. Management Science, 44, S. 962–970.

KALISZEWSKI, I. (1987). A Modified Weighted Tschebycheff Metric for Multiple Objective Programming. Computers and Operations Research, 14, S. 315–323.

KALL, P.; WALLACE, S.W. (1994). Stochastic Programming. Chichester: Wiley.

KALLRATH, J.; WILSON, J.M. (1997). Business Optimisation Using Mathematical Programming. Basingstoke: MacMillan.

KAMPKÖTTER, H. (1981). Einzelwirtschaftliche Ansätze der Produktionstheorie. Königstein/Ts: Athenäum.

KERSTENS, K.; EECKAUT, P.V. (1999). Estimating Returns to Scale Using Non-Parametric Deterministic Technologies: A new Method Based on Goodness-Of-Fit. European Journal of Operational Research, 113, S. 206–214.

KILGER, W. (1975). Produktionsfaktor. In Handwörterbuch der Betriebswirtschaft, Sp. 3097-3101. Stuttgart: Poeschel, 4. Aufl.

KILGER, W. (1980). Einführung in die Kostenrechnung. Wiesbaden: Gabler, 2. Aufl.

KISTNER, K.P. (1989). Umweltschutz in der betrieblichen Produktionsplanung. Betriebswirtschaftliche Forschung und Praxis, 41, S. 30–50.

KISTNER, K.P. (1993a). Produktions- und Kostentheorie. Heidelberg: Physica, 2. Aufl.

KISTNER, K.P. (1993b). Produktionsfunktionen. In Handwörterbuch der Betriebswirtschaft, Sp. 3415-3432. Stuttgart: Schäffer-Poeschel, 5. Aufl.

KLEINE, A. (1996). Entscheidungstheoretische Aspekte der Principal-Agent-Theorie. Heidelberg: Physica.

KLEINE, A. (1999). Decisions with Uncertain Alternatives. OR Spektrum, 21, S. 315–329.

KLEINE, A. (2001). Data Envelopment Analysis aus entscheidungstheoretischer Sicht. OR Spektrum, 23, S. 223–242.

KLIMBERG, R.; PUDDECOMBE, M. (1999). A Multiple Objective Approach to Data Envelopment Analysis. In LAWRENCE, K.D.; REEVES, G.R.; GUERARD, J.B. (Eds.): Forecasting, S. 201–231. Stamford: Jai.

KLOOCK, J. (1998). Produktion. In Vahlens Kompendium der Betriebswirtschaftslehre, Band 1, S. 275–328. München: Vahlen, 4. Aufl.

KOOPMANS, T.C. (1951). Analysis of Production as an Efficient Combination of Activities. In KOOPMANS, T.C. (Ed.): Activity Analysis of Production and Allocation, S. 33–97. New York: Wiley.

KORHONEN, P. (1997). Reference Direction Approach to Multiple Objective Linear Programming: Historical Overview. In KARWAN, M.H.; SPRONK, J.; WALLENIUS, J. (Eds.): Essays in Decision Making, S. 74–103. Berlin: Springer.

KRUSCHWITZ, L. (1998). Investitionsrechnung. München: Oldenbourg, 7. Aufl.

KUHN, H.W.; TUCKER, A.W. (1951). Nonlinear Programming. In NEYMAN, J. (Ed.): Proceedings of the Second Berkeley Symposium on Mathematical Statistics and Probability, S. 481–492. Berkeley: California Press.

KUNTZ, L.; SCHOLTES, S. (1999). Wirtschaftlichkeitsanalyse mittels Data Envelopment Analysis zum Krankenhausbetriebsvergleich. Zeitschrift für Betriebswirtschaft – Ergänzungsheft, 5, S. 187–206.

KUNTZ, L.; SCHOLTES, S. (2000). Measuring the Robustness of Empirical Efficiency Valuations. Management Science, 46, S. 807–823.

LAFFONT, J.J. (1988). Fundamentals of Public Economics. Cambridge, Mass.: MIT Press.

LAND, K.C.; LOVELL, C.A.K.; THORE, S. (1993). Chance-Constrained Data Envelopment Analysis. Managerial and Decision Economics, 14, S. 541–554.

LAUX, H. (1998). Entscheidungstheorie. Berlin: Springer, 4. Aufl.

LEWIN, A.Y.; MOREY, R.C.; COOK, T.J. (1982). Evaluating the Administrative Efficiency of Courts. OMEGA, 10, S. 401–411.

LEWIN, A.Y.; SEIFORD, L.M. (1997). Extending the Frontiers of Data Envelopment Analysis. Annals of Operations Research, 73, S. 1–11.

LI, D.; YANG, J.B.; BISWAL, M.P. (1999). Quantitative Parametric Connections between Methods for Generating Noninferior Solutions in Multiobjective Optimization. European Journal of Operational Research, 117, S. 84–99.

LI, X.B.; REEVES, G.R. (1999). A Multiple Criteria Approach to Data Envelopment Analysis. European Journal of Operational Research, 115, S. 507–517.

LIU, W.; SHARP, J. (1999). DEA Models via Goal Programming. In WESTERMANN, G. (Ed.): Data Envelopment Analysis in the Service Sector, S. 79–101. Wiesbaden: Gabler.

LOVELL, C.A.K.; PASTOR, J.T. (1995). Unit Invariant and Translation Invariant DEA Models. Operations Research Letters, 18, S. 147–151.

LUPTACIK, M. (2000). Data Envelopment Analysis as a Tool for Measurement of Eco-Efficiency. In DOCKNER, E.J.; HARTL, R.F.; LUPTACIK, M.; SORGER, G. (Eds.): Optimization, Dynamics, and Economic Analysis, S. 36–48. Heidelberg: Physica.

MAINDIRATTA, A. (1990). Largest Size-Efficient Scale and Size Efficiencies of Decision-Making Units in Data Envelopment Analysis. Journal of Econometrics, 46, S. 57–72.

MAIRESSE, F.; EECKAUT, P.V. (1999). Museum Assessment and FDH Technology: A Global Approach. Core Discussion Paper.

MALERI, R. (1997). Grundlagen der Dienstleistungsproduktion. Berlin: Springer, 4. Aufl.

MANGASARIAN, O.L. (1969). Nonlinear Programming. New York: McGraw-Hill.

MARKOWITZ, H.M. (1959). Portfolio Selection. New York: Wiley.

MARKOWITZ, H.M.; MANNE, A.S. (1957). On the Solution of Discrete Programming Problems. Econometrica, 25, S. 84–110.

MIETTINEN, K.M. (1999). Nonlinear Multiobjective Optimization. Boston: Kluwer.

MÜSCHENBORN, W. (1990). Interaktive Verfahren zur Lösung linearer Vektoroptimierungsprobleme. Frankfurt a.M.: Lang.

NEUMANN, J.V.; MORGENSTERN, O.V. (1944). Theory of Games and Economic Behaviour. Princeton: Princeton University Press.

NEUMANN, K.; MORLOCK, M. (1993). Operations Research. München: Hanser.

NIEVERGELT, E. (1971). Ein Beitrag zur Lösung von Entscheidungsproblemen bei mehrfacher Zielsetzung. Die Unternehmung, 25, S. 101–126.

NITZSCH, R.V. (1992). Entscheidung bei Zielkonflikten. Wiesbaden: Gabler.

PARETO, V. (1971). Manual of Political Economy. New York: Kelley.

PASTOR, J.T.; RUIZ, J.L.; SIRVENT, I. (1999). An Enhanced DEA Russell Graph Efficiency Measure. European Journal of Operational Research, 115, S. 596–607.

PETERSEN, N.C. (1990). Data Envelopment Analysis on a Relaxed Set of Assumptions. Management Science, 36, S. 305–314.

POREMBSKI, M. (2000). Produktivität der Banken. Wiesbaden: Gabler.

PUYENBROECK, T.V. (1998). Some Remarks on Modified FDH. Journal of Productivity Analysis, 9, S. 81–94.

RITCHIE, P.C.; ROWCROFT, J.E. (1996). Choice of Metric in the Measurement of Relative Productive Efficiency. International Journal of Production Economics, 46-47, S. 433–439.

ROMMELFANGER, H. (1994). Fuzzy Decision Support-Systeme. Berlin: Springer, 2. Aufl.

ROUSSEAU, J.J.; SEMPLE, J.H. (1995). Radii of Classification Preservation in Data Envelopment Analysis: A Case Study of ‘Program Follow-Through‘. Journal of the Operational Research Society, 46, S. 943–957.

RUSSELL, R.R. (1985). Measures of Technical Efficiency. Journal of Economic Theory, 35, S. 109–126.

SCHEEL, H. (2000). Effizienzmaße der Data Envelopment Analysis. Wiesbaden: Gabler.

SCHEFCZYK, M. (1996). Data Envelopment Analysis. Die Betriebswirtschaft, 56, S. 167–183.

SCHIERENBECK, H. (1998). Grundzüge der Betriebswirtschaftslehre. München: Vahlen, 13. Aufl.

SCHNIEDERJANS, M.J. (1995). Goal Programming: Methodology and Applications. Boston: Kluwer.

SCHOLZ, C. (1992). Effektivität und Effizienz, organisatorische. In Handwörterbuch der Organisation, Sp. 533-552. Stuttgart: Poeschel, 3. Aufl.

SCHÖNFELD, K.P. (1964). Effizienz und Dualität in der Aktivitätsanalyse. Berlin: Dissertation.

SCHRIJVER, A. (1986). Theory of Linear and Integer Programming. Chichester: Wiley.

SCHWEITZER, M. (1993). Produktion. In Handwörterbuch der Betriebswirtschaft, Sp. 3328-3347. Stuttgart: Schäffer-Poeschel, 5. Aufl.

SCHWEITZER, M.; KÜPPER, H.U. (1997). Produktions- und Kostentheorie. Wiesbaden: Gabler, 2. Aufl.

SEELBACH, H. (1997). Investition. In BEA, F.X.; DICHTL, E.; SCHWEITZER, M. (Eds.): Allgemeine Betriebswirtschaftslehre, Band 3, S. 205–281. Stuttgart: Fischer, 7. Aufl.

SEELBACH, H.; BRÜGGEMANN, W. (2001). Modellierung von Produktionsprozessen bei Faktorgrenzen. Arbeitspapier Nr. 40 des Institut für Logistik und Transport, Universität Hamburg.

SEIFORD, L.M. (1999). Data Envelopment Analysis: Twenty Years Out. In WESTERMANN, G. (Ed.): Data Envelopment Analysis in the Service Sector, S. 1–21. Wiesbaden: Gabler.

SEIFORD, L.M.; THRALL, R.M. (1990). Recent Developments in DEA. Journal of Econometrics, 46, S. 7–38.

SEIFORD, L.M.; ZHU, J. (1999). An Investigation of Returns to Scale in Data Envelopment Analysis. OMEGA, 27, S. 1–11.

SENGUPTA, J.K. (1987). Data Envelopment Analysis for Efficiency Measurement in the Stochastic Case. Computers and Operations Research, 14, S. 117–129.

SENGUPTA, J.K. (1995). Dynamics of Data Envelopment Analysis. Dordrecht: Kluwer.

SENGUPTA, J.K. (2000). Dynamic and Stochastic Efficiency Analysis. Singapore: World Scientific.

SHEPHARD, R.W. (1970). Theory of Cost and Production Functions. Princeton: Princeton University Press.

SPREMANN, K. (1987). Agent and Principal. In BAMBERG, G.; SPREMANN, K. (Eds.): Agency Theory, Information, and Incentives, S. 3–37. Berlin: Springer.

STADLER, W. (1987). Initiators of Multicriteria Optimization. In JAHN, J.; KRABS, W. (Eds.): Recent Advances and Historical Development of Vector Optimization, S. 3–25. Berlin: Springer.

STEINRÜCKE, M. (1997). Fuzzy Sets und ihre konzeptionelle Anwendung in der Produktionsplanung. Wiesbaden: DUV.

STEUER, R.E. (1986). Multiple Criteria Optimization: Theory, Computation, and Application. New York: Wiley.

STEUER, R.E.; CHOO, E.U. (1983). An Interactive Weighted Tchebycheff Procedure for Multiple Objective Programming. Mathematical Programming, 26, S. 326–344.

STEVEN, M. (1991). Umwelt als Produktionsfaktor. Zeitschrift für Betriebswirtschaft, 61, S. 509–523.

STEVEN, M. (1998). Produktionstheorie. Wiesbaden: Gabler.

STEWART, T.J. (1996). Relationships between Data Envelopment Analysis and Multicriteria Decision Analysis. Journal of the Operational Research Society, 47, S. 654–665.

TACKE, G. (1989). Nichtlineare Preisbildung. Wiesbaden: Gabler.

TAKAYAMA, A. (1974). Mathematical Economics. Hinsdale: Dryden Press.

TAKEDA, E. (2000). An Extended DEA Model: Appending an Additional Input to Make All DMUs at Least Weakly Efficient. European Journal of Operational Research, 125, S. 25–33.

THANASSOULIS, E. (2001). Introduction to the Theory and Application of Data Envelopment Analysis. Dordrecht: Kluwer.

THANASSOULIS, E.; DYSON, R.G. (1992). Estimating Preferred Target Input-Output Levels Using Data Envelopment Analysis. European Journal of Operational Research, 56, S. 80–97.

THOMPSON, R.G.; LANGEMEIER, L.N.; LEE, C.T.; LEE, E.; THRALL, R.M. (1990). The Role of Multiplier Bounds in Efficiency Analysis with Application to Kansas Farming. Journal of Econometrics, 46, S. 93–108.

THOMPSON, R.G.; SINGELTON, F.D.; THRALL, R.M.; SMITH, B.A. (1986). Comparative Site Evaluation for Locating High-Energy Lab in Texas. Interfaces, 16, S. 35–49.

THRALL, R.M. (1999). What is the Economic Meaning of FDH? Journal of Productivity Analysis, 11, S. 243–250.

TOFALLIS, C. (1999). Multi-Attribute Selection Using Discrete Frontier Profiling. In MESKENS, N.; ROUBENS, M. (Eds.): Advances in Decision Analysis, S. 121–130. Dordrecht: Kluwer.

TULKENS, H. (1993). On FDH Efficiency Analysis: Some Methodological Issues and Applications to Retail Banking, Courts, and Urban Transit. Journal of Productivity Analysis, 4, S. 183–210.

TULKENS, H.; EECKAUT, P.V. (1995). Non-Parametric Efficiency, Progress and Regress Measures for Panel Data: Methodological Aspects. European Journal of Operational Research, 80, S. 474–499.

TURETSCHEK, G. (1981). Aktivitätsanalyse und Planung. Frankfurt/M.: Dissertation.

VARIAN, H.R. (1992). Microeconomic Analysis. New York: Norton, 3. Aufl.

VENTZKE, R. (1994). Umweltorientierte Produktionsplanung. Frankfurt/M: Lang.

WENDELL, R.E.; LEE, D.N. (1977). Efficiency in Multiple Objective Optimization Problems. Mathematical Programming, 12, S. 406–414.

WENGLER, F. (1989). Spieltheoretische Ansätze zur Lösung multikriterieller Entscheidungsmodelle. Frankfurt a.M.: Lang.

WIERZBICKI, A.P. (1977). Basic Properties of Scalarizing Functionals for Multiobjective Optimization. Mathematische Operationsforschung und Statistik, Series Optimization, 8, S. 55–60.

WIERZBICKI, A.P. (1980). The Use of Reference Objectives in Multiobjective Optimization. In FANDEL, G.; GAL, T. (Eds.): Multiple Objective Decision Making, Theory and Applications, S. 468–486. New York: Springer.

WIERZBICKI, A.P. (1986). On the Completeness and Constructiveness of Parametric Characterizations to Vector Optimization Problems. OR Spektrum, 8, S. 73–87.

WILLIAMS, H.P. (1977). Logical Problems and Integer Programming. Bulletin, The Institute of Mathematics and its Applications, 13, S. 18–20.

WILLIAMS, H.P. (1985). Model Building in Mathematical Programming. New York: Wiley, 2. Aufl.

WITTMANN, W. (1968). Produktionstheorie. Berlin: Springer.

WÖHE, G. (2000). Einführung in die Allgemeine Betriebswirtschaftslehre. München: Vahlen, 20. Aufl.

YU, G.; WEI, Q.; BROCKETT, P.; ZHOU, L. (1996). Construction of all DEA Efficient Surfaces of the Production Possibility Set under the Generalized Data Envelopment Analysis Model. European Journal of Operational Research, 95, S. 491–510.

YU, P.L. (1974). Cone Convexity, Cone Extreme Points, and Nondominated Solutions in Decision Problems with Multiobectives. Journal of Optimization Theory and Application, 14, S. 319–377.

YU, P.L. (1985). Multiple-Criteria Decision Making. New York: Plenum.

YU, P.L.; LEITMANN, G. (1974). Compromise Solutions, Domination Structures, and Salukvadze's Solution. Journal of Optimization Theory and Applications, 13, S. 362–378.

ZADEH, L.A. (1965). Fuzzy Sets. Information and Control, 8, S. 338–353.

ZELENY, M. (1973). Compromise Programming. In COCHRANE, J.L.; ZELENY, M. (Eds.): Multiple Criteria Decision Making, S. 262–301. Columbia: University of South Carolina Press.

ZELENY, M. (1982). Multiple Criteria Decision Making. New York: McGraw-Hill.

ZIMMERMANN, H.J.; GUTSCHE, L. (1991). Multi-Criteria Analyse. Berlin: Springer.

ZSCHOCKE, D. (1995). Modellbildung in der Ökonomie. München: Vahlen.

Index